나스닥으로 가라

Nordau to NASDAQ:
The Evolution of an Israel High-Tech Start-Up
Copyright ⓒ 2012 by Miriam Yahil-Wax & Roni A. Einav
Korean Translation Copyright ⓒ 2013 by Arachne Publishing Co.

Korean edition is published by arrangement with Miriam Yahil-Wax & Roni A. Einav

이 책의 한국어판 저작권은 Miriam Yahil-Wax & Roni A. Einav와의 직접 계약으로 도서출판 아라크네가 소유합니다. 신저작권 법에 의하여 한국 내에서 보호를 받는 저작물이므로 무단전재와 무단복제를 금합니다.

국립중앙도서관 출판시도서목록(CIP)

나스닥으로 가라 / 지은이: 로니 A. 에이나브 ; 엮은이: 미리암 야힐-왁스 ; 옮긴이: 이원재. — 서울 : 아라크네, 2013
p. ; cm

원표제: Nordau to NASDAQ
표제관련정보: 요즈마 그룹이 강력 추천한 이스라엘 창조경제 대표 기업 뉴 디멘션 소프트웨어의 벤처 성공 스릴러
원저자명: Roni A. Einav, Miriam Yahil-Wax
영어 원작을 한국어로 번역
ISBN 978-89-98241-23-0 13320 : ₩17000

벤처 기업[一企業]
기업 경영[企業經營]

324.35-KDC5
338.642-DDC21   CIP2013013037

요즈마 그룹이 강력 추천한 이스라엘 창조경제 대표 기업
뉴 디멘션 소프트웨어의 벤처 성공 스릴러

나스닥으로 가라

로니 A. 에이나브(뉴 디멘션 소프트웨어 설립자) 지음
미리암 야힐─왁스 엮음
이원재(요즈마 그룹 한국지사장) 옮김

아라크네

한국 독자에게

맨손으로 시작해도 정상에 오를 수 있다

수년 동안 나는 기업을 설립하고 운영하면서 얻은 노하우를 우리 가족, 그리고 독자들과 공유하고픈 욕구를 느꼈다. 세계 여러 지역의 젊은 기업가와 대한민국의 젊은이들이 내 이야기에서 영감을 얻을 것이라고 믿는다. 이 이야기의 결론은 맨손으로 시작해도 정상에 오를 수 있다는 것이다. 두뇌, 적절한 교육, 결단, 그리고 약간의 행운만 있다면 가능한 일이다.

이 책은 기업을 경영하면서 겪은 파란만장한 이야기다. 주로 사실과 수치에 입각해 쓴 이야기이지만 나와 다른 이들의 추억도 함께 담았다. 스토리텔링의 습성이 그렇듯이 세월의 흔적이 어떤 기억을 왜곡시켰을지도 모른다. 그래서 이유를 충분히 짐작하겠지만 몇몇 사람들의 이름을 바꾸기로 결정했다.

전문가로서 나는 이스라엘과 사람들이 발전하고 부유해지는 데 공헌했다. 아울러 이스라엘로 이주한 수많은 참신한 인재와 미국의 몇몇 인재들이 서로 협력하도록 도왔다. 한 인간으로서는 아내 마티아Matia와 함께 네 아들을 유능한 인재로 키웠으며 이들은 학계와 재계, 그리고 문화계에서 가족의 전통을 이어가고 있다. 언젠가 우리의 증손자들이 이 책을 통해 자신들이 누리는 부富가 어디로부터 시작되었는지 이해하게 될 것이다.

천문학적인 금액을 받고 회사를 매각한 이후에도 나는 사업가로서 계속 활동했다. 현재 나는 주로 젊은 기업가, 신생 기업, 그리고 나의 다양한 취미사이클링, 독서, 문화 행사 참석하기를 위한 자문가로 활동 중이다. 예전과 똑같은 음식을 먹고 똑같은 자동차를 운전한다. 지금 내가 사는 고층 아파트에서는 지중해가 보이고 지중해의 수평선이 더욱 밝게 빛나는 것 같다.

길고 고된 '여정'을 거치는 동안 자신의 일뿐만 아니라 네 아들 리란Liran, 자크Tsach, 라몬Ramon, 요아브Yoav를 키우는 중대한 의무를 훌륭히 해내면서 나를 지지해 준 아내 마티아에게 고마움을 전한다. 또한 동생 암논Amnon과 조카 이프타크Yiftach, 그리고 이 책의 정확성을 위해 도움을 아끼지 않은 지피 곤—그로스Zippi Gon—Gross에게 감사한다.

자신의 아내 미리암 야힐—왁스Miriam Yahil—Wax에게 내 이야기를 글로 옮기도록 소개한 조종사 겸 건축가인 친구 가브리엘 왁스Gabriel Wax에게 무한히 감사한다. 이 일을 맡아 준 미리암에게 어떻게 고마움을 전해야 할지 모르겠다.

아리엘 고든Ariel Gordon, 엘리 마시아Eli Mashiah, 시무엘 라크만Shmuel Rachman, 아모스 마고르Amos Magor, 에얄 디스킨Eyal Diskin, 알렉스 엘도르Alex Eldor, 한 브루겔링Han Bruggeling, 미키 슈피겔만Mickey Spigelman, 아담 구르Adam Gur, 니차 메이몬—샤슈아Nitza Meimon—Shashua, 루돌포 비

크Rudolfo Vick, 댄 에이탄Dan Eitan, 전역한 샤울 나가르Shaul Nagar 중령 등 여러모로 도와준 이스라엘과 해외의 동료들에게 깊이 감사한다.

박식한 아미란 쇼르Amiran Shor와 에마누엘 그린그라드Emanuel Greengrad 교수, 예체즈켈 자이라Yechezkel Zaira, 바루크 진딘Baruch Gindin은 내게 이스라엘 첨단 산업의 역사에 대해 조언을 제공했다.

이 책은 2009년 이스라엘 최대 출판사 중 하나인 키네레트 즈모라—비타 디브르Kinneret Zimora—Bitan Dvir에 의해 히브리어로 처음 출간되었다. 이후 미국, 폴란드, 포르투갈 등에서 번역 출간되었으며 이번에 한국에서도 출간되는 기쁨을 맛보게 되었다. 앞으로도 세계 각국에서 이 책의 출간이 이어질 것이다.

이 책의 한국어 번역을 위해 수고해 주신 요즈마 그룹의 이원재 한국지사장께 감사드린다. 1993년에 태동한 요즈마 그룹은 이스라엘 벤처 캐피털 산업의 창조자로 세계적인 인정을 받고 있다. 어쩌면 우리의 성공 역시 이러한 혁신으로부터 도움을 받아 현실화되었을 것이다.

또한 아라크네 출판사의 김연홍 대표께도 고마움을 전한다. 그는 이 책의 한국어판 출간을 위해 한국, 미국, 이스라엘로 연결되는 네트워크를 활용해 매우 빠른 결정을 내려 주었다.

2013년 8월에
로니 A. 에이나브

이스라엘이 하이테크 산업을 선도하는 데에는 이유가 있다

오늘날 이스라엘이 전 세계적으로 하이테크 산업을 선도하는 국가 중 하나라는 사실은 상식에 속한다. 20년 전에 그것은 거의 상상할 수 없는 꿈이었다. 단지 어려운 경제적 위기에서 빨리 벗어나는 것만이 목표였기에 10년 후에 우리가 세계적인 기술 혁신 국가의 선두에 서게 될 것이라고 믿는 사람은 거의 없었다.

이스라엘이 어떻게 신생 벤처기업들을 양성하는 국가가 될 수 있었을까?

그 이유는 부단히 움직이려는 이스라엘 젊은이들에게서 찾을 수 있다. 이스라엘의 소년소녀들은 18살이 되면 군대에 입대해 3년 동안 복무해야 한다. 그곳에서 그들은 힘든 과업을 수행하면서 의무와 책임감에 대해 배운다. 거대한 포부를 지닌 젊은 소년소녀들은 제대할 때가 되면 군대에서 습득한 경험과 지식을 활용할 준비가 되어 있다.

그런 사람 중 한 명이 로니 A. 에이나브다. 로니는 결코 소프트웨어 업계에서 세계적인 지도자가 될 교육은 받진 못했지만, 그는 예전에 군인으로서 두 번의 중요한 전쟁에 참전하면서 인생의 중요한 지침을 배웠다.

"어려움 앞에서 포기하지 말고 꿈을 멈추지 마라."

로니와 그의 동료들은 불가능한 일을 해내면서 결국 그렇게 했다. 그들은 아주 작은 소프트웨어 회사로 시작했지만 젊은이들의 끊임없는 에너지와 창조성을 밑바탕 삼아 성장을 시작했고 세계적으로 알려지게 되었으며 마침내 부자가 되었다. 그리고 이스라엘이 세계적인 기술 및 혁신 국가 중에서도 리더로 인정받는 순간까지 그들은 다른 사람들을 위해 길을 닦으며 이스라엘의 명성을 홍보하였다.

오늘날에는 로니와 그 동료들보다 더 많은 이들이 이스라엘 안에 있다. 또한 부단하고 무제한적인 에너지를 가진 뉴 디멘션 소프트웨어와 같은 수천 개의 기업들이 남들보다 앞서 모든 인간 삶의 질을 변화시키고자 하는 열정에 사로잡혀 있다. 우리는 그들 모두를 자랑스러워하고 있다.

『나스닥으로 가라』같은 훌륭한 베스트셀러 책이 한국에서도 출간되어 매우 기쁘게 생각한다. 이 책을 통해 한국의 많은 젊은이들이 큰 도전을 받아 앞으로 무한한 상상력을 가지고 실패에 두려움 없이 창업 전선에 뛰어들어 대한민국 현 정부의 창조경제에 크게 이바지하기를 바란다. 아울러 한국인으로서 이 책의 히브리어 원문을 한국어로 번역한 요즈마 그룹 이원재 한국지사장의 노고에 진정한 갈채를 보낸다.

이스라엘 전 총리
에후드 올메르트 Ehud Olmert

코리안 네트워크를 통해 나스닥으로 달려가자

한국과 이스라엘은 자원이 부족하고 안보가 위협받는 등, 역경을 딛고 성공했다는 공통점이 있다. 특히 분단의 고통, 전쟁의 폐허 위에서 피와 땀, 눈물로 이룩한 대한민국의 기적은 전 세계가 배우려고 하는 성공의 역사이자, 좌절한 인류에게 희망의 메시지가 되고 있다.

지금 대한민국의 조선·반도체·철강·자동차 등 제조업 기술력이 세계 최고를 자랑하고, 삼성·LG·현대기아차와 같은 글로벌 기업들은 눈부신 약진을 거듭하고 있다.

그러나 이스라엘처럼 젊고 투지 넘치는 젊은 기업인과 창조적 기업들이 세계 시장을 상대로 자금을 모으고 상품화하는 글로벌 네트워킹은 취약한 실정이다. 세계 경제가 어려운 속에서도 이스라엘은 글로벌 네트워킹을 통해 놀라운 경제 성장을 거듭하고 있는 것을 볼 때, 우리 경제의 재도약을 위한 글로벌 네트워킹은 중차대한 일이 아닐 수 없다.

이원재 요즈마 그룹 한국지사장이 번역한 『나스닥으로 가라』에서 제시하는 이스라엘의 성공적인 글로벌 네트워크 구축 및 벤처창업 지원 방식은 우리나라도 시급히 따라잡아야 할 국가 과제라고 생각한다. 이 지사장은 오랜 경험을 통해 이스라엘에 정통한 분이기에, 이스라엘의 '후츠파 Hutzpa 정신'과 우리의 '하면 된다'는 정신을 잘 연결하고 있다.

대한민국은 계속해서 세계로 나아가야 한다. 내셔널리즘의 좁은 우물에 갇혀서는 절대로 성공할 수 없다.

우리 젊은이들이 두려움 없이 창업하고, 세계를 향해 도전할 때, 대한민국은 글로벌 리더로 도약할 수 있을 것이다. 이스라엘과 유태인의 글로벌 네트워크를 뛰어넘는 '코리안 네트워크'를 통해, 우리의 야심찬 젊은이들과 기업들이 앞다퉈 큰 시장, 나스닥으로 달려가는 날이 속히 오기를 기대한다.

경기도지사
김문수

옮긴이의 글

이스라엘과 한국은 공통점이 많다

 어릴 적 대다수의 내 이스라엘 친구들은 나스닥 상장에 성공하고 신문 1면에 이름을 올린 이스라엘 기업인들에게 열광하며 창업에 대한 꿈을 꾸었다. 이런 문화 덕분에 이스라엘에서는 최고 우등생들이 의사나 변호사가 되는 것보다 과학자가 되거나 혹은 창업을 선호하여 거의 대부분이 대학교 입학 시에 장학금을 받고 이공계를 선택한다. 그리고 학업 도중 혹은 졸업 후 정부의 도움으로 창업을 한다. 그러기에 이스라엘의 과학자, 기술자 비율은 세계 1위다.
 이스라엘에서의 창업은 과학자, 기술자 그리고 기업인들만 할 수 있는 것이 아니라 창조적인 아이디어를 가진 국민이라면 누구라도 할 수 있다. 그만큼 이스라엘 정부는 창조경제 정책을 가지고 아낌없이 지원을 한다. 그 덕분에 이스라엘은 오늘날 세계적으로 인정받는 창업국가가 되었다.
 하지만 1993년까지 이스라엘의 벤처사업은 실패를 거듭하였고 마이너스 경제 성장을 지속하고 있었다. 정부가 예산을 들여 지원한 창업벤처 역시 대부분 노하우와 글로벌 네트워크가 없어서 실패하고 파산하였다.

당시 이스라엘 총리는 현 상황이 매우 심각하다는 것을 깨닫고 각 부처 장관들을 긴급소집해 일자리 창출과 경제성장 해결책을 촉구하였다. 그때 이갈 에를리히Yigal Erlich 수석과학관이 앞장서 창조경제의 마중물 역할을 하는 요즈마 펀드와 인큐베이션을 설계하고 실행하였다.

요즈마 펀드는 2억 달러로 시작해 10년 만에 40억 달러 규모로 성장하였고 정부와 민간이 공동으로 투자한 창업벤처들 상당수를 나스닥에 상장하는 결과를 가져왔다. 이로 인해 수많은 이스라엘 창업벤처들이 설립되었고 인큐베이션을 통한 창업벤처 양성으로 수많은 일자리가 창출되었다.

그리고 한국과의 협력을 위해 지난 6월 요즈마 그룹은 세계 최초로 한국에 지사를 설립하였다. 현재 요즈마 그룹 한국지사는 그룹이 보유한 글로벌 네트워크를 활용하여 국내에 우수한 창업벤처기업을 글로벌 시장으로 진출시키는 역할을 하고 있다. 또한 이스라엘의 성공한 창조경제와 성공 요인을 한국 내에 전달하기 위해 로니 A. 에이나브의 『나스닥으로 가라』를 번역하게 되었다. 그리고 이른 시일 내에 우리나라의 창조경제 성공 요인을 히브리어로 다시 번역하여 이스라엘에서 출간하기를 희망한다.

길고 긴 번역의 여정 속에서 처음에서 끝까지 훌륭한 경험과 자문을 아끼지 않으신 Intellectual Discovery의 변정욱 차장님께 깊은 감사를 드린다. 그리고 아들에게 항상 기도와 격려를 아끼지 않으셨던 부모님 그리고 사랑하는 나의 아내에게 큰 고마움을 전하고 싶다.

요즈마 그룹 한국지사장
이원재

이스라엘이 어떻게 세계 경제의 리더로 부상했을까?

이스라엘 첨단 산업의 발전 과정이 참으로 매혹적이라고 생각했지만 아는 것이 전혀 없었다. 이 작은 나라 이스라엘이 어떻게 세계 경제의 리더로 부상했을까? 그것도 왜 이 특정한 분야였을까? 로니는 내게 자기 이야기를 쓰도록 도와 달라고 부탁했다.

이 여정을 시작하면서 로니에게 말했듯이 나는 그의 첫 번째 관객이다. 만일 그의 이야기가 나를 감동시킨다면 독자들도 마찬가지일 것이다.

한편으로 끝나지 않았던 초안을 끈기 있게 읽고 논평해 준 남편 가브리엘에게 감사한다. 첨단 산업 기업가인 아들 조나단Jonathan은 자신이 종사하는 분야의 생리에 대해 조언해 주었다. 그리고 마지막으로 영어 제목을 제안한 친구 글렌 가르릭Glenn Garelick에게 감사한다.

미리암 야힐―왁스

차례

한국 독자에게 맨손으로 시작해도 정상에 오를 수 있다 ——— 04
추천사 1 이스라엘이 하이테크 산업을 선도하는 데에는 이유가 있다 ——— 07
추천사 2 코리안 네트워크를 통해 나스닥으로 달려가자 ——— 09
옮긴이의 글 이스라엘과 한국은 공통점이 많다 ——— 11
엮은이 서문 이스라엘이 어떻게 세계 경제의 리더로 부상했을까? ——— 13

제1장 내부 정보 ——— 17
제2장 천재들의 경계 ——— 33
제3장 미래를 결정할 권리 ——— 51
제4장 월급쟁이만은 결코 ——— 65
제5장 이란과의 비즈니스 ——— 83
제6장 카리스마와 자신감 그리고 허세 ——— 99
제7장 생애 최초의 대규모 계약 ——— 107
제8장 나의 모든 천재들 ——— 123
제9장 소프트웨어의 탄생 ——— 139
제10장 마법사들 ——— 159

❖ Nordau to NASDAQ

171	미국 진출	제11장
181	빠져나오기 어려운 파트너십	제12장
189	사업에 내재된 역설	제13장
201	모순의 1987년	제14장
215	독립의 고통	제15장
227	유럽인 친구	제16장
243	장애물 제거하기	제17장
263	나스닥 상장	제18장
271	월계관	제19장
291	미국에서 있었던 문제들	제20장
303	정상의 자리	제21장
319	오만	제22장
329	시작의 끝	제23장

350 ─── **뉴 디멘션 소프트웨어 연혁**   설립에서부터 매각까지

1 내부 정보

접수계 직원이 사무실 전체가 울리도록 목청을 높여 말했다.

"로니Roni, 코이치Koichi가 찾습니다."

접수계 직원과 나 사이에 늘어서 앉은 프로그래머들이 언짢은 표정으로 컴퓨터 모니터에서 눈을 떼고 고개를 들었다.

나는 불과 5분 전 개발팀과 어울리기 위해 자리에서 일어나서는 여느 때와 다름없이 텔 아비브가 굽어보이는 큰 창문들 곁에 멈춰 섰다. 시적으로 '백색 도시'라 묘사되는 텔 아비브가 눈부시게 빛났다. 강철과 유리로 만들어진 고층건물들에 가을 햇빛이 반사되고 있었다. 수수한 저층 주택과 진창이 된 거리, 탁 트인 해변이 보이던 내 어린 시절의 텔 아비브는 이제 높아만 가는 대도시의 그늘에 묻혀 보이지 않는다. 물론 텔 아비브보다 더 아름다운 도시가 없지는 않지만 텔 아비브의 남다른 매력을 가진 곳은 어디에서도 찾을 수 없다.

접수계 직원은 'r'과 'l' 발음을 혼동하는 코이치의 일본식 발음을 흉내 내며 다시 새된 소리로 외쳤다.

"로니, 전화 왔습니다. 급해요!"

집단의 분노는 이제 이해의 미소로 바뀌었다. 나조차도 웃음이 나려는 것을 간신히 참았다. 나는 시계, 아니 시계들을 흘끗 쳐다보았다. 일련의 혼란과 갈등을 겪은 다음 마침내 회사 벽에 일렬로 걸어 둔 시계들이었다. 언제든 우리와 거래하는 세계 모든 도시의 시간을 즉시 확인할 수 있었다.

때는 1998년 10월 30일 점심시간이 시작되기 직전이었다. 코이치가 있는 도쿄의 시간은 저녁 7시 45분이었다. 당시에는 예사롭지 않은 전화라고 생각했으나 사실 그 전화는 내 인생을 송두리째 바꿔 놓은 모험의 출발점이었다.

코이치와 내가 처음 친분을 맺은 것은 11년 전이었다. 우리 두 사람은 내가 근무하는 뉴 디멘션 소프트웨어New Dimension Software가 동부 아시아의 고객 기반을 확장할 방법을 모색하고 있을 무렵 유럽 배급업체 불앤 배비지Boole & Babbage : B&B의 소개로 처음 만났다. 코이치의 유창한 영어와 넘치는 에너지에 긍정적인 인상을 받은 우리 회사에서는 그와 그의 회사를 일본 대리인으로 지정했다.

코이치와 나는 우리 회사의 이스라엘, 유럽, 아니면 일본 지사에서 이따금 만났다. 코이치는 성실하고 철저했으며 문화 격차를 훌륭하게 해소했다. 발음 때문에 이따금 웃지 못할 실수를 저질렀지만 이를테면 '걷다(walk)'를 '일하다(work)'라고 말했다 우리는 한 번도 그의 발음을 바로잡아 주지 않았다. 그는 우리 회사의 운영 소프트웨어 패키지가 일본 시장의 점유율을 장악하도록 돕는 한편 개인적으로도 상당한 수입을 거두었다.

나는 그의 퇴근시간이 지났는데 무엇이 그리 급한지 궁금했다. 아마 돈 때문일 것이다. 돈 문제는 언제나 급한 법이다. 그는 분명 수수료를 다시 인상해 달라고 요구할 것이다. 나는 의자 깊숙이 앉아 수화기를 들었다.

코이치의 목적이 돈이 아니었던 것은 뜻밖의 기쁨이었다. 그는 마무리 단계에 있던 판매 거래의 세부 사항을 점검하고자 했다. 일본의 한 은행이 우리 회사의 소프트웨어 제품 두 가지를 구매할 예정이었는데, 운영 효율성을 높이면서도 비용을 크게 절감할 수 있는 제품들이었다. 상당한 수익이 보장되는 거래였던 터라 나는 흔쾌히 그의 질문에 대답하고 다음 날 불 앤 배비지 유럽Boole & Babbage Europe : B&BE에 전화를 걸어 아직 해결되지 않은 문제를 처리하기로 약속했다.

그러자 코이치는 이렇게 말했다.

"BMC에 물어보는 게 어떻습니까? 어쨌든 그들이 불 앤 배비지를 매입할 거니까요."

나는 그의 말을 듣고도 정확히 무슨 뜻인지 감이 잡히지 않았다.

"뭐라고 말씀하셨습니까? 누가 누구를 매입한다고요?"

때마침 다른 전화가 울리는 바람에 나는 점점 신경이 곤두섰다.

"BMC가 B&B를 매입할 거라고요."

나는 잠시 생각했다.

'그런 일은 있을 수 없어. 아마 발음 때문에 내가 그의 말을 잘못 이해한 걸 거야. 연결 상태가 좋지 않을지도 모르지.'

나는 오해의 소지가 없도록 천천히 또박또박하게 말했다.

"코이치 상, BMC가 B&B를 매입할 거라고 말씀하셨습니까?"

"예, 맞습니다. 제가 듣기론 그렇습니다. 내일이나 모레쯤 언론용 보도 자료가 나올 거예요. BMC가 B&B를 매입할 겁니다."

내가 제대로 들은 것이다. 코이치는 텍사스에 본사를 둔 거대 기업 BMC 소프트웨어가 미국 기업인 불 앤 배비지를 매입할 예정이라고 말하고 있었다. 그것은 우리에게 직접적으로 영향을 미치는 대규모 거래에 대한 중대한 내부 정보였다. 그렇기 때문에 나는 어안이 벙벙했다.

"로니 상, 설마 모르고 계셨던 건 아니죠?"

나는 몹시 충격을 받고 할 말을 잃은 상태였다. 하지만 코이치가 전한 소식을 듣고 얼마나 놀랐는지 내색하고 싶지 않았기에 대답을 얼버무리고 최대한 침착하게 대화를 마무리했다.

프로그래머들이 컴퓨터에서 일어나 다리 운동을 하며 점심 식사를 할 채비를 하고 있었다. 밖에는 맑고 화창한 가을날이 한창이었고 사람들은 근사하고 맛있는 점심을 기대하며 들떠 있었다. 가여운 멍청이들 같으니라고! 내가 방금 들은 사실을 알게 된다면 이내 식욕이 싹 가실 것을. 나는 과연 저들 가운데 몇 사람을 해고해야 할까? 다음 달부터 그들은 어디에서 점심을 먹게 될 것인가? BMC만이 알 일이다. 목청 좋은 접수계 직원도 옥상 매점으로 갈 채비를 마쳤다. 엘리베이터로 향하면서 그녀는 내게 장난스럽게 웃어 보였지만 내 마음에는 슬픔이 가득했다. 그녀를 벌써 해고한 듯한 기분이었다.

얼마나 충격적인 일인가? 그 정보가 사실이라면 의심할 만한 이유가 없었다 BMC가 우리 회사의 유럽 사업을 정리할 가능성이 다분했다. 우리가 그토록 애써 구축했던 뛰어난 네트워크가 무너지고 우리 고객들은 다른 거래처를 찾을 터였다. 10년 넘도록 B&B 유럽에서 열심히 일했는데 이제 모든 것이 수포로 돌아갈 참이었다. 쿵, 우리는 끝장났다. 이제 어떻게 해야 하나? 팔짱을 끼고 잠자코 앉아 마지막 커튼을 기다릴 것인가? 그럴 수는 없다! 무슨 수를 써야 했다. 그렇지 않으면 미쳐 버릴 것 같았다.

나는 무슨 수를 어떤 순서로 써야 할지 생각했다. 우선 우리 회사 CEO 댄 바니아Dan Barnea에게 소식을 전해야 한다. 그런 다음 캘리포니아에 있는 사업 파트너 갈리아 스트라이커Galia Streiker에게 전화를 걸어야 한다. 하지만 캘리포니아는 그때 새벽 4시 무렵이었다. 그래서 그녀가 모닝커피를 마실 시간까지 기다리기로 결정했다. 당장 계약서를 확인해야 했다. 어쩌면 내가 매달릴 조항이 있을지도 모른다는 절박한 심정이었다.

마지막으로 배급 계약을 맺은 것은 거의 2년 전이었다. 나는 계약서를 찾아서 내 사무실로 들고 가서는 평소와는 다르게 행동했다. 문을 닫은 것이다. 나는 사무실 문을 열어 놓고 동료 직원들과 눈 맞추기를 좋아한다. 하지만 그때는 내가 전혀 내색하지 않으리라는 것을 장담할 수 없었고 수심에 찬 내 얼굴을 다른 사람에게 보이고 싶지 않았다.

20페이지 정도의 추가 사항까지 더해진 두툼한 계약서를 보니 더욱 심란해졌다. 소프트웨어 배급 계약서는 짧고 단순해야 한다. 제품 가격, 판매 수수료, 지불 조건만으로 충분하다. 그러나 계약서는 협상 기간 동안 변호사들이 저마다 일어날 가능성이 희박한 시나리오를 앞다퉈 내세우는 통에 길어지게 마련이다. 그들은 가상의 참사를 자세히 설명하고 모든 우발적인 상황과 재난을 포함시키는 수십 가지 가설 조항을 덧붙여 서류를 두툼하게 만든다. 만일 갑이 이렇게 하면 을은 저렇게 한다는 식이다. 변호사들은 복잡한 거래에서 논쟁이 일어나는 것은 시간문제라고 말한다. 곧 확인하게 될 일이다.

나는 두툼한 서류를 펼치고 지금 우리의 처지와 비슷한 시나리오와 관련된 조항을 찾으며 읽기 시작한다. 계약 기간은 3년이었다. 불리하다! 우리 회사 뉴 디멘션 소프트웨어는 유럽 배급업체 B&BE에 앞으로 1년 동안 꼬박 묶여 있어야 한다. 다음 조항, 하위 조항, 하위 조항의 하위 조항이 계속 이어졌다. 이런저런 법률 조항이 차고 넘쳤다. 계약서에 누군가 배급업체을를 매입해 을이 더 이상 독자적인 주체로 운영되지 않을 경우 갑에 대한 보호 조항이 명시되어 있는가? 내가 알고 싶은 것은 이것뿐이었다. 계약서 어딘가에 이와 관련된 무언가가 있었다. 확신컨대 분명히 있었다. 그때부터 나는 그것만 집중적으로 찾으며 상황을 차근차근 되짚을 수 있었다.

계약을 맺기 위한 모든 협상은 나와 B&BE의 국장 한 브루겔링의 소관이었다. 브루겔링은 계약을 목전에 두고 특허 회사 B&B의 CEO인 자신의 상사 폴 뉴턴Paul Newton에게 최종 승인을 받으러 미국으로 향했다. 사소한 세부 사항까지 빠짐없이 살펴본 뉴턴은 계약을 유보시키고 우리 두 사람을 캘리포니아로 불렀다. 그는 내게 다음과 같이 말했다.

"로니, 당신 회사 제품이 우리 회사 유럽 판매의 35퍼센트를 차지하고 있죠. 당신 회사는 우리에게 무척 중요합니다. 누군가 당신네 회사를 매입한다면 우리에게도 엄청난 손해가 될 겁니다."

1996년 당시 뉴턴은 경쟁업체가 우리 회사를 매입해 제품을 직접 판매하기로 결정하면 B&BE의 판매 서비스가 필요 없을 것이라고 우려했다. 그러면 B&BE 판매량이 거의 절반으로 감소할 것이다. 그것은 우려할 만한 확실한 근거였다.

긴장된 분위기가 확연했다. 사람들은 아부해 봐야 소용이 없다고 말하지만 아부를 해도 해될 것이 없을뿐더러 긴장감을 해소시킬 수 있다는 것이 개인적인 소견이다. 그래서 나는 아첨이나 다름없는 말투로 대답했다.

"맞습니다. 뉴턴 씨. 만일 경쟁업체에서 우리 회사를 매입한다면 엄청난 손해를 입을 겁니다. 당신이 생각하기에 손해 규모가 얼마나 될까요?"

그가 대답했다.

"그건 가늠하기 어렵군요. 진지하게 생각하고 계산해 봅시다."

나는 그의 말에 동의했다.

"막연히 추측하기보다는 최악의 시나리오를 살펴보죠."

우리는 IBM, CA, 플래티넘Platinum 등 세 회사가 업계의 경쟁을 완화시키기 위해 뉴 디멘션 소프트웨어를 매입할 가능성이 있다고 판단했다. 이들 회사는 당시 모두 유사한 제품을 개발하는 중이었으며 우리 회사의 소프트웨어 프로그램을 판매할 수 있는 시스템을 보유하고 있었다. 뉴턴은 여기에다 BMC와 스털링Sterling을 덧붙였다. 우리는 계속해서 보상 산정에 대해 의논했다.

"뉴턴 씨, 우리가 현재 논의하고 있는 계약 기간은 1997년부터 2000년까지 3년입니다. 만일 누군가 2000년에 우리 회사를 매입한다면 판매 감소에 대한 보상금이 얼마나 될까요? 그리고 1999년이라면 얼마나 될까요?"

우리는 다양한 시나리오를 포물선으로 그려 보았다. 새로운 배급 계약을 맺고 나서 한 달 만에 누군가 우리 회사를 매입한다면 B&B는 약 600만 달러의 보상금을 받을 것이다. 계약 기간이 절반가량 남은 시점에 매입이 이루어진다면 가장 큰 손해를 입을 터이고 따라서 최고의 보상금이 지불될 것이다. 그 액수는 약 1,200만 달러에 이를 것이다. 만일 우리가 계약 기간을 두 달 앞두고 매입된다면 판매권이 거의 만료되는 시점이라 B&B에게 지급될 보상금은 훨씬 적어질 것이다. 우리는 머리를 맞대고 여러 가지 상황을 고려하여 우리가 지불할 보상금에 관해 합의를 보았다. 뉴턴은 그제야 비로소 마음을 놓았다.

그런 다음 나는 내가 생각한 비장의 카드를 내놓았다.

"뉴턴 씨, 만일 누군가 당신의 회사를 매입한다면 어떻게 되나요?"

물론 그는 의외의 질문에 다소 놀란 듯했으나 내가 듣고 싶었던 답변을 해 주었다.

"마찬가집니다. 로니."

나는 구체적으로 말해 달라고 졸랐다.

"보상금은 어떻게 되나요?"

그는 다음과 같이 대답했다.

"보상금도 거의 다르지 않습니다. 문제를 필요 이상으로 복잡하게 만들지 맙시다."

우리는 그러기로 합의했다. 새로운 계약서는 보상 문제에 관한 한 평등할 것이다. 다시 말해 완벽한 호혜 계약이었다.

나는 그들과 헤어지고 승인을 받기 위해 계약서 초안을 이사회에 제시했다. 내 발표가 끝나자 이사회는 나를 몰아세웠다.

"어떻게 그렇게 높은 보상금에 선뜻 합의할 수 있습니까? 우리가 보상금을 지불해야 할 상황이 벌어진다면 완전히 미친 짓이 될 겁니다. 당신이 일을 망쳤어요!"

나는 침착하게 전적으로 뉴턴의 정당한 요구에 따라 결정된 사항이라고 설명했다. 양측을 동등한 입장에 놓고 나는 그 요구에 합당한 조건을 협상했다.

"뿐만 아니라 경쟁업체가 우리 회사가 아니라 B&B를 먼저 매입할 가능성은 70퍼센트입니다. 그걸 어떻게 아느냐고 묻지 마십시오. 비상한 통찰력이나 신성한 영감 덕분이다. 재협상의 여지는 없으니 이 계약을 승인해 주시기 바랍니다."

그들은 성을 내고 두려워하기도 했지만 결국 계약을 승인했다.

내가 지금 열렬히 찾고 있는 것은 이사회를 그렇게 당황스럽게 만들었던 그 조항이었다. 그때 갑자기 그 조항이 눈에 들어왔다. '보상 합의. 만일 양자 중 한 쪽의 계약 기간이 만료되기 전에 매입된다면……' 그 조항에 따르면 그날 현재 B&B, 이 경우에는 B&BE를 매입할 예정인 BMC가 약 1,000만 달러의 보상금을 지불해야 했다. 하지만 불안감은 가시지 않았다. 나는 회사 변호사인 미키 슈피겔만과 이어서 캘리포니아에 있는 갈리아에게 전화를 걸었다. 두 사람 모두 그 조항이 유효하고 구속력이 있으며 우리에게 합의된 보상금을 요구할 권리가 분명히 있다고 나를 안심시켰다. 다행이다. 처음에는 중대한 위험처럼 보였던 일이 대단한 기회로 변하고 있었다.

이틀 뒤 인수 거래에 대한 공식 발표가 있었다. 좋았어. 나는 이제 그들이 보상금을 지불해야 한다며 자신을 다독였다. 보상금을 지불해야 한다고! 세부 사항과 함정이 많은 이런 규모의 인수 과정이라면 몇 달은 걸릴 것이다. 나는 며칠을 기다렸다가 네덜란드에 있는 B&BE의 한 브루겔링에게 전화만 걸면 그만이었다. 매각 계획에 대해 일말의 힌트도 주지 않았다며 그를 몰아세울 수는 없었다. 그의 입장이었더라면 나라도 그랬을 것이다. 그래도 마음은 가라앉지 않았다. 나는 침착하게 축하의 말을 건네고 그와 BMC의 행운을 빌었다. 그는 친절하게도 우리 측에서 보상 요구서를 보내기에 앞서 새로운 경영진과 만날 자리를 마련했다고 말했다.

나는 무심히 이렇게 물었다.

"BMC가 우리에 대해 알고 있습니까? 뉴 디멘션 소프트웨어가 B&BE 판매량 가운데 35퍼센트를 차지하고 이것이 B&B 자사 제품의 유럽 판매 총량보다 많다는 사실을 알고 있나요?"

한은 그들이 좀 더 자세히 살펴보면 곧 깨닫게 될 것이라고 대답했다. 그의 말투는 정중했지만 긴장감이 느껴졌다. 그는 계속해서 다음과 같이 말을 이었다.

"그들과 면담하는 것은 훌륭한 아이디어라고 생각합니다. 얼굴을 맞대고 이야기할 때 항상 더 좋은 결과를 얻는 법이니까요."

BMC의 마케팅 담당 부사장으로 회사의 제2인자인 릭 가드너Rick Gardner가 B&B 직원 수백 명과 BMC 직원 수천 명의 운명을 좌우할 합병을 지휘하기 위해 독일에 도착할 예정이었다. 한은 우리에게 유럽으로 와서 자신이 주선한 릭 가드너와의 면담에 참석할 것을 제안했다. 과연 나는 그때까지 분위기를 망치지 않도록 보상금 문제를 잠시 접어 둘 수 있을까?

합의서에 따르면 손해를 입은 측이 30일 이내에 클레임을 제기할 수 있었으므로 나는 평지풍파를 일으키지 않기로 동의하고 그의 초대에 고마움을 전했다. 겉으로는 예의 바르고 정중하게 행동했지만 마음속은 부글부글 끓고 있었다. 독일의 회의에서 어떤 일이 일어날지 누가 짐작이나 하겠는가? 보상금에 대해 합의를 보더라도 실제로 보상을 받기까지 얼마나 오랜 시간이 걸릴지도 모를 일이었다. 기분 좋게 돈을 내놓을 사람은 아무도 없다. 하물며 BMC와 같은 평판이 좋은 대기업은 어떻겠는가?

나는 우리 이사회와 의논한 끝에 선수를 치기로 결정했다. 예전부터 계획했으나 미루고 있던 독자적인 유럽 지사를 설립하기로 한 것이다. B&B 인수 소식이 발표된 터라 소비자들이 다른 조치를 취할지도 모르니 재빨리 움직여야 했다. 우리 회사와 협력하던 B&BE의 판매와 관리 담당 직원들이 해고될지도 모른다. 우리가 구상하고 있는 새 지사를 위해 우리가 고용해야 할 사람들은 바로 그들이었다.

1994년에 나는 런던, 마드리드, 그리고 다른 유럽 수도를 방문해 신입 사원을 모집하는 한편, 이미 이야기를 나누었던 몇몇 핵심 인물들을 만나 면접을 실시했다. 그리고 관리와 판매를 담당할 직원들을 스카우트하기 위해 유럽의 한 회사를 고용했다. 간단히 말해 뉴 디멘션 유럽을 설립할 토대를 마련했다.

독일에서 열리는 BMC 회의에 참석할 날이 점점 가까워졌다. 갈리아가 미국에서 독일까지 행차했으며 텔 아비브에서는 뉴 디멘션의 CEO 댄 바니아와 이사회 회장인 내가 대표로 참석했다. 브루겔링은 최선을 다해 친절을 베풀었다. 공항으로 차와 기사를 보내 우리를 맞이했다.

　우리가 BMC에 대해 아는 것이 없었던 것처럼 우리도 그들에게 미지의 존재였다. B&B가 그들에게 우리에 대해 거짓을 전하지는 않았다. 하지만 그런 인수 거래가 실현되려면 몇 달이 걸리게 마련이다. 매입자가 인수를 제안하고 양측이 이에 동의하면 듀 딜리전스due diligence : 기업 매수 등을 할 때 기업의 재무 내용이나 기술력 등을 상세히 조사하고 평가하는 작업을 일컫는 말—옮긴이가 시작된다. 매입자는 나름대로 숨은 걸림돌이 없는지 조사하고, 매각하는 측에서는 이런 걸림돌을 줄이기 위해 주의를 기울인다. 이 모든 과정에 시간이 걸린다.

　우리는 한이 주선한 릭 가드너와의 회의에 참석했다. 우리 회사가 빠진 B&BE는 탐탁한 매물이 아니라는 사실을 BMC가 이미 알고 있는지 아니면 내가 추측했듯이 이 문제에 관해서는 도통 오리무중인지 모르는 상태였다. 우리가 회의에 참석한 목적은 되도록 긍정적인 분위기에서 합의된 보상금을 받아 낼 상황을 조성하기 위해서였다. BMC 같은 거물과 싸우는 것은 멍청한 짓이니 말이다.

　우리는 관련자들이 어떤 사람이며 그들이 무엇을 원하는지 전혀 몰랐기 때문에 마음을 열고 그들의 입장을 듣기로 결정했다. 계획을 세워 봐야 아무런 의미가 없었다. 사실 우리를 기다리고 있는 것이 열렬한 연애인지 아니면 모든 전쟁을 종식시킬 만한 또 다른 전쟁인지도 모른 채 '소개팅blind date'에 나갔다.

　회의는 프랑크푸르트 인근 마을에 있는 수수한 독일 호텔에서 열렸는데 호텔을 보니 1950년대 이스라엘에서 우리 어머니가 몹시 좋아했던 온천 딸린 게스트하우스가 떠올랐다. 릭 가드너는 품위 있고 통이 큰 사람이었다. 우리는 내 직감이 옳았다는 사실을 금세 확인할 수 있었다. 인수 거래를 체결할 당시 BMC는 B&BE에 우리 회사가 얼마나 중요한지 깨닫지 못했을뿐더러 우리와 맺은 배급 계약서에 호혜적인 보상 조항이 있다는 사실 또한 전혀 알지 못했다. 실상 이 회의가 열리기 전까지 우리의 존재를 아예 모르고 있었다.

토론이 점점 긍정적인 방향으로 진행되면서 협상 상대의 본색에 대한 나의 우려는 자취를 감추었다. 나는 가드너에게 모든 관련자의 현재 상황을 솔직하게 설명하고 B&BE의 사업에서 뉴 디멘션이 핵심적인 존재라는 사실을 담백하게 전했다. 우리에게 지불할 보상금에 관해서는 조금도 지체할 수 없다는 사실을 지적했다. 현재 B&BE에 근무하고 있는 판매사원들을 고용하고 뉴 디멘션 유럽을 설립하려면 그 돈이 절실히 필요했다.

릭 가드너는 이렇게 물었다.

"여러분에게 지불해야 할 보상금이 얼마나 됩니까?"

나는 정중하게 대답했다.

"1,000만 달런데, 좀 급합니다. 그렇지 않으면 사람들이 사라질 겁니다. 그만둘 직원들이 있습니다. 앞으로 BMC에서 일하기를 원치 않을 사람들이죠. 그래서 지금 당장 움직여야 합니다."

가드너는 머리를 가로저으며 갈리아의 술잔에 와인을 따르고는 입을 다물었다. 한이 대화를 이끌었다. 모든 사람이 방금 제시된 문제의 심각성을 깨닫고 있었지만 곧 대화는 순조롭게 진행되었다. 우리는 릭 가드너의 반응을 기다렸다. 나는 좀 전에 내가 언급한 액수를 고려하면 반응이 그리 유쾌하지 않을 것이라고 마음을 다잡았다. 그런데 마침내 침묵을 깨기로 결정한 릭은 유쾌한 미소를 지으며 다음과 같이 말문을 열었다.

"왜 1,000만 달러에 마음을 쓰십니까? 우리는 지금 수억 달러에 대해 얘기하고 있는데."

나는 마치 아무 말도 듣지 못한 것처럼 내가 했던 말만 되풀이했다.

"되도록 빨리 사람들을 잡아야 합니다…… 할 일이 태산입니다……."

"이해를 못하시는 군요. 에이나브 씨. 1,000만 달러가 뭡니까? 푼돈이죠. 그 정도는 대수롭지 않습니다. 나는 지금 수억 달러가 걸린 문제를 얘기하고 있습니다. 그러니 서두르지 맙시다. 와인은 어떻습니까?"

그 무렵 우리 회사는 수십 개 국가에서 1억 달러가 넘는 연 매출을 기록하고 미국과 오스트레일리아, 멕시코에서 이미 자사 판매 네트워크를 구축했으며 브라질로 진출할 예정이었다. 우리가 알기로 나스닥 NASDAQ : 미국의 장외주식시장에서 우리 회사의 주가가 고공행진을 계속하고 있으며 이를 토대로 우리 회사의 밸류에이션valuation : 분석가가 현재 기업의 가치를 판단해 적정 주가를 산정하는 기업 가치 평가-옮긴이이 이루어졌다. BMC는 우리의 가치를 정확히 어느 정도로 생각하고 있을까? 우리는 알 길이 없었다. 그들이 그 문제에 관심이 있는지조차 알 길이 없었다. 어쨌든 그들은 B&BE를 인수하는 중이었다. 그런데 지금 독일의 한 레스토랑에서 릭 가드너가 '수억 달러'라는 말을 반복하고서야 나는 우리의 현주소를 불현듯 깨달았다. 한 브루겔링은 눈썹을 치켜떴다.

가드너 씨가 내뱉은 거대한 수치는 무엇을 의미하는가? BMC가 우리 회사를 매입하는 데 관심이 있다는 뜻인가? 갈리아의 눈이 반짝이는 것으로 보아 그녀의 마음속에도 같은 생각이 스쳐 간 듯 보였다. 댄 바니아는 꼿꼿하게 앉아 있었다. 나는 다음과 같이 물었다.

"그렇다면 당신은 우리 회사가 얼마나 가치가 있다고 생각하십니까? 만일의 경우 누군가, 어쩌면 당신이 내일 아침 우리 회사를 사고 싶어 한다면 우리 회사의 가치는 어느 정도입니까?"

릭 가드너는 불빛에 와인을 비춰 보고 그 투명함에 만족스러워하면서 이렇게 대답했다.

"제가 평가하기에 뉴 디멘션의 가치는 6억입니다. 아니면 6억 2,000만 달러 정도 될 겁니다."

그리고 소리 내어 웃고는 술잔을 비웠다.

2 천재들의 경계

❖ Nordau to NASDAQ

　나는 동년배들처럼 열여덟 살에 이스라엘 방위군Israel Defense Forces : IDF 의 의무 복무를 시작하는 대신 특별 프로그램을 택한 덕분에 테크니온—이스라엘 공과 대학Technion—Israel Institute of Technology의 전기 공학과 학사 학위를 먼저 받을 수 있었다. 그리고 학교를 졸업한 후 유발 네에만Yuval Ne'eman 교수당시 대령가 보안 연구와 개발을 통합할 목적으로 설립한 IDF의 무기 개발 부대에 입대했다. 최고의 인재만 영입한다는 이 부대의 방침에 따라 IDF는 뛰어난 두뇌 집단을 확보함으로써 신생 국가의 부족한 구매력을 보충했다. 이 부대의 작전 범위는 무척 다양하고 폭넓었으나 그중에서 획기적인 애로Arrow 미사일 시스템이 가장 유명하다. 이들 가운데 최고 정예부대는 이스라엘이 존재하는 한 비밀의 장막에 가려져 있을 것이다.

　입대하기 전날 밤 갖가지 의문이 나를 괴롭혔다. 나는 진정으로 가치 있는 존재인가? 이 특별 부대의 요구에 부응할 자질을 갖추고 있는가? 경쟁을 견뎌 낼 만큼 강인한가? 이 부대는 최고들로만 구성되었다. 나는 이 최고들의 일원인가? 성공할 것인가 아니면 실패할 것인가?

　나는 테크니온에서 전문 기술을 습득하고 시야를 넓혔으며 즐겁게 생활하고 평생의 친구를 얻었다. 학업에 필요한 조건은 전혀 문제가 되지 않았다. 지금 내 앞에는 내가 전혀 대비하지 못한 시험, 즉 실제 세상이 나를 기다리고 있다. 밤새 잠 못 이루면서 나는 아침을 간절히 기다렸지만 그런 한편 아침이 오는 것이 두려웠다.

1966년 여름이었다. 6일 전쟁Six—Day War의 조짐이 완연했다. 최상의 상태로 만반의 준비를 마친 매우 독창적인 군대가 진가를 입증할 기회를 기다리고 있었다. 나도 마찬가지였다. 내 자신에 대한 기대가 하늘을 찌를 듯했다. 그런데 입대하던 날 받은 환영, 정확히 말하면 환영받지 못했다는 사실만큼 내게 현실을 냉철하게 일깨워 준 일은 없었다.

일반 신병들은 수많은 동년배, 눈물이 글썽이는 부모, 친구, 그리고 꽃들에 둘러싸여 입영 기지에 도착한다. 나는 충혈된 눈으로 혼자서 축하 행사의 기미도 없는 IDF 본부에 도착했다. 나를 기다리는 사람은 아무도 없었다. 결코 끝나지 않을 것 같은 시간 동안 나는 무기 개발 부대가 위치한 그림 같은 석조 건물의 현관에서 이리저리 서성였다. 일반 병사들과 장교들이 즐겁게 잡담을 나누며 내 곁을 지나쳤다. 여군들은 킥킥거리며 재미있어 했다. 분명 어머니가 준비한 아침 식사를 먹지 않은 사실에 항의라도 하듯이 내 뱃속에서 내는 요란한 소리 때문일 것이다. 입대를 위해 새로 산 신발에서 삐걱대는 소리가 난다는 사실을 깨닫고는 한 자리에 꼼짝하지 않고 서 있었다. 발가벗겨 버려진 기분이었다.

그것은 내가 상상했던, 실제 세상을 향한 첫걸음과는 거리가 멀었다. 힘들게 준비한 모든 것이 미련한 짓처럼 보였다. 지루했던 전날 밤 나는 머릿속으로 지휘관에게 해야 할 말을 연습했지만 나를 반겨 주는 장교는 어디에도 없었다. 민간인 복장이었던 나를 제외한 모든 사람이 제복 차림이라는 사실이 나를 더욱 불편하게 만들었다. 사실 당시에는 아무도 '옷이 날개'라고 믿지 않았다. 부자든 가난한 사람이든 상관없이 거의 비슷한 파란색 셔츠, 전투재킷, 기성복 바지, 그리고 안식일에는 똑같은 흰색 면 셔츠를 입었다. 나는 수년 동안 편하게 입었던 그 친숙한 옷을 입고서 어색한 기분으로 그곳에 서 있었다.

내 오랜 기다림이 마침내 끝났다. 따분한 기색이 역력한 여직원이 낮은 계급의 임시 장교로 나를 칭하며 내 이름을 부르고 무언가 휘갈겨 적은 다음 부대 사무실로 나를 안내했다. 그러고는 그곳에 있던 사람들에게 나를 소개하는 수고 따위는 생략하고 내게 쪽지를 건네며 이렇게 말했다.

"도서관에 앉아서 이 자료를 읽고 계세요."

자료에는 시뮬레이션, 가상 전쟁, 확률, 침투 가능성, 유산탄과 같은 주제들이 실려 있었다.

얼마나 실망스럽던지! 나는 꼬박 사흘 동안 사방이 벽으로 둘러싸인 도서관에 틀어박혀 읽기만 했다. 내게 조금이라도 관심을 보인 사람은 전혀 없었다. 이것이 정예부대에서 내가 맡은 임무란 말인가? 유산탄에 대한 자료를 읽는 일이? 만일 그렇다면 내 능력을 증명할 기회는 눈곱만큼도 없을 것이다. 나는 몹시 실망한 나머지 이 일을 여자 친구 마티아나 부모님에게 알리지 않기로 마음먹었다.

고통스런 시간이 사흘째 흘러가고 있을 때, 내 직속 지휘관 라피 스니르Raffi Snir 중령이 구세주처럼 나타났다. 중령은 내가 조만간 장교 훈련 과정에 투입되며 그러면 내 계급이 임시 장교에서 정식 장교로 바뀐다고 설명했다. 그 과정이 끝나면 프로그래밍 과정을 이수할 것이다. 다시금 희망이 샘솟았다. 버림받은 것이 아니었다. 머지않아 이 중요한 부대에 무언가 공헌할 수 있을 터였다.

복무하는 동안 무기 개발 부대의 사령관은 전설적인 인물 이즈하크 야아코브Yitzchak Ya'akov, 일명 야자(Yazza)가 맡고 있었다. 나는 복무 넷째 날부터 시작한 첫 번째 연구 과제를 완수한 후에 그를 처음 만나게 된다. 라피 스니르는 내게 '시리아 군대가 전날 하이파 항Port of Haifa에 지뢰를 심었다는 가정 하에 전함이 그곳에서 벗어날 최선의 방법'을 조사하라고 지시했다.

스니르가 묘사한 시나리오는 결코 가설이 아니었다. 시리아는 그 무렵 매우 공격적이었는데 만일 그들이 협박성의 말을 실천에 옮긴다면 이스라엘은 정확히 이 시나리오와 같은 상황에 직면하게 될 터였다. 따라서 급박한 전쟁의 기미는 보이지 않아도 지뢰가 부설된 항구 문제를 처리하는 일은 분명 중대한 일이었다. 나는 문제의 심각성이나 내가 경험이 부족하다는 사실에 전혀 주눅 들지 않고 기꺼운 마음으로 그 도전에 뛰어들었다. 완벽한 연구 결과를 제시하겠다고 결심한 나는 당시로서는 혁신적인 방식인 게임 이론을 선택했다. 의식적으로 모험에 가까운 방식을 제안하고 포괄적인 결과를 얻기 위해 쉬지 않고 일했다. 스니르는 내 연구 결과에 감명을 받고 '이례적'이라고 묘사했다. 그리고 그 보상으로 야자에게 그것을 직접 전달할 임무를 맡겼다.

야자 사령관이 보고서를 훑어보는 동안 나는 그가 그것을 진지하게 고려하고 있음을 느낄 수 있었다. 아니나 다를까 그는 장래의 '디데이D-Day'를 위해 내 보고서를 잘 보관하라고 지시했다.

스니르는 약속대로 내게 장교 훈련 과정을 마치고 프로그래밍 과정에 참여할 기회를 주었다. 나는 자격을 제대로 갖춘 소위 겸 유능한 프로그래머, 즉 무기 시스템, 병참, 그 밖에 다양한 군사 시스템을 연구하는 시스템 분석가로서 부대에 복귀했다. 내가 맡은 임무는 차량, 탱크, 보병을 저지하기에 가장 적합한 지뢰밭의 유형을 결정하고 해양 미사일의 바람직한 특성을 규정하며 병력 수송 장갑차APC를 구축하는 최선의 방법을 연구하는 일이었다.

내게 이 훈련 기간은 실현된 꿈을 꾸는 것만 같았다. 이 부대에 복무하는 노련한 천재들은 우리 초보자들을 그들이 맡은 모든 임무에 참여시키며 독창성과 창의성을 길러 주었다. 그들은 계층구조에 얽매이지 않는 접근 방식을 통해 우리에게 상당한 자유를 허용했다. 신입 엔지니어들이 가장 낮은 단계의 견습생으로 경력을 쌓는 민간 기업과는 사뭇 대조적인 상황에서 이 고참들은 중대한 프로젝트에 참여하도록 우리에게 용기를 북돋우고 이따금 책임을 맡기기도 했다. 나는 그때껏 꿈꾸었던 출발점과 책상, 펜과 종이, 이스라엘에서 가장 뛰어난 인재들과 나란히 내 두뇌를 활용할 열린 기회를 베풀어 준 행운의 별들에게 감사했다. 야심만만한 젊은이가 이보다 더 바랄 것이 있겠는가?

그리고 6일 전쟁이 발발했다. 1948년 독립 전쟁이 일어났을 때 나는 어린아이였다. 기억에 남는 것은 1956년 시나이 캠페인Sinai Campaign이었는데, 그때 주로 등화관제를 실시해 저녁에 밖에서 놀 수 없었던 탓이었다. 그러나 6일 전쟁이 일어났을 때는 군 장교로서 조국을 위해 봉사하는 성인이었다. 비록 무기 개발 부대는 비전투 부대였지만 1967년 전쟁은 IDF에 복무하는 다른 모든 병사들과 마찬가지로 우리에게도 중대한 시험이었다. 지금껏 적절한 주제를 연구했는가? 전장에서 펼쳐질 실제 상황에 대한 효과적인 해결책을 마련했는가? 그리고 개인적으로 나는 IDF가 보기에 가치 있는 존재인가? 결정의 날이 머지않았다.

역사학자들이 '대기 기간waiting period'이라고 일컫는 삼엄한 경계 태세가 3주 동안 계속된 끝에 마침내 교전이 시작되었다. 조마조마한 막간 상황이 시작되기 전부터 수년 동안 팔레스타인 테러리스트들이 이스라엘의 요르단과 이집트 국경을 넘어 침입한 데다 시리아 전선에서 심각한 국경 분쟁이 일어나 정부가 반드시 이에 보복해야 한다는 압력이 점점 커진 상태였다. 우리는 이스라엘 영공에 침투한 시리아 전투기 여섯 대를 격추시켰지만 시리아는 이 메시지에 아랑곳하지 않았다. 우리 부대에서는 시리아가 하이파 항에 지뢰를 심으려 한다는 말이 떠돌았다. 서가에 꽂혀 있던 내 이론 연구가 조사 보고서로 작전 본부에 전달되었다. 과연 디데이가 가까워지고 있는 것인가?

1967년 이집트 대통령 가말 압델 나세르Gamal Abdel Nasser가 유엔 옵서버를 쫓아내고 시나이 반도에 대규모 군대를 배치하면서 이른바 대기 기간이 시작되었다. 우리의 다른 아랍 우방들은 애매모호한 태도를 취한 반면 이스라엘은 때를 기다리며 전쟁을 준비했다. 나세르가 이스라엘 선박을 대상으로 티란Tiran 해협을 봉쇄했을 때 사실상 이스라엘은 대응하지 않을 수 없었고 남은 선택은 전쟁뿐이었다.

그러나 전쟁은 곧바로 일어나지 않았으며 IDF는 칭송이 자자한 무기 부대를 깡그리 잊은 것처럼 보였다. 우리에게 어떤 임무도 맡기지 않았다. 그럼에도 우리는 계속해서 텔 아비브의 본부 지하실에 매일같이 모여 머리를 짜냈다. 지금껏 다루었던 모든 군사 지역에서 다양한 시나리오를 구체화하고 가장 효과적인 해결책을 계획했다. 이동 경로에 따라 병참 성과를 분석하기 위해 연료와 군수품, 식량을 공급하는 수송대를 감시하는 일 등 약 스물다섯 가지 긴급 문제를 목록으로 작성했다.

우리는 아군의 초기 공습이 주효하지 못할 경우 보병과 기갑 사단이 시나이 반도 깊숙이 침투해야 한다고 판단했다. 그러면 모래가 휘날리는 사막을 횡단하느라 애를 먹을 것이다. 우리는 탱크를 비롯한 장갑 차량의 작전 성과와 관련된 문제도 목록에 추가했다. 상부에서 우리를 잊지 않고 소환할 경우를 대비해 준비된 상태로 기다린 것이다. 우리가 주둔하던 본부에는 차가운 정적만 흐를 뿐이었다. 사람들은 전투 채비를 마친 진정한 전사들로 거듭나는 일에만 몰두했다.

무기 부대에서 누군가 농담 삼아 '천재들의 경계'라고 묘사했던 삼엄한 경계 태세를 취하는 동안 우리 신참들은 고참들과 어울리며 오랜 시간을 보냈다. 당시 나와 함께 복무한 사람 중에는 현재 하버드 대학교 교수로 재직 중인 에일론 콜버그Eilon Kolberg, 텔 아비브 대학교 교수 예후다 카하나Yehuda Kahana와 아리크 타미르Arik Tamir, 바이츠만 과학 연구소Weizmann Institute of Science 교수 미키 사무엘Miki Samuel, 오퍼레이션 리서치operations research : OR 교수이자 대성한 기업가 모셰 벤 바사트Moshe Ben Bassat 등 장래의 유명 인사들이 많았다. 이들은 작고 가난한 나라 이스라엘의 특별대우 덕분에 최고의 교육을 받은 최고 두뇌 집단의 일원들로, '히브리 두뇌'의 잠재력을 인정할 혜안을 가지고 교육을 최우선순위로 삼았다. 신참이든 고참이든 할 것 없이 우리는 모두 바로 임박한 전쟁에서 중대한 역할을 수행할 생각에 좀이 쑤실 지경이었다.

그때까지만 해도 우리는 저녁에 퇴근할 수 있었다. 마티아와 나는 아를라조로브Arlozorov 거리에 있는 엔젤 카페Angel Café에 자주 들렀는데, 이스라엘이 침체의 늪에 빠졌다, 리비아가 이라크에 이어 적국 진영에 가담했다 등 언짢은 소식을 계속 방송하는 라디오가 켜져 있었다는 사실 이외에는 여느 때와 다름없었다. 커피를 음미하는 사이사이에 마티아는 대대적인 예비군 모집으로 말미암아 테크니온의 졸업식이 연기될 가능성은 없는지 궁금해했다. 졸업식이 열리지 않으면 학위 증서를 받지 못한다. 나는 그 사실을 깡그리 잊고 있었다고 실토했다.

매일 아침이면 우리는 본부로 복귀해 빨간 타일로 지붕을 이은 2층 건물에서 '천재들의 경계 태세'에 다시 들어갔다. 19세기 템플러Templars 옆에 지어진 이 건물은 복합단지 내에서 가장 눈길을 끌었다. 물론 IDF의 안전 기준에는 분명 어긋나는 일이었을 것이다. 작전 참모들은 대부분 임의로 이용할 수 있는 여러 건물에 거주했는데, 우아한 템플러의 석조 주택, IDF의 다양한 임시건물, 팔레스타인 지구British Mandate of Palestine 시절에 지은 각양각색의 석면 지붕 오두막들이 옹기종기 모여 있었다. 쓰러질 것 같은 이 복합단지 안에는 IDF 고위 간부들을 위한 벙커가 있었다. 분명 안전 규정에는 어긋나는 이 현대식 건물은 우리 같은 평범한 소시민이 아니라 거물을 위한 곳이었다.

긴장을 늦출 수 없었던 3주 동안 이스라엘의 최고 두뇌 집단은 미사일에 노출된 지하실에 앉아 있었다. 아무도 국가의 미래를 위해 미래가 존재한다면 우리를 안전한 곳으로 피신시키는 것이 좋겠다고 생각할 여유가 없었다. 모든 사람이 어둠에 싸여 위험한 건물에 앉아 있었다. 하지만 정전은 대수롭지 않은 일이었다. 심리적인 우울함, 즉 운명이 우리를 사로잡고 있다는 느낌이 한층 더 고통스러웠다. 민방위 본부에서는 국민들에게 창문에 테이프를 두르라고 지시했지만 폭발하는 유리창은 사람들의 걱정거리 가운데 가장 사소한 것이었다. 진정으로 두려운 것은 이스라엘의 파괴였다. 우리는 이곳, 그리 멀지 않은 과거에 유대인들이 학살되는 동안 모른 척했던 무관심한 세상과 수억 명에 이르는 적대적인 아랍인들에 둘러싸인 작은 나라에 살고 있다. 이번에 1948년 독립 전쟁에서 이스라엘이 거둔 승리의 기적이 반복되지 않는다면 어떻게 될까? 이스라엘 국제공항에 이 나라를 떠나는 마지막 사람에게 "불을 꺼 주세요"라고 부탁하는 공고가 붙었다는 우스갯소리마저 떠돌았다.

1967년 6월 5일 아침, 마침내 전쟁이 일어났다. 구체적인 임무는 할당되지 않았지만 우리도 맡은 임무를 다하도록 소환되었다. 작전 참모들은 그제야 우리를 기억해 낸 것이 분명했다. 박사 학위 소지자들이 있다고 해서 '박사 소대'라고 불렸던 소대의 예비군 4명에게 징발된 민간 차량이 제공되었다. 우리 신참들은 지프를 얻었다. 면허 시험을 치를 돈이 없었던 나는 운전할 줄 아는 친구 미시카Mishka와 동승했다. 무기 부대원 전부가 열다섯 대의 수송차량에 나누어 타고 미리 대비한 여러 가지 임무를 수행하러 출발하였다. 우선 남쪽으로 향하라는 명령을 받았고 그곳에서 추후 명령을 받을 예정이었다. 해가 지기 직전에 베르셰바Beersheba에 도착했다. 유스호스텔에 진을 치고 뉴스에 귀를 기울였다. 비록 본부에서 출발하기는 했지만 어떤 상황이 진행되고 있는지 모르기는 민간인과 매한가지였다.

다음 날 아침이 되자 지역 주민들이 환호를 지르며 최신 소식을 알려주었다.

"어이, 여러분. 우리 공군이 적군의 비행기를 파괴했답니다. 전쟁이 끝났어요!"

물론 우리는 기뻤지만 사실 같지는 않았다. 우리 공군이 막강한 것은 의심의 여지가 없지만 전쟁이 하루 만에 끝날 턱이 없었다. 게다가 전쟁이 실제로 끝났다면 우리가 할 일은 남지 않을 터였다. 우리는 샤워를 하고 면도를 마친 다음 커피를 조금 마시고 결정을 내렸다. "시온의 아들들이여, 남쪽으로 가자"라는 말과 함께 우리가 향한 곳은 남쪽이었다. 차를 타고 서둘러 국경으로 향했다. 그런데 검문소에서 군인들이 우리를 가로막았다. 이제 어떻게 해야 하나? 우리 지휘관들이 투덜대며 사령부를 찾아갔다. 사령부의 답변은 이러했다.

"유감스럽게도 지금 이곳에는 전쟁이 한창이다. 우리는 당신네 같은 지식인들이 시나이 반도를 휘젓고 다니도록 방치할 수 없다. 위험하다."

세계 최고로 알려진 군대가 보기에 우리가 쌓은 경험은 위태롭기 짝이 없었다. 우리는 왔노라, 보았노라, 그리고 이렇게 말했노라.

"우리는 작전 참모 첩보 분과인 무기 부대 출신입니다. 전투 지역의 데이터를 수집하기 위해 여기 왔단 말입니다. 어디로 가야 할지 알려 주십시오."

전투로 다져진 군인들은 우리를 무시하려고 하다가 결국 협조하기로 결정했다.

"좋다. 천재들께서 조사하기를 원하니, 조사하시오!"

호위하겠다는 제안이나 지원 따위는 전혀 없었다. 우리에게 무슨 일이 일어나든지 전혀 관심이 없는 것처럼 보였다.

"조사하기를 원하니 조사하시오. 죽는 게 소원이라면 그렇게 하시오."

그들은 대놓고 우리를 멸시했지만 우리는 계속 버텼다. 그들은 결국 지도 비슷한 것을 내놓았다. 우리가 집중해야 할 대상을 결정하고 마침내 전투 지역으로 들어서도 좋다는 허락을 받았을 무렵 전쟁은 이미 사흘째로 접어들었다.

우리의 임무가 중요하다고 고집을 피운 데는 그만한 이유가 있었다. 일단은 이 전쟁이 마지막이 될 가능성은 지극히 희박했고 그래서 다음 전쟁을 위한 교훈을 얻는 것이 우리의 임무였다. 그리고 둘째로 간접적인 정보가 아니라 실제로 전장에서 벌어지는 상황에서 배우는 것이 중요했다. 실제 전투 상황은 실험 상황과는 확실히 다를 것이기 때문이다. 우리의 첫 번째 임무는 전투가 끝난 다음 최대한 빠른 시간 내에 전투 지역에 있는 탱크를 살펴보는 일이었다.

난생 처음 드넓은 사막으로 향하는 동안 나는 너무 흥분한 나머지 전투 지역의 한복판에 있다는 사실을 잊어버렸다. 끝없는 모래가 우리 앞에 펼쳐지고 파도가 솟구치는 황금빛 바다가 눈이 닿는 곳까지 뻗어 있었다. 하지만 이 환상적인 광경을 오랫동안 감상할 수는 없었다. 우리는 보험 사정관들처럼 증거가 오염되기 전에 최대한 빨리 서둘러 현장으로 향했다. 하루 만에 끝날 일이 아니라는 사실을 깨닫고 전투 부대가 점령한 인근 지역에서 하룻밤을 보내기로 결정했다. 일과가 끝나면 매일같이 병사들의 야영지에다 우리의 피곤한 머리를 누여도 좋다는 허락을 받느라 병사들과 승강이를 벌였다. 사실 전쟁이 상당히 혼전이었던 터라 어느 특정한 순간 누가 어디 소속인지 혹은 책임자는 누구인지가 명확하지 않았다. 날이 밝으면 우리는 다시 전장으로 향해서 우리만의 전쟁을 계속했다.

우리 부대의 진정한 성과는 전투 지역에서 신속하게 연구했다는 사실이다. 몇 주 만에 약 350대의 탱크를 조사할 수 있었다. 전쟁 중에 약 100대를 조사했으며 나머지는 승리를 거둔 후에 조사했다. 우리는 북쪽으로 향해 골란 고원Golan Heights에 도착했다. 탱크 수리소를 방문해서 손상 정도가 비교적 적은 장갑차를 조사했다. 우리가 완성하려는 완벽한 그림과 관련된 어떤 것도 놓치고 싶지 않았다. 사실상 전쟁이 일어나기 전보다 4.5배나 넓어진 전국을 누볐다. 임무를 마칠 무렵 우리는 600대가 넘는 탱크를 조사하고 포괄적인 연구에 필요한 데이터를 수집했다.

본부로 돌아왔을 때 자료를 편집하는 임무가 내게 맡겨졌다. 새로운 연구 부대원을 모집하는 중이었기에 나는 그들 가운데 두 명을 조수로 선발했다. 조수들과 함께 자료를 분류하고, 분석하고, 결론을 내렸다. 신병들은 불평 한마디 하지 않고 세부 사항까지 세심한 주의를 기울이며 훌륭하게 임무를 수행했다. 우리는 모든 자료를 정리하고 분류한 후에 수많은 사진을 첨부해 상세한 개요를 작성하고 50부를 인쇄했다. 이는 일급비밀로 분류되었다. 나는 우리가 무언가 중요한 일을 성취했다고 생각했지만 사실 그렇게 결정을 내리는 것은 상관들의 몫이었다.

1967년 9월 유대교 신년절Jewish New Year 전날 작전 참모장인 에제르 바이츠만Ezer Weizmann에게 최종 보고서가 전달되었다. 장난기가 많기로 유명한 바이츠만은 보고서를 받아 머리에 얹고는 장난스럽게 웃으며 이렇게 말했다.

"좋았어. 그럼 내가 이걸로 무얼 해야 하는가? 햇빛 가리개 모자로 쓸까?"

우리의 노고를 가볍게 여긴 사람은 그뿐만이 아니었다. 정기적으로 우리의 보고서를 받는 전투 부대의 고위 간부들 가운데에도 회의적인 사람들이 적지 않았다. 한편으로는 우리를 천재라고 부르면서 다른 한편으로는 실제 전투에서 우리가 수행한 체계적이고 과학적인 연구의 중요성을 인정하지 않았다. 우리가 내린 결론이 그들의 실제 상황에 일치하지 않으면 곧바로 묵살해 버렸다.

우리 보고서에 대한 에제르 바이츠만의 반응 또한 예외가 아니었다. 이를테면 스탠퍼드 대학교에서 박사 학위를 받은 실력이 좋은 장교 아담 셰피Adam Sheffi의 연구 또한 이와 비슷한 운명을 겪었다. 셰피는 리노렉스Linolex 컴퓨터에 설치된 거의 무용지물이 된 워드프로세싱 프로그램과 씨름한 끝에 대수표와 비슷한 자료를 만들었다. 그 결과를 프로그램으로 만들어 매우 정확한 전산 사격 도표를 얻었다. 그런 차트만 있으면 포병 사수가 컴퓨터에 관련 데이터를 입력하고 곧바로 표적의 사정거리를 확인해 발사할 수 있었다. 그러나 이 자료를 받은 포병 군단장은 냉담한 반응을 보였다. 수동 계산에 익숙한 포병들 또한 콧방귀를 뀌었다. 그것이 평범한 쇳조각을 금으로 바꾸는 일이나 다름없다는 사실을 깨닫지 못했기 때문이다. 계속 거절만 반복하던 중에 한 포병이 이를 시험해 보고 효과를 확인했다. 아담 셰피의 기발한 즉흥적인 발상은 마침내 현재 IDF의 핵심 장비로 손꼽히는 야전포병 디지털 자동 전산기로 이어졌다.

우리 보고서 또한 마침내 그에 합당한 존중을 받게 되었다. 작전부의 누군가에게 전달된 이후에 비로소 인정을 받은 것이다. 그 누군가는 보고서의 진가를 깨닫고서 독일 군대에 고가로 판매하라고 제안했다. 해외에서 칭송을 받은 후에야 IDF는 정신을 차리고 우리의 연구를 진지하게 생각했다. 지금까지도 이 연구는 국내외에서 교본으로 이용되고 있다. 퇴역 장군 아모스 호레브Amos Horev에게서 최근 전해 들은 바로는 이 연구가 이스라엘 메르카바Merkava 탱크를 설계하는 과정에 중요한 역할을 한다고 한다. 우리 보고서가 중요성을 인정받은 것은 작전 중의 탱크 성능이 연습 때와는 다르다는 사실을 깨달은 덕분이었다. 전쟁터의 온도는 연습 때보다 더 높고 기계는 먼지로 뒤덮여 있어 연료가 손실되기 때문에 무기의 효용에 변동이 심하다. 우리는 선견지명을 발휘해 전쟁터에서 데이터를 수집하고 과학적으로 분석해 명확한 결론을 얻었다. 우리의 노력이 연구개발과 군대의 즉응력에 영향을 미쳤다.

우리가 얻은 성과는 이스라엘 인적 자본의 힘과 이 매우 특별한 부대가 존재해야 할 정당한 이유를 입증하는 여러 가지 증거 가운데 하나였다. 「내셔널 지오그래픽 채널National Geographic Channel」은 최근 미국이 가담한 전쟁에서 이른바 '적극적 방호Active Protection' 기술이 탄생했다고 보도했다. 오늘날 적극적 방호는 장갑차 설계에 이용되는 첨단 기술로 인정받는다.

장갑차 분야의 연구와 참전한 경력 덕분에 나는 예정보다 몇 달 앞서 소위에서 중위로 진급했다. 이스라엘이 놀라운 승리를 거둔 후에 내가 가장 먼저 한 일은 운전 교습이었다. 나는 이미 미시카의 지도를 받으며 시나이 사막의 험준한 도로에서 운전 연습을 많이 한 상태였다. 유리Uri 형에게 돈을 빌리고 군대 월급 몇 달 치를 운전 교습에 투자한 끝에 결국 운전면허 시험에 합격했다.

전쟁이 끝나고 두 번째로 한 일은 우리 가족을 부대 픽업트럭에 태우고 나의 테크니온 대학 졸업식에 참석한 것이다. 초보운전자답게 조심스럽게 자동차를 몰고 텔 아비브 노르다우Nordau 대로에 있는 아파트에 도착하자 발코니에서 아버지와 어머니, 그리고 남동생 암논이 두 분 사이에서 기다리는 모습이 보였다. 모두들 가장 근사한 안식일 복장으로 환하게 웃고 있었다. 어머니는 애정 어린 손길로 선인장을 돌보고 계셨다. 남동생은 훌쩍 키가 큰 모습이었다. 부모님은 내 기억 속의 모습보다 더 작아 보였다. 잠시 떨어져 있었을 뿐인데 많은 것이 변했다.

나는 온 가족을 자동차에 태우고 하이파로 마티아를 데리러 갔다. 아직 테크니온에서 공부 중이던 그녀는 아파트에서 우리를 기다리고 있었다. 그녀의 집에 도착하기 한참 전부터 나는 사브라sabra : 선인장 꽃의 열매로, 이스라엘 본토 사람을 의미한다―옮긴이를 담은 그림엽서에서 볼 수 있을 법한 그녀를 알아보았다. 긴 다리, 화장기 없는 얼굴, 하나로 묶어 올려 흘러내리는 검은 머리, 그리고 완벽한 미소. 우리는 발푸어 베이스먼트Balfour Basement에서 가족끼리 오붓하게 즐거운 식사를 했다.

얼마 되지 않는 내 군대 월급으로 밥값을 지불한 다음 자동차를 몰고 졸업식에 참석하러 테크니온으로 향했다. 내 이름이 호명되는 순간 어머니가 눈물을 참으려 애쓰시는 것 같았다. 아버지는 나와 악수를 나누고 힘껏 안아 주셨다. 가족 가운데 학위를 받은 사람은 내가 처음이었다. 마티아는 주변에 보는 사람이 없는지 확인한 다음 내게 따뜻한 키스를 해 주었다. 안타깝게도 유리 형은 졸업식에 참석하지 못했다. 키부츠Kibbutz : 집단생활을 기반으로 한 이스라엘의 농업공동체―옮긴이의 농부인 그의 첫 번째 관심사는 땅이었다. 어떤 것도, 심지어 동생의 졸업식조차도 그 자리를 대신할 수는 없었다.

전쟁을 통해 나는 자신과 세상에 대한 많은 교훈을 얻었다. 일부는 실용적인 교훈이고 일부는 철학적인 교훈이다. 나는 삶의 허무함을 목격했으나 어린 나이였기에 '내게는 일어나지 않을 일이야'라고 생각하며 두려움을 숨겼다. 나는 자신과 조국에 대한 책임과 집단의 단결이 발휘하는 힘, 그리고 한 개인으로서 내가 가진 힘을 깨달았다.

전쟁이 일어나기 전과 전쟁을 겪는 동안 나는 한 인간과 전문가로서 풍부한 경험을 쌓았다. 이스라엘 인적 자본의 중요성과 각계각층에서 영입한 단결된 인재 집단이 발휘할 수 있는 강한 영향력을 깨달았다. 분석과 실제의 결합이 내 상상력에 불을 지폈다. 두뇌-종이-연필은 효과적인 무기 시스템이라는 사실이 입증되었다. 나는 자신의 가치를 어느 정도 이해하기 시작하고 내 지적 능력이 시장에서 쓸모가 있다는 사실을 깨달았다.

3

미래를
결정할
권리

❖ Nordau to NASDAQ

1

　유리 형이 열다섯 살이었을 때 아버지는 형에게 학교를 중퇴하고 직장을 구하라고 말씀했다. 아버지는 인쇄업 협동조합에서 근무했는데 그의 박봉으로는 가족을 부양하기가 빠듯했다. 전기회사에서 일하던 어머니는 암논이 태어나자 직장을 그만두고 아이를 키웠다. 형은 기꺼이 고등학교를 중퇴하고 은행에서 일자리를 구했고 고등학교 졸업장을 따기 위해 야간학교에 다녔다. 부모님은 그의 희생을 무척 고맙게 여겼다.

　훗날 갈릴리Galilee에 있는 키부츠 이프타크Kibbutz Yiftach에 가입한 유리 형은 조금도 주저하지 않고 학교를 그만두었다. 그는 유대인들이 "과거 쫓겨났던 본토에 정착해 생명을 선사하는 물질에 깊이 뿌리를 내리도록"A. D. 고든[A. D. Gordon] : 이스라엘의 노동 운동 신봉자 땅을 경작한다는 사회주의 청년 운동의 강력한 이념에 심취했다. 어린 시절 내 생각도 형과 비슷했다. 형과 형이 대변하는 이념을 내가 흠모한 데다 그것이 우리 시대의 이상이었기 때문이다. 청년 운동에 가담한 부수적인 혜택은 친구들과 함께 군복무를 마치고 키부츠에 가입할 수 있다는 점이었다. 그러나 나는 본질적으로 도시 소년, 책벌레, 육체적인 도전보다는 지적인 도전의 애호가였다. 나는 언젠가 아버지가 형을 본받아 학교를 그만두고 가세에 도움이 되라고 말할까 봐 두려웠다.

　아버지는 교육보다 일이 우선이라고 믿었다. 그는 독학으로 공부한 매우 엄격한 분이었다. 1930년대에 홀로 폴란드에서 팔레스타인으로 이주해 야간학교에서 회계를 공부했으며 정규 교육이 반드시 필요하다고 생각지 않았다. 독서를 통해 지평을 넓히고 알아야 할 모든 것을 배울 수 있다고 여겼다. 나는 자수성가한 분으로 박식하고 도량이 넓은 아버지를 존경했으나 그의 선견지명은 부족하다고 생각했다. 세상이 변하고 있었으며 그래서 지금은 고등학교 졸업장으로 충분하지만 머지않아 대학 교육을 반드시 받아야 할 시대가 올 터였다. 나는 어릴 적부터 돈이 없더라도 지적 능력과 교육이 나의 미래를 열어 줄 것이라고 여겼다.

그러나 부모님의 생각은 달랐다. '하나를 위한 모두, 모두를 위한 하나' 세대였던 두 분은 개인의 성취를 그다지 중요시하지 않았다. 이스라엘이 이제 막 건국되었고 아직 완벽하게 기틀을 마련하지 못한 상태였다. 사람들은 생계를 유지하는 데 급급했다. 선택의 여지가 없었다. 나는 부모님을 향한 존경심과 나의 열망 사이에서 갈등했다. 열다섯 살 생일이 점점 다가올수록 나의 걱정은 더욱 커졌다. 이 두 세계관을 어떻게 연결할 수 있을까? 계속 학교에 다니게 해 달라고 부모님을 설득하려면 어떻게 해야 하나?

내 생일을 2주 앞둔 어느 날 저녁 나는 백과사전을 찾아보기로 마음먹었다. 아버지가 승낙할 만한 학구적인 직업을 찾는다면 고등학교를 졸업하도록 허락하실지 모른다고 생각했다. 백과사전은 무겁고 두꺼웠기 때문에 책꽂이 맨 위 칸에 얹어 두었고 그 아래로 작은 책들이 가지런히 정리되어 있었다.

나는 의자를 가져와서 백과사전이 있는 칸까지 올라갔다. 올라갈 때는 별 탈이 없었으나 내려올 때 무거운 책이 손에서 미끄러졌다. 그 바람에 책꽂이 중간에 있던 요세프 하임 브레너Yosef Haim Brenner의 『사별과 실패Bereavement and Failure』가 떨어지면서 탁자에 있는 어항에 빠져 버렸다.

나는 당황스러운 기색을 숨길 수 없었다. 발코니에서 독서에 몰두하던 아버지가 이 작은 해프닝을 보게 되었다. 그는 자리에서 일어나 책을 어항에서 꺼내고는 조심스럽게 펼쳐서 말렸다. 아버지는 구제불능이라고 말하는 듯이 나를 향해 머리를 가로저으며 낮은 목소리로 말했다.

"아, 로니, 로니."

그러고는 인쇄물의 천적인 물에 대해 과학 강연을 했다. '자신의' 인쇄소에서 중요한 유대인 작가들의 작품을 인쇄했다는 사실을 자랑스럽게 여기는 분이라 그에게는 내가 한심하게도 부주의한 탓에 물고기에게 그의 창조물을 갖다 바친 격이 되었다.

"그런데 그 위에서 뭘 찾고 있었던 거야, 타잔 소년?"

나는 드디어 내가 두려워하던 순간이 왔다고 생각했다. 폭풍의 조짐을 느낀 어머니는 재빨리 암논의 손을 잡았다.

"시마Sima네 집에 갔다 올게요."

아버지는 고개를 끄덕여 인사를 했지만 그의 시선은 여전히 내게 머물고 있었다.

그는 곧장 본론부터 말했다.

"로니, 이제 곧 네가 힘을 보태서 가족의 책임을 나누어 짊어져야 할 거야. 물론 야간학교에서 학업을 계속할 수 있지."

나는 계획한 대로 딱 잘라 거절하지 못하고 말을 더듬었다.

"저는…… 우등생이에요, 아버지. 좋은 성적으로 학교를 졸업해서 졸업장을 받고 싶습니다. 전 할 수 있어요."

가녀린 내 목소리가 점점 단호해지는가 싶더니 다시 희미해졌다. 아버지는 다음과 같이 말했다.

"야간에 공부해라. 유리도 그랬지 않니. 그러면 똑같은 졸업장을 받을 수 있을 게다."

이번에는 아버지의 목에서 불안한 쉰 목소리가 나왔다.

"전혀 똑같지 않아요! 야간 학교는 학생도, 선생님도 모두 다르다고요."

나는 온 마음을 담아 힘껏 소리쳤다.

"저는 지금 학교를 그만두지 않을 거예요. 그럴 수 없어요. 내 마음은 바뀌지 않아요."

그랬다. 나는 반항의 말을 내뱉었다. 내 미래를 결정할 권리를 얻기 위해 싸우는 동안 눈물이 앞을 가렸다. 하지만 꿋꿋이 버티고 서서 아버지를 설득할 때까지 내 주장을 굽히지 않았다. 그는 결국 이렇게 말했다.

"좋아. 네 소망을 존중하마. 학교에 남아 있어도 좋다. 하지만 명심하렴. 방학 동안 열심히 일해서 학비를 벌어야 해."

나는 뛸 듯이 기뻤다. 기꺼이 그렇게 할 것이다. 중요한 것은 학교를 계속 다닐 수 있다는 사실이었다.

어쨌든 백과사전을 볼 필요가 없어졌기 때문에 아버지는 그것을 다시 책꽂이에 올려놓았다. 나중에 후회하느니 미리 대비하는 편이 낫다.

2

3년 후 아버지와 나는 노르다우와 디젠고프Dizengoff 모퉁이에 있는 새 아파트의 발코니에 앉아 있었다. 엘리베이터가 없는 건물의 4층에 있는 아파트였다. 나는 바라던 대로 우수한 성적으로 고등학교를 졸업했다. 그런 다음 아투다Atuda라는 이스라엘 군대의 유명한 학사 프로그램에 전액 장학금을 받고 들어갔다. 그러면 군복무를 하기 전에 대학 교육을 마친 다음 내가 선택한 분야에서 복무할 수가 있었다. 나는 야심만만했으나 당시에는 어떤 직업을 선택할지, 어디에서 공부해야 할지 결정하지 못했다.

그 시절 준수한 이스라엘 젊은이, 시온주의의 '신新 유대인'은 당연히 들판이나 감귤 농장에서 땀을 흘리며 조국 건설에 일조해야 했다. 훌륭한 도시 소년은 사회에 기여하는 생산적인 직업을 선택해야 했다.

아버지는 내 우수한 졸업 성적을 보고 이스라엘 공과 대학에 입학 정보와 지원서를 보내 달라고 편지를 썼다. 우편으로 서류가 도착했을 때 아버지와 나는 발코니에 앉아 카탈로그를 살펴보았다. 대로 건너편의 발코니에는 우리의 이웃인 시인 나탄 알트만Nathan Alterman이 신문을 읽고 있었다. 아버지는 낮은 목소리로 그와 의논하면 좋겠다고 말했다. 하지만 생각만 하셨을 뿐 감히 그 유명한 시인에게 다가갈 엄두를 내지 못했다. 그래서 우리는 아무런 결정을 내리지 못하고 계속 카탈로그만 찬찬히 살펴보았다.

바다에서 산들바람이 불어왔다. 알트만이 자리에서 일어나 고개를 끄덕이고는 안으로 들어갔다. 땅거미가 질 무렵 우리는 카탈로그를 끝까지 읽으려고 애쓰는 중이었다. 청소년 운동 센터에 갔던 동생 암논이 돌아오고 어머니가 저녁 식사를 하라고 우리를 불렀을 때 우리는 마지막 장을 펼치고 있었다.

아버지가 나지막한 목소리로 읽었다.

"전기 공학, 전기 기계 기술."

괜찮을 것 같았다.

"이걸로 선택하렴, 로니, 이걸로. 전기가 전망이 밝을 거야."

그는 이스라엘의 전기 회사에서 수석 연구원으로 근무하는, 존경하는 동서 아르텍Artek의 예언을 들었을 것이다.

나는 입학 조건을 읽고 다음과 같이 대꾸했다.

"이게 가장 어려운 과정인데요. 경쟁률이 5대1이나 7대1이에요."

하지만 어렵다는 말은 아버지의 눈을 더욱 빛나게 만들었을 뿐이었다. 나는 이렇게 덧붙였다.

"좋아요, 아버지. 지원서에 전기 공학이라고 쓰세요."

그는 무척 만족스러운 표정을 지으며 꼼꼼한 필체로 우리가 선택한 결과를 기록했다. 그러고는 방금 샐러드 볼을 들고 부엌을 나서던 어머니를 큰 소리로 불렀다.

"시프라Shifra, 로니는 전기 공학도가 될 거야."

그렇게 해서 나는 전기 공학과에 입학했다. 테크니온에서 무엇을 해야 할지 전혀 몰랐지만 집을 떠나서 살 것이라는 생각만으로 가슴이 벅찼다. 이제 곧 성인 시절과 부모님의 철저한 감독이 없는 독립생활을 시작하게 될 터였다.

잠자리에 들기 전에 방으로 들어가 보니 암논이 내 침대를 정리해 두었다. 유리 형이 입대하기 전에 내가 그랬듯이 동생도 우울한 것이 분명했다. 그것은 작별을 앞둔 사랑의 작은 표시였다. 나는 형으로서 진심 어린 말을 건네고 싶었으나 우리 가족은 본디 감정을 잘 드러내지 않았다. 대신 나는 어머니가 약간 태운 오믈렛에 대해 우스갯소리를 했다. 함께 체스 게임을 했고 동생이 이겼다. 승리의 선물로 동생이 오랫동안 탐냈던 고급 주머니칼을 주었다. 그리고 동생과 나는 제각기 슬픔과 흥분이 가득한 채로 잠자리에 들었다.

3

1968년, 6일 전쟁이 일어난 지 정확히 1년 후에 나는 군복무를 하며 매일 집으로 퇴근했다. 그 무렵 히브리 대학교 텔 아비브 캠퍼스에서 할 인터뷰를 준비하고 있었다. 이 대학의 석사 과정에 입학할까 하고 생각 중이었으나 전기 공학 과정은 아니었다. 전기 공학은 내게 그리 어울리지 않았다. 또다시 3년을 따분해하느니 산업 공학 및 경영으로 전공을 바꾸기로 결심했다. 1년 전 전기에 대해 문외한이었던 만큼이나 이 분야에 대해서도 문외한이었다. 그러나 이 분야가 범위가 더 넓고 다양한 것 같았다. 굳이 말하자면 두 번째 선택을 할 때 첫 번째에 비해 정보가 조금 더 많았을 뿐이다. 그러나 두 번째 역시 허공에 총을 쏘는 격이나 다름없었음에도 나는 과녁을 명중시켰다.

인터뷰가 있던 날 어머니는 몸져누웠다. 나는 집을 나서기 전에 어머니를 위해 차를 만들어 곁에 잠시 앉아 있었다. 어머니는 한동안 차를 드실 마음이 없으신 모양이었다. 그러다 침대에 일어나 앉으셔서 간신히 한 모금을 들이키셨다. 그것도 나를 기쁘게 해 주려고 조금이나마 마신 것이었다. 도통 식욕이 없어서 시마 이모_{여동생이자 아르텍의 아내}가 가져온 뜨거운 닭고기 수프도 입에 대지 않은 터였다. 어머니는 남은 힘을 끌어모아 유리 형에게 편지를 썼다. 편지를 겨우 봉투에 넣기는 했지만 봉하지는 않았다.

"잘못된 부분을 고쳐서 보내렴, 로니. 잊지 말고."

나는 고개를 끄덕이고 봉투를 셔츠 주머니에 넣었다. 인터뷰에 늦을까 봐 걱정스러워 하며 서둘렀다. 어머니의 실수는 그대로 두는 편이 낫다고 생각했다. 형이 그 실수를 보고 웃을 수 있을 테니 말이다. 부모님은 두 분 다 폴란드 태생이었지만 아버지와 달리 어머니는 히브리어를 완벽하게 구사하지 못했다.

나는 부엌으로 가서 급하게 커피를 한 잔 타서는 꿀꺽꿀꺽 넘겼다. 그리고 어머니의 침실에 다시 들러서 찻잔을 치우고 작별 인사를 건넸다. 나는 "갈게요, 엄마"라고 말했고 어머니는 다음과 같이 말씀하셨다.

"가서 잘하고 오렴. 차 고마웠다. 그리고 아버지께 일찍 퇴근하실 필요 없다고 말씀드려. 나는 괜찮아. 주머니에 넣은 편지 잊지 말거라."

나는 현관으로 가서 문을 열었다. 상쾌한 산들바람이 불고 있었다. 무엇 때문이었는지 모르겠지만 잠시 멈추었다가 부모님 방으로 다시 들어갔다. "엄마……" 어머니는 대답하지 않았다. 어머니에게 손을 대보았다. 아무 반응이 없었다. 눈은 감겨 있었다. 다시 불러 보았다. "엄마…… 시프라!" 고요했다. 나는 지금도 어머니가 입고 있던 옷, 어머니의 모습, 어머니의 손에서 미끄러져 내렸던 펜을 기억한다. 그녀가 세상을 떠났다는 사실을 깨달았다. 그때 어떤 기분이었는지 기억나지 않는다. 기억하고 싶지도 않다. 그 이후 한 번도 그때의 기분에 대해 말한 적이 없었을 것이다. 지금도 말하기가 무척 어렵다. 나는 그때 스물네 살이었다.

가장 먼저 떠오른 사람은 어머니에게 가장 애정이 많았던 암논이었다. 그는 당시 수에즈 운하 지역에 있는 기갑 여단에서 통신대원으로 복무하는 중이었다. 그에게 어떻게 이 소식을 전해야 할까?

두 번째 떠오른 생각은 이런 일이 일어나기 전에 마티아와 결혼하지 않았다는 후회였다. 내가 알기로 어머니는 말 한마디 없이 마음속으로만 바라며 조용히 참을성 있게 기다렸다. 마티아와 나는 2년 전인 1966년 6월 6일 테크니온에서 학위 과정을 마치고 군복무를 시작하기 한 달 전에 처음 만났다. 6일 전쟁이 발발하기 거의 1년 전이었다. 우리는 이미 동거하는 중이었기에 양측 부모님은 왜 결혼을 하지 않는지 이해를 못했다.

세 번째 떠오른 생각은 비록 아무것도 할 수 없었지만 소리를 지르고, 도움을 청하고, 무언가 조치를 취해야 한다는 것이었다. 어머니가 세상을 떠났다는 사실은 의사의 도움을 받지 않아도 알 수 있었다. 나는 앰뷸런스를 부르며 주소를 알려 주었다. 그런 다음 아버지에게 전화를 걸어 당장 이칠로브Ichilov 병원으로 오시라고 전했다. 유리 형은 키부츠에 있었다. 그에게도 알려야 했으나 먼저 암논에게 알리기로 했다. 민간 전화로 군인에게 전화를 거는 것은 불가능했다. 동생과 대화를 나누려면 군대에 있는 내 사무실로 가야 했다. 그곳에서도 암논의 부대에 직접 전화를 걸 수는 없었다. 모든 전화는 군대 전화 교환대를 거쳐야 했다.

앰뷸런스가 도착해서 어머니와 나를 병원으로 싣고 갔다. 우리가 병원에 도착했을 때 아버지는 이미 도착해 기다리고 있었다. 의과대학을 갓 졸업한 듯한 의사가 '도착 당시 사망'이라고 밝혔다. 의사는 점잖게 어머니의 얼굴을 덮고 아버지에게 집으로 돌아가라고 권했다. 아버지는 애처롭게 고개를 끄덕였고 나는 암논에게 소식을 전하기 위해 최대한 서둘러 IDF 본부에 있는 내 사무실로 향했다.

나는 전화기 옆에 앉아 군대 교환수를 불렀다.

"210부대로 연결해 주십시오. 긴급한 가족 문제입니다."

교환수는 내 목소리의 분위기로 보아 농담이 아님을 확실히 깨달았을 것이다. 그녀는 수에즈 운하 지역에 있는 암논의 부대를 연결하기 위해 온갖 수단을 동원했다. 마침내 연결이 되자 내 동생을 불러 달라고 요청했다. 우리는 기다렸다. 그녀는 저편에서 깜빡거리는 교환대를 바라보고 나는 이편에서 검은 색 벽을 뚫어지게 쳐다보면서.

교환수가 고함치듯이 말했다.

"연결되었습니다. 말씀하세요."

"암논!"

대답이 없었다. 내 귀에 들리는 것은 잡음과 전화벨 소리뿐이었다. 교환수가 설명했다.

"당신 목소리가 안 들린답니다. 어떻게 해야 하죠?"

내가 물었다.

"당신 목소리는 들을 수 있습니까?"

"예, 제 목소리는 들립니다. 메시지를 전해드릴까요?"

돕고 싶다는 그녀의 간절한 마음이 그대로 전해졌다.

"예, 힘들겠지만 그에게 이렇게 전해 주셔야 합니다. '어머니께서 돌아가셨다고 로니가 말했다. 당장 집으로 와라'."

간간히 잡음이 들릴 뿐, 무거운 침묵이 흘렀다. 그녀가 말했다.

"전해드리겠습니다. 두 분은 어떤 관계인가요?"

"제가 형입니다."

"끊지 말고 기다리세요, 로니."

잡음이 나와 함께 기다렸다. 다시 그녀의 목소리가 들렸다. 마치 먼 거리에서 특히 상태가 좋지 않은 녹음테이프가 돌아가는 것 같았다.

"암―논―논, 어머―니―니께서 돌아가셨다―다―다. 로니가 집으로 오라고 전한―다―다―다."

장례식이 끝난 후 나는 유리 형에게 어머니의 편지를 전했다. 형은 먼지투성이의 삼나무에 기대어 편지를 급히 읽었다. 이번에는 어머니의 실수에도 미소를 짓지 않았다. 대신 그의 아랫입술이 가늘게 떨렸다. 그런 다음 아내 브루리아Bruria에게 편지를 건넸다. 브루리아는 편지를 읽고 울음을 터트렸다. 마지막으로 그녀는 편지를 내게 건넸고 나는 그것을 주머니에 다시 넣었다.

운하에서 곧장 장례식장으로 온 암논은 아내를 여읜 첫날밤을 홀로 지내지 않도록 아버지와 함께 집에서 잠을 자자고 제안했다. 저녁 식사 자리는 침울했다. 저녁 식사를 마치고 아버지는 침실로 갔고 우리 형제들은 예전의 방으로 갔다. 그곳에서 어머니의 편지를 다시 읽었다. 편지 첫머리에는 이렇게 쓰여 있었다.

'내가 가장 아끼고 아끼는 손자 유리크Urik와 브루리크Brurik에게.'

어머니는 모든 사람을 위한 선물을 가지고 해외여행에서 돌아온 마티아의 아버지에 대해 썼다. 아버지와 함께 마티아의 부모님을 모시고 극장에 갈 예정이라며 무척 기뻐하셨다. 그녀가 독특한 문체로 표현했듯이 어머니는 토요일을 홀로 보내셨다.

'로니는 온종일 마티아와 함께 지내고 아버지는 일하고 있다. 아버지는 항상 집 밖에서 일을 하신다…….'

어머니는 키부츠에 있는 손자들에게 전하는 부탁의 말로 편지를 맺었다.

'글을 쓸 줄 알면 편지를 써 다오…… 나는 읽을 시간이 무척 많단다. 그림을 그릴 줄 알면 그림을 그려다오…… 길고 긴 편지를 기다리며.'

어머니는 자신의 생명을 빨아먹고 있는 병이나 막내아들이 군대에 가서 외롭다는 사실에 대해서는 언급하지 않았다. 세월이 흘러 우리 막내아들이 입대해서 집안에 아이들이 없어졌을 때 나는 비로소 그 편지에 담긴 마음을 이해하게 되었다.

두말할 필요도 없이 나는 히브리 대학교 인터뷰에 참석하지 못했다. 사과의 메모를 보낼 수밖에 없었다. 무슨 공부를 해야 할지에 대한 나의 끝없는 갈등은 테크니온의 오퍼레이션 리서치 석사 과정을 택하면서 끝을 맺었다. 그러려면 일주일에 한 번씩 하이파에서 낮 시간을 보내고 텔 아비브에서 저녁 시간을 보내야 했다. 그리고 박사 학위 논문 제안서를 제출했다가 도중에 방향을 바꾸었다. 마티아는 우리가 살던 시대의 현실을 고려했을 때 건축가로 일하면서 자녀를 돌보기는 어렵다고 판단했다. 그래서 교통 공학 과정으로 바꾸었다.

  1969년 어머니가 돌아가신 이듬해 마티아와 나는 조촐하게 결혼식을 올렸다. 1년 뒤 마티아는 임신한 상태로 운송 공학 분야에서 일을 시작했다. 스스로 깨닫지 못하는 사이에 우리는 경력을 쌓고 가정을 꾸리기 위한 투쟁으로 빠져들었다. 그녀의 앞날은 명확히 정해졌지만 내 앞길은 여전히 미지수였다. 나는 대학 교육을 받고 IDF에서 폭넓은 업무 경험을 쌓았다. 내 장점이 무엇인지 이미 분명하게 파악하고 있었으나 삶의 어떤 경로를 택해야 할지 결정하지 못했다.

4

월급쟁이만은
결코

"월급쟁이는 결코 되지 않을 테야."

부업을 찾아보라는 어머니의 요구에 아버지는 줄기차게 이렇게 대답했다. 어머니가 점점 어려워지는 집안 형편에 대해 불평할 때마다 아버지는 몹시 흔들렸지만 결코 타협하지 않았다. 도시 노동자 계급의 일원이라는 사실에 자부심을 느끼며 고용주를 위해 일하는 타락의 길을 거부했다. 그의 좌우명은 '월급쟁이만은 결코'였다.

아버지는 세상 사람을 자본가와 임금의 노예로 나누었다는 이유로 자본주의를 몹시 싫어했다. 평등의 이상을 파괴했다며 전체주의적 공산주의도 혐오했다. 직접 조사를 한 끝에 그는 협동조합 운동, 특히 드푸스 아크두트Dfus Achdut라고 알려진 인쇄업 협동조합에 이끌렸다. 다비드 벤구리온David Ben Gurion : 훗날 이스라엘의 초대 총리, 이츠하크 벤-즈비Yizchak Ben-Zvi : 이스라엘의 2대 대통령, 그의 아내 레이첼 야나이트Rachel Yanait가 1910년에 설립한 두 번째 협동조합이었다. 이 협동조합은 유급 외부 직원이 없는, 오로지 노동자들에 의한, 노동자들을 위한 단체로 운영되었다. 이들의 목적은 신문을 발행하는 일이었다. 설립자의 이상에 공감한 아버지는 그곳에서 영적 안식처를 발견했다.

얼마 후 협동조합은 텔 아비브 레본틴 스트리트Levontin Street에 있는 아름다운 아르데코 건물로 이전했고 그곳에서 새천년이 시작되기 전까지 운영되었다. 비알리크Bialik, 라브니츠키Ravnitzky의 책과 체호프Chekhov의 소설, 아를라조로브의 계간 『아크두트 하아보다Achdut Ha'avoda』를 발간했으며 협동조합의 이념에 위배되는 책은 딱 잘라 거절했다.

그러던 어느 날, 알트만의 시 「알 조트Al Zot, 그것을 위해」를 무료로 출판했다. 독립 전쟁이 최고조에 달했을 때 이스라엘 병사들이 로드Lod를 정복하는 과정에서 아랍 민간인들을 살해한 사건을 비난하는 시였다. 알트만의 시는 곧 출판이 금지되었으며 노동조합 계열의 신문 「다바르Davar」는 이를 싣지 않기로 결정했다. 이 일로 크게 분노한 벤구리온 총리는 아크두트 프레스가 발표한 무료 책자를 모든 병사의 의무 필독서로 지정했다.

이 사건을 포함해 이와 유사한 이야기를 전하면서 아버지는 우리에게 자신의 영적, 정치적 유산을 물려주었다. 그는 1930년대에 재정국장을 맡으며 협동조합에 가입했다. 30여 년 동안 차례를 기다리던 아버지는 1967년 2월 17일 마침내 협동조합의 이사로 진급했다.

이츠하크 에이나브Yizchak Einav는 반평생을 인쇄업 협동조합의 주주이자 열성 조합원으로 활동했으며 자신이 열정적으로 헌신한 조직의 평등한 사람들 가운데 한 명이었다. 그는 결코 누군가의 피고용인이나 부하직원이 되지 않았다. 가정형편이 아무리 어려워도 본인의 고귀한 독립성을 포기하지 않았다. 어머니의 요구는 그를 고통스럽게 했지만 그에게 더 큰 상처를 준 것은 자기 마음을 이해하지 않으려는 어머니의 태도였다.

아버지는 궁여지책으로 비용을 줄이고 절약하며 아이들이 어느 정도 자라면 곧바로 힘을 보태라고 시켰다. 사실 우리 세 아들은 유년 시절부터 방학 동안에는 일을 해야 했다. 나는 항상 용돈을 벌어 썼다. 아버지는 이 점을 고맙게 여겼고 이따금 내게 인쇄소의 임시직을 맡기기도 했다. "지금은 피고용인이지만 아직 어리니까. 이담에 크면……" 그로서는 자신이 마다하는 일을 아들에게 시키기가 쉽지 않았겠지만 나는 조금도 개의치 않았다. 그때부터 나는 돈을 벌고 독립을 맛보기 시작했다. 나는 기꺼이, 심지어 즐겁게 일했고 일하면서 가정형편에 보탬이 될 수 있어서 기뻤다.

아버지와 함께 인쇄소에서 지내며 성인으로 대접받고, 아버지와 함께 식판에 담긴 점심 식사를 하고, 협동과 평등, 노동의 중요성에 대한 아버지의 견해를 듣는 것은 내게 주어진 보너스였다. 좌우가 바뀐 납 활자를 판목에다 줄줄이 끼워 넣는 식자공들을 지켜보는 것도 즐거웠다. 삭제하고 수정한 부분으로 가득한 필사를 깔끔하고 깨끗한 판목으로 변모시키는 그들의 능력은 실로 감탄스러웠다.

훗날 테크니온에 재학하던 시절에도 부모님의 고생을 덜어 드리고 학비를 벌기 위해 일을 했다. 매년 아투다 장학금을 받은 터라 군복무 기간이 1년 더 길어졌다. 그 의무를 최소한으로 줄이는 것이 내 주된 목표였다. 비록 부모님은 노동 운동과 육체노동의 중요성이라는 가치관에 따라 나를 키웠지만 나는 내가 교육을 받았던 산업 분야에서 돈을 벌지 않기로 결정했다. 유대인의 노동은 아름다운 이상이었으나 인쇄기의 프린트 냄새는 한여름 이스라엘 공장에서 내뿜는 악취에 비하면 샤넬 향수나 다름없었다. 테크니온에서 내가 선택한 과정에는 하이파의 아타 의류Ata Clothing와 아시스 주스Assis Juice 공장의 현장 작업 기간이 포함되어 있었다. 그 소음과 공해, 과밀한 공간, 땀은 내 지적 능력과 교육을 활용하고 독립할 수 있는 좀 더 깨끗한 직업으로 눈을 돌리게 만들었다. 아버지를 그대로 본받지는 않았지만 기본 정신은 다르지 않았다.

교사도 희망 직종 가운데 하나였다. 실제로 시도해 보았으나 보수가 모욕을 느낄 만큼 적었고 업무량은 터무니없이 많았다. 지중해에 접한 이스라엘의 중부 도시 텔 아비브와 훨씬 북쪽에 있지만 똑같이 해안에 위치한 하이파 사이를 기차를 타고 일주일에 두 번씩 오가며 머리를 쳐낸 닭처럼 뛰어다녔다. 주초에는 텔 아비브를 떠나서 테크니온에 가는 도중에 하데라Hadera에 내려 고등학교에서 물리를 가르쳤다. 그런 다음 하이파에 늦게 도착해서 수업을 했다. 주중에는 하데라를 경유해서 늦은 시간에 텔 아비브에 도착한 뒤 테크니온에서 수업을 받았다. 일과 학교 사이를 쉬지 않고 움직였다. 당연히 성적에 영향을 미쳤다. 결국 육군에서는 장학금을 중단했고 그 바람에 나는 돈을 벌기 위해 더 빨리 움직일 수밖에 없었다.

필요는 발명의 어머니이다. 나는 친구 시무엘 라크만과 함께 내 생애 최초의 판매용 제품을 만들었다. 열역학 분야의 해결책을 담은 책자였다. 우리는 물리학이라는 어려운 과목의 기본 교재에 실린 모든 연습문제의 해답을 구했다. 그런 다음 타이피스트를 고용해서 타자로 친 자료를 교정하고 아크두트 프레스에서 인쇄한 다음 수백 권을 손수 제본했다. 학생회관 상점에서 책자를 판매했는데 실적이 좋았다. 우리 두 사람은 금광이라도 발견한 것 같은 기분을 느꼈다.

그날 나는 이제 더 이상 내가 부모님에게 짐이 아니고 IDF에 근무할 기간도 줄일 수 있다고 판단했다. 구름 위를 걷는 기분이었다. 더할 나위 없이 행복했다. 돈을 번다는 것은 얼마나 흐뭇한 일인가! 고정 수입이 있다는 것은 얼마나 근사한 일인가! 그리고 테크니온 근처에 있는 스테판Stefan의 아담한 음식점에서 친구들과 비엔나 슈니첼Wiener schnitzel : 송아지 고기로 만든 커틀릿—옮긴이을 먹는 소박한 사치를 누리는 것은 얼마나 신나는 일인가?

나는 군복무를 마치고, 테크니온에서 오퍼레이션 리서치의 필수 과목을 이수하고, 논문을 제출한 후에 석사 학위를 받았다. 이보다 더 중요한 것은 리란의 아버지가 되었다는 사실이다. 아버지가 되면서 안정된 직업을 찾아야겠다고 결심하게 되었다. 내 꿈과 결코 피고용인이 되지 말라는 아버지의 명령은 당분간만이라도 접어 두어야 했다. 나는 부업이 아니라 직업으로 교사직에 대해 알아보았다. 학계의 고용인으로서 가족을 부양할 수 있다면 교사로 일할 것이다. 어쨌든 적응하지 못하면 도태되는 것이 자연의 섭리가 아니던가.

테크니온의 학생에서 교수로 변신하는 일은 도전이었고 나는 이 도전을 열광적으로 환영했다. 나는 석사 과정의 몇몇 핵심 강좌를 맡았다. 아울러 게임 이론과 의사 결정 이론에 관한 혁신적인 강좌를 개발했는데 이후 이 분야에 대한 관심이 더욱 커졌다. 얼마 후 나는 베르셰바의 신생 학교 벤구리온 대학교Ben Gurion University로부터 시간제 일자리를 제안받았다. 이곳에서 계획과 설계의 컴퓨터 응용Computer Application in Planning and Engineering이라는 새로운 분야의 강좌를 처음으로 개설했다. 일자리 제의가 끊이지 않았고 나는 통근거리와 업무량에 상관없이 모두 수락했다. 무엇보다 가족을 부양하기에 충분한 돈을 벌어야 했다.

교수로 일하면서 뿌듯함을 느꼈다. 그래서 얼마 후에는 학자가 되는 일을 진지하게 고려했다. 안 될 이유가 없지 않은가? 존경받는 직업인 데다 아버지도 기뻐하실 것이다. 교수가 된 군대 친구도 많았다. 따분하지 않고 명령을 받을 일도 없었다. 차세대 지식인들을 양성하는 한편 남부럽지 않은 생활을 할 수 있었다.

그러나 왠지 만족스럽지 않았다. 상아탑은 유쾌하고 편리했지만 내가 있어야 할 곳이 아니었다. 내가 있어야 할 곳은 여전히 미지수였다. 물리학자, 음악가, 작가 혹은 연구원이 되겠다고 입버릇처럼 말하던 동료들이 부러웠다. 내 앞길은 여전히 숨겨져 있다. 학계에 내 전부를 바쳤음에도 나는 끊임없이 전조, 불기둥, 아니면 다른 명확한 신호 등의 무언가를 원했다. 그것이 어떻게 언제 어떤 형태로 다가올지는 누구도 확실히 알 수 없었지만 영화「웨스트사이드 스토리West Side Story」에 삽입된 노래「섬싱스 코민, 섬싱 굿Something's comin', something good : 무언가 오고 있어, 뭔가 좋은 게—옮긴이」에서처럼 반드시 다가올 터였다.

나의 행운은 매우 정력적인 예후다 파우스트Yehuda Faust와 함께 사업하자는 그의 간결한 초대의 형태로 등장했다.

예후다는 내가 테크니온에서 가르치던 의사 결정 이론 강좌의 수강생이었다. 의사 결정과 게임 이론, 오퍼레이션 리서치와 효용 이론을 통합하는 것은 당시로서는 과감한 아이디어로 보였고 예후다 같은 신중하고 독창적인 학생들이 이 아이디어에 매료되었다. 1972년 어느 가을날 그는 내게 전화를 걸어 커피를 마시자고 제안했다. 그는 변죽을 울리지 않고 단도직입적으로 말했다.

"저는 주택부의 고위직을 그만두고 현재 댄 에이탄과 에리 고셴Eri Goshen이 동업하는 회사를 관리하고 있습니다."

나는 군복무를 하는 동안 그 유명한 건축가들을 만난 적이 있었다. 그는 흡연 때문에 거칠어진 목소리로 계속해서 말했다.

"우리 회사에 프로젝트가 쇄도하고 있습니다. 6일 전쟁이 끝나고 엄청난 개발 붐이 일어났는데 일손이 부족합니다. 건축가를 찾는 게 아니에요. 건축가는 넘칩니다."

내가 어리둥절한 표정을 보이자 이렇게 덧붙였다.

"경제학을 이해하는 당신 같은 사람이 필요합니다."

그의 코에서 푸른빛의 연기 고리가 흘러나왔다. 그는 콜록거리며 말했다.

"말씀해 보세요. 그 학문적인 일이 지겹지 않으신가요? 우리와 함께 일하지 않겠습니까? 처리해야 할 업무가 많고 몇몇 유능한 인재들도 확보했습니다. 함께 사업해 봅시다."

사업! 이것이 내가 그토록 오랫동안 기대했던 전조나 신호였던가? 산업 공학도가 건축 사무실에서 제안을 받는 일은 지극히 드물었으나 예후다 파우스트의 초대는 논리적으로 완벽하게 보였다. 적절한 순간에 찾아온 제안이었고 완전히 의외의 제안도 아니었다. 이스라엘에서 지식을 기반으로 한 첨단 산업은 개인의 추천에 의존한다. 우리는 평화로운 시절을 경험하고 전쟁을 겪으며 땀과 피를 섞은 사람과 함께 일하기를 원한다. 우리는 서로를 알고 신뢰한다.

예후다 파우스트와 나는 군대와 테크니온에서 함께 지내던 시절부터 친분이 있었다. 예후다는 댄 에이탄에게 인적 자본 분야의 소중한 인재로 팀에 공헌할 사람이라고 나를 소개했다. 예후다의 추천을 신뢰한 에이탄은 몇 가지 질문을 하고는 나를 영입하기로 동의했다. 아마 언젠가 쓸모 있을 사람이라고 생각했을 것이다. 나는 그가 내게 제시한 기회에 겸손하게 고마움을 전하기보다는 다음과 같이 짚고 넘어갔다.

"나는 월급쟁이는 되고 싶지 않습니다. 프리랜서로 일하겠습니다."

댄은 내 오만한 태도를 문제 삼아 나를 내칠 수도 있었을 것이다. 하지만 그는 미소를 짓고 고개를 끄덕이면서 악수를 나누었다. 분명히 내가 단호한 사람이라는 사실을 확인하고 흡족했을 것이다.

그렇게 나는 사업에 뛰어들었다. 어느 화창한 날 학계의 고용인 노릇을 그만두고 대규모 건축 회사의 계약직 프리랜서로 변모했다. 이제 나는 그들의 신뢰에 부응하고 내가 뛰어든 도박이 위험을 무릅쓸 가치가 있는지 확인해야 했다. 나는 예후다 파우스트와 함께 재정 설계 분야에서 전력을 다해 일하며 능력을 입증했고 내가 설계한 건축 프로젝트 세부 프로그램은 상당한 수익을 거두었다. 얼마 지나지 않아 나는 내 선택에 확신을 느끼고 사업체를 설립하겠다는 꿈을 꾸기 시작했다. 다양한 가능성을 타진하며 몇 가지 시안을 출시한 다음에 신중하게 적절한 시기를 기다려야 한다고 판단했다.

두 달이 지난 1972년 말 나는 계획을 단행하기로 결심했다. 에이탄—고셴의 구조 안에서 내 첫 번째 회사를 설립하고 에이나브 시스템스Einav Systems라는 이름을 붙였다. 불기둥은 보이지 않았으며 사업의 신이 내 귀에 속삭이는 일도 없었다. 그저 지금이 적시라는 느낌, 예지의 순간만 있었을 뿐이다. 훗날 경험을 통해 경제와 사업 과정에는 나름의 리듬이 있으며 그 리듬에 몸을 실어야 한다는 교훈을 얻었다. 이 리듬은 씨앗과도 같아서 표면 아래에서 점점 커지다가 적절한 때가 오면 갑자기 모습을 드러낸다.

처음에는 아무런 변화가 없었다. 나는 예전처럼 에이탄—고셴을 위한 합작 프로젝트를 계속 진행했다. 내가 제출하는 송장에 신생 기업 에이나브 시스템스의 로고가 찍힌다는 사실만 변했을 뿐이다. 아내 마티아가 디자인하고 당당하신 아버지가 아크두트 프레스에서 문구와 명함에 인쇄한 로고였다. 나는 사업체를 소유하고 있다는 생각에 뿌듯했다. 하지만 사실 규모만 커졌을 뿐 독립한 에이나브 시스템스는 여전히 번창하는 건축 회사 유일한 고객에 재정 및 관리 서비스를 제공하고 있었다.

1973년 무렵 회사 직원들이 그때까지만 해도 여전히 샤Shah : 페르시아 왕의 칭호—옮긴이의 통치를 받던 이란에서 '대단한 사건'이 일어났다고 수군대기 시작했다. 기사가 운전하는 벤츠를 타고 테헤란을 돌아다니는 유명한 이스라엘 엔지니어링 회사의 관리자에 관한 이야기를 비롯해 갖가지 소문이 떠돌았다. 우리 가운데 누군가가 그런 사치스러움에 대해 비난하기라도 하면 소식에 정통한 어떤 이가 그 관리자는 매우 중요한 '무언가'의 일부를 얻을 심산으로 이란 사람들에게 깊은 인상을 심기 위해 부를 과시했을 뿐이라고 변호했다. 더욱 중요한 점은 벤츠를 타는 그 남자의 성공담 덕분에 현재 이스라엘 최대 건축 회사로 손꼽히는 한 회사가 훗날 대규모 해외 건설 프로젝트에서 중요한 역할을 담당하게 된다는 사실이었다.

그 무렵 바다가 마주 보이던 내 사무실은 하야르콘 스트리트Hayarkon Street 111번지에 있었는데 부모님의 아파트와 그리 멀지 않았다. 그래서 나는 수시로 들러서 아버지를 자주 만날 수 있었다. 어머니가 돌아가신 후에 아버지는 세상과 단절해 두문불출했고 말수도 적어졌다. 노르다우 27번지에 있는 아파트에서 계속 살았는데 아파트는 어머니가 세상을 떠나던 때와 조금도 달라지지 않았다. 아버지는 어머니가 발코니에서 키우던 큰 선인장을 계속 돌보았으나 관리법을 몰라 물을 너무 많이 주는 바람에 대부분 죽이고 말았다. 물고기에게도 정성껏 먹이를 주었지만 그들 역시 어머니가 안 계신 탓에 점점 쇠약해졌다.

아버지는 인쇄소 이사로서 자신이 맡은 일을 무척 좋아했다. 그러나 혼자가 된 이후 아버지의 사회생활은 크게 줄어들었다. 유리 형은 아버지를 키부츠에 종종 초대했고 마티아와 나는 우리 집으로 모셨다. 제대한 암논은 텔 아비브 대학교에서 경제학을 공부하며 집에 들어와 살았다.

그러나 아버지는 여전히 외로웠다. 늘 그랬듯이 책을 많이 읽었으나 취향은 예전과 달라졌다. 톨스토이 대신에 갑작스럽게 종교를 발견하기라도 한 듯이 탈무드 학자 마이모니데스Maimonides의 작품에 심취했다. 나는 이 변화에 대해 묻지 않았다. 우리 집안은 사적인 질문을 서로 피했다. 마티아와 나는 리란을 데리고 되도록 자주 아버지를 찾아뵈었다. 아버지는 손자를 보며 잠시 슬픔을 잊었고 그 어린 손자를 즐겁게 해 줄 방법을 찾곤 했다.

1973년 1월 10일 우리는 암논의 생일을 축하했다. 마티아가 근사한 케이크를 샀고 아버지는 아들의 생일을 기념해 재미있는 연설을 했다. 파티가 늦은 시간까지 계속되어 나는 다음 날 아침 퀭한 눈으로 출근했다. 달력으로 다가가서 전날 달력을 찢고 있던 순간 전화가 울렸다. 암논이었다. 그의 목소리가 심상치 않았다.

"빨리 집으로 와."

"왜, 무슨 일이야? 너 괜찮은 거니?"

암논은 대답하는 대신 버럭 화를 냈다.

"내 말 못 들었어? 지금 당장 집으로 오라고 했잖아."

나는 모든 일을 뒤로 하고 아파트로 달려갔다. 계단참에서 왕진 온 의사와 부딪칠 뻔했다. 그는 어떤 간호사가 한 말에 대해 연거푸 사과했다. 나는 의사의 말이 무슨 뜻인지 이해하지 못한 채 계단을 뛰어올라 갔다. 의사는 적지 않은 나이였지만 그리 뒤처지지 않았다. 암논은 망연자실하며 창백한 얼굴로 거실에 앉아 있었다. 그는 손가락으로 부모님의 침실 쪽을 가리켰다. 나는 의사와 함께 급히 침실로 들어갔다. 아버지는 미동도 하지 않고 모로 누워 있었다. 침대 옆에는 그의 마지막 프로젝트인 『전사 이야기Fighters Talk』시아 로하밈(Siah Lohamim), 훗날 『일곱 번째 날(The Seventh Day)』이라는 제목으로 영문판 출간가 놓여 있었다. 마치 방금 독서를 끝내고 독서용 안경을 접은 것처럼 책 표지에 아버지의 손이 얹어져 있었다. 아버지는 잠든 듯이 보였지만 숨을 쉬지 않았다. 암논이 발견했을 때와 똑같은 모습이었다. 의사가 아버지 쪽으로 기울였던 몸을 바로 세웠다.

"유감입니다. 정말 유감입니다."

그는 의사라기보다는 친구처럼 말했다.

나는 필요한 전화를 걸었다. 이미 경험한 일이었다. 사인은 심장마비였다. 의사는 잠자는 동안 숨을 거두는 것이 축복이라고 말했다. 아버지는 분명 아무것도 느끼지 못했을 터였다. 그는 평화롭고 평온했으며 품위가 있었다. 나는 그가 고통 없이 가셨기를 바랐다. 충격을 받은 암논이 가까스로 설명한 바에 따르면 내게 전화를 건 다음 병원에 연락했는데 간호사가 그 시간에는 가정방문을 하지 않는다고 대답했다고 한다. 암논이 언성을 높이며 의사에게 직접 이야기하겠다고 고집을 피우자 의사가 황급히 우리 집으로 달려왔다. 아버지를 들것에 누였을 때 동생은 비로소 충격에서 헤어나 울기 시작했다. 나는 울지 않았다. 화가 나고 고통스러웠다. 쓰라린 분노였다. 우리 형제가 똑같은 일을 겪었다. 나는 어머니와 함께 있었고 동생은 아버지와 함께 있었다. 우리는 부모를 잃은 고아가 되었다.

부모님의 생애는 짧고 험난했으나 의미와 따뜻함으로 가득했다. 두 분 모두 비교적 젊은 나이에 세상을 떠났다. 어머니는 예순한 살이었고 세 살 연하이던 아버지는 예순두 살이었다. 부모님은 우리가 지금 상상하기조차 어려울 정도로 검소하게 생활한 이상적인 도시의 개척자들이었다. 아들 셋을 키웠고 누구에게도 아무것도 요구하지 않았다. 집단의 책임을 삶의 철저한 신조로 삼았으며 한 번도 "나는 이렇게 할 자격이 있어" "저걸 가져야 마땅해"라고 말하지 않았다. 그런 생각조차 떠올리지 않았다. 열심히 일하고 세 아들을 최선을 다해 교육시켰으며 개인과 국가의 차원에서 자신의 배우자와 다른 이스라엘 사람들을 도왔다. 아버지가 가족을 살해한 나치에게 복수하는 것이 의무라고 여기고서 유대인 여단Jewish Brigade에 자원입대했을 때 어머니는 어린 두 아들과 자기를 홀로 남겨 두지 말라며 만류하지 않았다. 어머니는 남자와 여자에게는 제각기 맡은 역할이 있고 웃는 얼굴로 참는 것이 자신의 의무라고 생각했다.

부모님은 이스라엘 땅의 유대인들이 한 집단과 공동체, 통합된 팀을 이루고 이스라엘 부흥을 위해서 반드시 단결해야 한다는 사실을 머리와 가슴으로 믿었다. 즐겁게 생활하는 한편 넉넉하지 않은 살림이었음에도 전국 방방곡곡의 좋아하는 곳을 누비며 여행했다. 텔 아비브에 있는 두 분의 아담한 아파트에 친구들을 초대해 사진과 레코드 몇 장만으로 댄스파티를 열었다. 위험을 무릅쓰고 친구의 픽업트럭에 끼어 타서 줄기차게 여행을 다녔다. 그때는 비교적 깨끗했던 야르콘 강을 함께 항해했다. 무엇보다 부모님은 자신의 신념에 따라 살았다. 두 분에게 일은 특권이고 영적인 욕구가 육체적인 욕구보다 중요하며 유대인의 나라는 선물이고 인간은 모두 한 민족이었다. 아버지가 돌아가셨을 때 암논과 나는 이미 청년이었지만 우리의 나이도 아버지를 잃은 고통을 줄여 주지 못했다. 암논은 슬픔에 빠졌고 나는 분노의 벽으로 나를 방어했다.

내가 나중에 깨달았듯이 고아로 남겨지는 것은 나이와 상관없이 고통스럽다. 유대인의 전통적인 복상 기간인 시바shiva가 끝났을 때 나는 바쁜 일상 속에서 분노가 사라지기를 바라며 다시 일을 시작했다. 하지만 부모님과 두 분의 삶과 죽음에 대한 생각이 뇌리를 떠나지 않았다. 분노가 끈질기게 나를 괴롭혔다. 가까스로 극복하기 시작할 무렵 나는 부모님의 아파트에서 지내는 암논을 찾아갔다. 텅 빈 부모님의 방을 보자 다시 감정이 소용돌이쳤고 그 감정의 소용돌이는 같은 해 10월 욤 키푸르 전쟁Yom

Kippur War이 발발할 때까지 계속되었다. 나는 1948년 독립 전쟁 이후 우리나라가 직면했던 최악의 위기 때문에 개인의 슬픔을 비로소 잊을 수 있었다.

전국이 충격에 휩싸였다. 아랍인들이 어떻게 우리 유대인 슈퍼맨들을 그렇게 완벽하게 기습할 수 있었을까? 시나이 반도에서는, 이집트인들이 수에즈 운하를 건너 반도 깊숙한 곳까지 침투했다. 전쟁이 일어나면서 이스라엘이 천하무적이며 운하와 이른바 바 레브 방어선Bar Lev line이 안전을 보장한다는 오만한 믿음이 무너졌다. 프랑스의 마지노선Maginot line이나 역사상 이처럼 침투할 수 없다고 생각되던 방어선과 마찬가지로 진실의 순간이 닥쳤을 때 적군은 이 선을 넘어 유대인 국가의 존속을 위협했다. 이스라엘 군부와 정계 지도자들의 핵심 신념은 산산이 부서졌다.

그때 마티아는 텔 아비브에서 일했다. 나는 민간인으로서 예비군 소집을 기다렸다. 그러나 아무도 나를 부르지 않았다. 어떻게 지금 같은 시기에 군사 전문가가 필요하지 않을 수 있는가? 도무지 말이 안 되는 일이다. 내 인내심이 바닥을 드러내고 있었다. 하지만 둘째를 임신하고 있던 마티아는 잠자코 있으라고 간곡히 부탁했다. "당신이 필요하면 필요할 때 당신을 찾을 것"이라며 나를 설득했다. 그래도 나는 진정이 되지 않았다. 예전처럼 다시 전장에 뛰어들고 싶었다. 전쟁이 한창인데 나는 어째서 집에 앉아 있는가?

지금 우리는 1967년 6일 전쟁과 1973년 욤 키푸르 전쟁의 중대한 차이가 있다는 사실을 알고 있다. 1967년에는 교전이 시작되기 한참 전에 예비군이 소집된 반면 1973년 전쟁이 시작될 때는 작전 참모 본부가 기습을 당했다. 1967년에는 모든 전투가 적의 영토에서 일어났다. 그러나 이번에는 이집트의 공격을 전혀 예상하지 못한 탓에 전세는 혼전을 거듭했다. 군 사령부에서는 그처럼 혼란스러운 상황에서 탱크의 사진을 찍으러 우리를 파견하는 일이 내키지 않았을 뿐이다.

사나흘 동안 치열한 전투가 계속되었고 우리는 집에서 옴짝달싹하지 못했다. 무슨 일이 일어나는지 모른 채 하릴없이 앉아 있으니 이루 말할 수 없이 답답했다. 마침내 6일째 되는 날 아침 나는 사무실에 가는 대신 IDF 본부에 있는 무기 부대 건물을 찾아가 나를 동원해 달라고 요청했다. 그들은 요청을 수락했다. 하루나 이틀 후에 부대원 전원이 소집되어 6일 전쟁에서와 똑같은 임무를 띠고 전장으로 파견되었다.

키부츠를 떠날 때 이프타크의 모든 가족이 한데 모여 곧 전쟁터로 돌아가는 용감한 군인 로니에게 작별 인사를 했다. 조카 다섯 명이 내가 타고 온 군용 지프로 몰려와 지프를 오르락내리락하며 요모조모 살펴보았다. 나는 진정한 전사에 어울리게 총을 손에 거머쥐고 지프로 뛰어올랐다. 빵, 총이 발사되었다. 운전병이 욕지거리를 하며 다친 사람이 없는지 확인하고는 서둘러 출발했다. 나는 안전장치를 조인 다음 불안한 마음으로 뒤를 돌아보았다. 유리 형이 그야말로 한바탕 웃느라 마구 흔들리는 머리를 움켜쥐고 있었고 조카들도 그대로 따라했다. 음, 총과 나의 악연이여.

이번 전쟁은 6일 전쟁보다 훨씬 길었고 우리 예비군이 해야 할 일도 많아졌다. 우리는 전쟁으로 손상된 탱크 가운데 절반가량만 조사하는 데 그쳤다. 1967년에는 손상된 탱크를 빠짐없이 조사했다. 그러나 건설적인 결론 면에서 보면 1973년에 우리가 수행했던 작업 또한 그에 못지않게 중요했다. 이번에는 혹독하고 쓰라린 교훈을 얻었다.

조국이 뿌리까지 흔들렸다. 군인과 민간인이 하나같이 참사와 직무 태만에 대한 책임을 지라며 정부를 비난했다. 히브리어 사전에 그 비극을 묘사하는 표현으로 'mechdal직무 유기라는 뜻으로, 이스라엘군의 전쟁에 대한 준비 부족을 꼬집은 말—옮긴이'라는 단어가 추가되었다. 이 비난을 해결하지 않고 이스라엘이 새로 출발할 수 있는 길은 없었다. 정부는 심리위원회Commission of Enquiry를 구성했다. 아그라나트 위원회Agranat Commission는 군부와 참모총장 다비드 엘라자르David Elazar, 일명 '다도(Dado)'를 비난했다. 준비가 부족했다는 점에 대해서는 그들이 비난을 받아야 마땅하지만 사실 목전으로 다가온 수치스러운 패배를 명백한 승리로 바꿀 만한 시간은 없었다. 위원회의 조사 결과가 미흡하자 군중 시위가 일어났고 그 결과 전 내각이 사임하지 않을 수 없었다.

심각한 위기를 겪었음에도 사람들은 점차 일상으로 돌아갔다. 진부한 표현이지만 그래도 사실이다. 자기만의 작은 우주에 존재하는 모든 사람은 그럭저럭 살아가고, 생계비를 벌고, 아이들을 키우고, 집을 지어야 한다. 아무리 도덕적으로 정당한 전쟁이라 할지라도 전쟁은 뒷전으로 밀려나고 일상생활이 다시 시작된다. 나 역시 내 일상과 에이나브 시스템으로 돌아갔다.

이란에 대한 소문이 다시금 무성해졌다. 머지않아 그것은 단순한 소문이 아니라 댄 에이탄이 거부할 수 없는 제안으로 변했다. 이름 모를 한 이란 도급업자가 국방부와 이란 해군을 위해 새롭게 세 도시를 건설하는 계약을 맺었다. 그는 입찰에 성공한 후에 계약을 직접 이행하기 위해 이스라엘 회사 엔지니어링 서비스Engineering Services로 돌아왔다. 엔지니어링 서비스의 이사는 니심 바르지크Nissim Barzik였다. 기사가 운전하는 벤츠를 타고 테헤란 거리를 누비던 바로 그 사나이였다. 그의 아낌없는 투자는 확실히 보상을 얻었다. 그러나 그 회사는 존재하는 모든 공학 분야를 전문으로 했지만 실제로는 건축에 관한 전문가가 없었다.

결국 엔지니어링 서비스는 이란과의 매력적인 계약을 이행하기 위해 에이탄—고셴과 계약을 체결했다. 이란에 새로운 세 도시를 건설하려면 건축 마스터플랜과 프로그램이 필요했다. 도시 계획이 필요했다. 그리고 에어컨디셔너와 출입문 같은 항목까지 포함된 상세한 건축 작업 계획서가 필요했다. 이는 어느 기준으로 보아도 거대한 프로젝트였다. 모든 건축가의 로망이었다.

에이탄—고셴은 제안을 흔쾌히 수락했다. 그리고 그들과 계약을 맺은 정량화와 프로그램 전문가인 나는 에이나브 시스템스의 대표로서 가장 먼저 작업에 착수하라는 요청을 받았다. 이란 프로젝트 같은 대규모 프로젝트에서는 포괄적이고 세부적인 프로그램부터 확보하지 못하면 어떤 설계도 진행할 수 없다. 이것이 내가 기다려온 그 기회였던가? 「섬싱스 코민, 섬싱 굿Something's comin', something good」이 이란에서 울려 퍼질지도 모를 일이었다.

5 이란과의
비즈니스

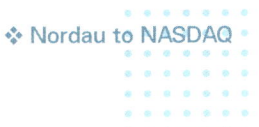

❖ Nordau to NASDAQ

댄 에이탄과 그의 회사는 이미 국내외에서 초대형 프로젝트를 몇 차례 설계한 경험이 있었다. 그러나 그들에게도 맨땅에다 수만 명의 이란 해군과 그들의 가족을 위한 신도시를 건설하는 공사는 완전히 새로운 모험이었다. 어떻게 도시 전체를 계획할 것인가?

이 프로젝트의 핵심은 고대 항구 도시 반다르 아바스Bandar Abbas 옆에 주민 3만 명이 거주할 새로운 대도시를 건설하는 일이었다. 반다르 아바스의 뒤를 이어 제2의 주요 해군 항구인 반다르 부시에르Bandar Bushier 근처에는 2만 명이 거주할 주택이 필요했다. 작은 마을이 불과한 하르그 섬Kharg Island에는 주택 5,000채가 건설될 것이다. 빗장 위성 도시를 개발하는 것이 우리의 임무였다.

할 일이 무척 많았다. 우선 주택, 학교, 병원, 그리고 예정된 인구를 위해 필요한 다른 공공 기관의 필수 요건을 빠짐없이 깔끔한 프로그램으로 체계화해야 했다. 완성된 프로그램은 건축 팀에게 전달되었으며 건축 팀은 이를 상세한 건축 계획서로 바꾸었다. 건축 계획서는 다시 엔지니어링 회사에 전달되었고 엔지니어링 회사에서는 건설 계획서의 초안을 작성했다. 그런 다음에야 비로소 건설 작업에 착수할 수 있었다.

샤는 이 계획을 즉각 실행에 옮기기를 기대했으며 그의 말은 곧 법이었다. 그는 지금 당장 새로운 도시가 탄생하기를 원했다. 군말은 통하지 않았다! 샤의 체제는 위태로웠지만 그럼에도 상당히 효율적이었다. 돈은 문제가 되지 않았다. 유가가 계속 상승했으며 샤의 재산은 실로 어마어마했다. 이 전능한 지도자가 소유하지 못한 것은 유능한 전문 인력뿐이었다. 그는 이를 이스라엘에서 찾았다. 이란이 유대인들과 외교관계가 없다는 사실은 전혀 개의치 않았다. 그는 우리를 선택했고 그의 뜻이 곧 지령이었다. 텔 아비브 주재 스위스 대사관의 주선으로 24시간 내에 비자가 발급되어 우리 측의 전 직원에게 전달되었다.

꿈이 현실이 되었다. 우리는 이 황무지로 떠나 새로운 페르시아를 건설하라는 명을 받았다. 이란에 입국한 후 지역 문화와 해군의 요구사항, 이슬람교, 터무니없이 높은 기온을 고려하는 한편 선진국의 첨단 기준에 따라 프로젝트를 설계했다.

나는 현대판 동화의 주인공이 된 듯한 기분으로 공사에 착수했다. 그러나 머지않아 이란에 대한 내 지식이 보잘것없다는 사실을 깨닫게 되었다. 이를테면 이란 해군에 대해 내가 얻은 유일한 정보는 이란 계약업자가 형편없는 영어로 작성한 서류 한 장에 담긴 내용이었다. 하지만 나는 언제나 새로운 문제를 해결하는 도전에 매료되었다. 군복무 시절 명성을 얻은 것도 바로 이런 근성 덕분이었다. 내게 이란 프로젝트는 상상력과 창의력, 장시간의 연구를 요하는 중대하고 새로운 도전이었다.

도시 프로젝트를 세울 때마다 나는 이란인들이 거주할 현대식 도시의 쓰레기 수거, 공공 서비스, 조경, 문화 기관, 쇼핑센터 등과 같은 주민에게 필요한 요소를 연구했다. 설립해야 할 모스크, 학교, 심지어 묘지에 관한 중대한 정보를 수집하면서 일종의 무슬림 문화 전문가가 되었다. 아울러 텔 아비브 도서관의 인내심 많은 사서들의 도움에 힘입어 반다르 아바스와 반다르 부시에르, 하르그 섬을 위한 프로그램들을 차례차례 종합했다. 예산의 제약을 한시도 잊지 않았다. 이란 사람들이 프로젝트에 드는 비용을 크게 과소평가했다는 사실을 처음부터 명확히 깨달았기 때문이다.

한편 테크니온 재학 시절부터 친분을 쌓은 오랜 친구 룰루Lulu와 그의 회사아만 조직 및 관리 컨설턴트 유한회사(AMAN Organizational & Management Ltd.), 엔지니어링 서비스 그룹의 자회사는 프로젝트의 실행가능성을 조사했다. 이 이야기의 진정한 주인공인 건축가와 엔지니어들이 서로 협력해 계획서 초안을 작성했다. 위성 도시의 건설 작업이 놀라운 속도로 진행되었다.

우리의 작업 범위는 댄 에이탄이 지금껏 맡은 어떤 일에도 견줄 수 없었다. 예를 들면 1만 5,000개의 문과 8,000개의 자물쇠가 필요했다. 이것들을 수입하거나 제조해서 조달해야 했다. 신속하게! 일부 건축 부품은 이스라엘에서 제작하고 일부는 이란에서 구입했으며 일부는 유럽에서 들여왔다. 품질에 세심한 주의를 기울였으나 지역 특유의 문제가 발생했다. 제안서에는 다양한 부품의 미리 합의된 가격을 그대로 수용한다는 조항이 있었고 따라서 우리는 뒷돈을 챙기는 상인들로부터 계약업자가 구매한 제품만 이용해야만 했다. 이는 이란의 관행이었기에 감히 거부할 수 없었다.

전성기의 샤는 천하무적이었다. 그는 명령을 내리고 자금을 제공했으며 누구든 현실적으로 불가능하다 해도 그의 지시에는 즉시 복종했다. 떠도는 소문에 따르면 샤가 한 번은 모든 페르시아 유아들에게 반드시 하루에 우유 한 잔을 먹이라는 법령을 공포했다고 한다. 모든 아첨꾼이 고개를 끄덕였지만 비지에르vizier : 정부 관리 한 사람은 예외였다. 그는 감히 샤의 지시가 초래할 결과를 계산했다. 만일 이란 인구가 6,000만 명이고 그 가운데 유아가 500만 명이라면 한 달에 우유 약 1,000만 리터가 필요할 것이다. 이란에서 키우는 소의 수는 그리 많지 않았으므로 수십 만 마리의 소를 수입하고, 외양간과 낙농장을 짓고, 필요한 냉장 시설을 확보하고, 전용 운송 시스템을 구축하고, 전문 낙농인 수천 명을 훈련시켜야 한다. 관리는 그냥 우유를 수입하는 편이 더 좋지 않겠냐고 제안했다.

소문으로 떠도는 이 법령의 기본 개념은 위성 도시 세 곳을 동시에 건설하라는 명령과 사뭇 닮았다. 하지만 샤가 우리 이스라엘 사람들에게 임무를 맡겼다는 점에서 건설 명령은 현실적이었다. 민간 분야의 공사에 관한 한 이스라엘 사람들은 압박을 받으며 일하는 데는 세계 챔피언감이었기 때문이다. 반면 이스라엘 사람들이 공공 분야에서 세운 기록은 이만큼 인상적이지는 않다. 내가 거주하는 라마트 일란Ramat Ilan에서는 고작 1,000가구를 위한 주택 건설 프로젝트를 완수하기까지 15년이 걸렸다. 이란에서 우리는 3년 만에 세 도시를 건설했다.

물론 실수를 완전히 피할 수는 없었다. 만사가 순조롭게 진행된다고 생각하는 바로 그 순간 느닷없이 문제가 발생한다. 이론적으로 실수를 예상하는 것은 지역 계약업자의 임무이지만 일부 문제는 놓치게 마련이다.

한 가지 예를 들어 보자. 이슬람교도들이 기도할 때 메카를 향한다는 사실은 누구나 알고 있다. 그러나 이 관습이 화장실의 위치에 영향을 미친다는 사실은 모르는 사람이 많다. 무슬림 사회에서는 화장실이 메카를 향하도록 짓는 것을 금하기 때문이다. 해군 건설 본부는 테헤란에 있었기 때문에 주로 테헤란과 이란 중부 지역에 진행되는 공사에 참여했다. 그들은 메카가 테헤란의 남서쪽에 있다는 사실을 고려해 계획된 해군 도시의 화장실을 동-서향으로 배치하라고 지시했다. 대부분의 건설 작업을 진행할 반다르 아바스는 테헤란 남쪽으로 1,600킬로미터가량 떨어져 있으며 메카의 동쪽에 위치해 있다. 공정에 따라 화장실을 짓기 대죄를 저지르기 직전에 댄 에이탄은 실수를 깨닫고 해군 장교들에게 귀띔을 했다. 장교들은 무슬림 성직자들에게 달려가 조언을 구했다. 열띤 토론 끝에 이스라엘 이교도의 말이 옳다는 데 뜻을 모았다. 결국 계획을 변경해 반다르 아바스의 화장실을 남—북향으로 배치함으로써 용서받을 수 없는 죄를 피할 수 있었다.

세 도시를 건설하는 대단한 업적에 비하면 실수들은 사소한 것이었다. 이란 사람들은 우리를 존중하고 인정하며 극진히 대접했다. 비록 양국 사이에 외교 관계는 없었지만 샤가 통치하는 이란에서 이스라엘 사람들은 좋은 평판을 얻었다.

나는 대부분 이스라엘에서 일하고 내가 필요할 때만 이란으로 갔다. 1975년 6월 15일 퇴근 후에 테크니온의 옛 친구 요시 두브로우스키Yossi Dubrowski와 만날 약속을 했다. 우리는 그의 집에서 레드 스타 베오그라드Red Star Belgrade와 마카비 텔 아비브Maccabi Tel Aviv가 펼치는 유러피언 컵 축구 경기를 시청할 예정이었다.

경기가 끝나자 요시는 이란에서의 공사가 위험하지 않느냐고 물었다. 나는 이란이 독재 국가이기는 하나 걱정할 이유는 없다고 설명했다. 우리에게 가장 위험한 일이 있다면 그것은 이따금 발생하는 커뮤니케이션 문제였다. 한 번은 우리 측 직원들이 커피숍에서 이야기를 나누는데 웨이터가 다가와 "커피 드릴까요? 차 드릴까요?"라고 물은 적이 있었다. 직원들은 대화에 열중하느라 아무도 대답하지 않았다. 웨이터가 계속 서 있자 누군가 가도 좋다는 뜻으로 고개를 끄덕여 보였다. 과연 웨이터는 어떻게 했을까? 컵에다 차와 커피를 한꺼번에 부어서 대령했다.

요시가 배꼽이 빠져라 웃고 있는데 전화벨이 울렸다. 마티아였다.

"당장 집으로 와요."

그녀의 말투로 보아 좋은 일은 아닌 듯했기에 어린 자크에게 나쁜 일이 생긴 것은 아닌지 걱정스러웠다. 리란이 태어났을 때 나는 아이 방에서 기저귀를 갈아 채우는 새로운 방법을 발명했고 자크에게도 이 방법을 쓰고 있었다. 아기 침대에 오래된 제도판을 걸쳐 기저귀 교환대로 쓴 것이다. 이따금 제도판이 난간에서 미끄러지긴 했으나 꽤 효과적이었다. 아기들을 교환대에 눕힐 때는 항상 우리가 지켜보았으니 그리 위험할 일이 없었다. 그럼에도 나는 자크에게 사고가 일어났다고 확신한 채 집으로 차를 몰았다.

문을 열었을 때 가장 먼저 눈에 띈 것은 마티아의 품에 안전무사하게 안겨 그녀의 머리카락으로 장난을 치고 있는 자크의 모습이었다. 하나님, 감사합니다!

"리란은 어디 있나?"

아이들 방에서 리란이 레고 몬스터를 쌓으며 얌전히 놀고 있었다. 나는 다시 마티아에게 갔다. 그녀는 미동도 하지 않았다.

그녀가 말문을 열었다.

"유리예요. 유리에게 일이 생겼어요."

유리 형한테? 형에게 대체 무슨 일이 일어난 거지? 형은 운동 체질이었고 열심히 운동하며 즐거워했다. 농구를 하다가 다리가 부러졌나? 양다리가 모두 부러졌나? 나는 키부츠에 전화를 걸었다. 심장마비라고 했다. 수영하는 중에 심장마비가 일어나 사페드Safed에 있는 병원으로 이송했다고 했다.

"그래서 상태가 어떻습니까?"

아무런 대답이 없었다.

"지금 가겠습니다. 당장 출발하겠습니다."

숨을 쉴 수가 없었다.

"오셔도 좋습니다. 하지만 준비는 키부츠에서 하겠습니다."

준비. 무슨 뜻인지 익히 알고 있다. 대답을 해야 하나? 어이가 없어서 할 말을 잃었던 기억이 난다. 유리 형은 열두 살 된 셋째 아들 길리어드 Gilead와 수영장에서 경주를 했다. 길리어드는 불상사가 일어났다는 사실을 깨닫고 가까스로 아버지를 수영장 밖으로 꺼내고 도움을 청했다.

그러나 그의 죽음이 그렇게 갑작스러운 것은 아니었다. 그날 아침 유리 형은 가슴에 약한 통증을 느끼고 당시 키부츠에 거주하던 의료담당관에게 상의했다. 젊은 의사는 여러 가지 증상을 제대로 이해하지 못한 채 마흔한 살 된 형에게 아무런 문제가 없다고 판단했다. 유리 형은 안심하고 외출해 하루 종일 조경 작업을 했다. 그런 다음 자신이 클라리넷 주자로 활약하는 키부츠 오케스트라의 리허설을 하러 텔 하이Tel Hai로 향했다. 언제나 건강 증진에 열성적이었던 그는 키부츠를 2킬로미터 앞두고 버스에서 내려서 집까지 달려갔다. 경쟁심이 많았던 터라 어린 아들 길리어드가 준비한 수영 경주에서도 조금도 봐주지 않았.

그렇다. 형이 그날 아침 통증을 느꼈음에도 의사는 걱정할 것이 없다고 말했다. 사고의 발단은 그것이었다. 절박한 도움이 필요한 그런 시기에 응급 서비스와 동떨어진 레바논 국경에 거주하는 것은 그리 바람직하지 않다.

나는 서른한 살이고 슬하에 두 아들을 두었으며 출세가도를 달리고 있었다. 형과 나는 성인이 된 이후 더욱 가까워져 친구처럼 지냈다. 어린 시절에는 형과 어울리기에는 내가 너무 어렸고 그는 집을 떠나고 없었다. 어른이 되자 열 살이라는 나이 차이가 문제가 되지 않았다. 우리는 형제이자 친구라는 우리만의 특별한 관계를 맺었다. 형네 가족은 나와 동생 암논을 따뜻하게 맞이했다. 우리는 키부츠에서 수많은 휴일을 보냈고 가족 행사가 있을 때면 언제나 함께 축하하려고 노력했다. 야외 탁자에 둘러 앉아 윤리, 도덕, 평등에 대해 심각하게 논의하는 일이 가족 행사의 일부가 되었다.

유리 형은 절대적인 원칙주의자였다. 우리에게 회색 지역으로 보이는 곳에서도 그는 오직 흑백만 보았다. 우리가 열정적인 토론에 흠뻑 빠져 있으면 나머지 가족들은 디저트를 즐기면서 묵묵히 지켜보았다. 형이 이따금 몇 가지 볼일을 보러 텔 아비브를 방문할 때면 함께 지낼 기회를 만끽하곤 했다.

그런데 이제 돌연 그 모든 것이 사라졌다. 유리 형이 가 버렸다. 젊은 나이에 그렇게 억울하게, 느닷없이 가 버린 것이다. 아버지와 마찬가지로 심장마비였다. 나는 이 말을 혐오한다.

아버지가 세상을 떠난 후 나를 사로잡았던 분노, 끔찍한 고통을 숨기고 있던 분노가 더욱 깊어지고 격렬해졌다. 폭발할 것 같은 느낌이었다. 왜 유리 형이? 그 젊은 나이에? 빌어먹을. 세상에 정의란 존재하지 않는 것인가? 나는 폭력적인 사람이 아니었지만 내 안에서 폭력, 그러니까 부수고, 파괴하고, 망치고 싶은 욕구가 용솟음쳤다. 하늘과 땅을 탓했다. 부모님을 탓했다. 아마도 유리형에게 약한 심장을 물려준 아버지에게 화가 났을 것이다. 어쩌면 한마디 경고도 없이 우리를 저버린 어머니에게 화가 났을 것이다. 나는 부모님의 무덤을 더 이상 찾지 않았다. 아무도 내가 키우고 보호하는 내면의 분노를 잠재우지 못했다. 마티아나 아이들, 암논조차도 그러지 못했다.

겉보기에 삶은 정상 궤도를 되찾았다. 나는 상황이 정리될 때까지 형의 가족을 돌보고 자주 만났다. 브루리아와 다섯 조카를 돌보는 일에 집중했기 때문에 나를 무겁게 내리누르는 슬픔은 겉으로 드러나지 않았다.

나는 여느 때와 다름없이 일하며 이란에서 더 많은 시간을 보냈다. 해군 프로젝트를 성공적으로 마친 후 이란은 우리에게 무한한 기회의 나라가 되었다. 사업가들로부터 호텔이나 요트 클럽을 짓고 싶다는 제의가 쇄도했다. 이란의 문화, 지리, 가격 책정 시스템, 적절한 원자재, 그리고 지역 계약업자들에 대한 지식이 갈수록 쌓였다. 나는 특정한 프로젝트의 실행가능성을 평가하는 독창적인 컴퓨터 모델인 ECOMO(Economic Computer Model)를 개발하기도 했다. 정량 분석은 내 전문 분야가 되었고 이에 대한 수요가 점점 증가하고 있었다.

내가 맡은 일부 작업은 에이탄—고센 직원들과 함께 수행했지만 경제 계산에서는 수학 모형의 전문가 메론 그로스(Meron Gross) 박사의 도움을 받았다. 메론은 댄이 아니라 우리 회사 소속이었으며 한두 번 이란을 방문했다. 우리는 토목공학자 라헬리(Racheli)를 영입해 셋이서 에이나브 시스템스의 깃발을 휘날리는 독립적인 단위로 함께 움직였다. 이 소규모 팀은 대규모 프로젝트 관리와 실행 분야에서 괄목할 만한 경험을 쌓았으며 돈도 무척 많이 벌었다. 그것은 우리가 견뎌야 했던 생활조건에 대한 보상이었다.

반다르 아바스는 티란 해협의 샤름 엘—셰이크(Sharm el—Sheikh)와 같은 위도에 위치한다. 그곳 날씨는 에둘러 표현해도 지옥이나 다름없다. 자동차를 주차해 둘 때 에어컨을 계속 틀어 놓곤 했는데 그렇지 않으면 돌아와서 운전대를 잡을 때 손에 화상을 입을 정도였다.

물리적인 환경은 참기 어려웠지만 사업 환경은 신참인 에이나브 시스템스에게도 엄청난 기회를 제공했다. 특히 이란의 관개시설, 석유, 군수 장비 공급과 노하우 제공 분야에서 크게 성공한 이스라엘 사람이 많았다. 그들은 이란에 적응했다. 가족들을 데려와 학교를 세우고 아이들에게 이스라엘 교과과정을 가르쳤다.

그러나 반짝인다고 해서 모두 금은 아니었다. 1976년 인플레이션이 추악한 모습을 드러내자 샤는 더 이상 가격을 인상하지 말라는 명을 내렸다. 샤의 법령은 인플레이션을 어느 정도 둔화시켰다. 가격을 인상하는 대신 제품의 크기와 양을 줄이는 몇몇 사람들의 독창적인 생각 덕분이었다.

일부 분야에서는 그런 술책을 쓸 수 있었겠지만 부동산 산업은 달랐다. 진짜 스테이크의 크기는 줄일 수 있지만 부동산 산업에서는 스테이크의 크기가 일정했다. 따라서 인플레이션이 닥치면 부동산 가격이 오를 수밖에 없다. 아파트는 매각하는 시기에 따라 가격이 달라지게 마련이다. 그러나 샤가 가격을 동결시켰다. 그러니 무슨 수를 쓸 수 있었겠는가?

그래도 이란에서 결코 해서는 안 될 한 가지가 있다면 그것은 법을 어기는 일이었다. 샤는 관대한 면이 있었지만 그래도 어쨌든 복종하지 않으면 죽음의 고통을 피할 수 없는 독재자였다. 이런 경우 남은 선택은 에이나브 시스템스 같은 외국 경제 고문들을 영입해 다양한 시기에 아파트를 매입한 다양한 세입자 집단에게 공정한 액수를 산정하는 방법뿐이다. 에이나브 시스템스는 조언을 수렴해 원가와 가격 변화를 분석하는 한편 각 집단을 위해 공사비를 비롯한 제반 경비를 계산했다.

이 과정에서 건설 사업비 가운데 4퍼센트가 우리 몫이 아니라는 사실을 발견했다. 다양한 비용 벽돌, 모르타르, 문, 냉방 장치 등을 합산할 때 어떤 방법을 쓰든 상관없이 총액은 언제나 협정가격보다 약 4퍼센트가 적었다. 4퍼센트가 증발한 것처럼 보였다. 도무지 이해할 수 없는 이 수치에 대해 묻자 고객들은 그 문제에 대해서는 함구하는 편이 좋을 것이라고 대답했다. 목숨을 부지하고 싶다면, 이란 감옥이 어떻게 생겼는지 궁금하지 않다면 멍청한 질문은 하지 말아야 한다. 그들은 우리에게 설계 단계로 돌아가서 다시 계산하고 좀 더 만족스러운 결과를 얻는 편이 좋다고 조언했다. 로마에 가면 로마법을 따라야 한다. 우리는 그들의 말을 따랐다.

내가 외국을 방문한 경험은 이란이 네 번째였으며 그때마다 세계관이 더욱 넓어졌다. 1965년 교환학생 프로그램의 일환으로 배를 타고 아테네, 제노바, 바르셀로나를 방문한 다음 가장 저렴한 기차를 타고 마드리드에 갔다. 한 달 동안 유스호스텔에 머물며 가스 플랜트 회사 부타노 S. A Butano S.A에서 일했다. 악취가 진동하는 생산 라인에서 하루를 근무한 다음 나는 정중하게 사무실에서 일하고 싶다고 말했다. 사무실에서는 그들의 스프레드시트를 토대로 의사 결정 과정을 촉진시킬 수 있는 온갖 종류의 기발한 그래프를 그렸다.

테크니온의 과정을 마친 후에는 댄 로젠스트라움 Dan Rosenstraum과 함께 돈이 바닥날 때까지 런던, 암스테르담, 파리, 이탈리아를 여행했다. 1969년에는 마티아와 함께 유럽으로 신혼여행을 떠났다. 우리는 유스호스텔에 투숙하며 레스토랑이나 다른 사치스러운 장소와는 거리를 두었지만 여행은 한껏 즐겼다. 당시에는 해외여행을 자주 하지 못할 것이라고 굳게 믿었기 때문이다.

나는 여행을 하면서 큰 세상에서 성공하려면 큰 세상을 알아야 한다고 판단했다. 부모님 세대에는 해외로 나갈 기회가 거의 없었다. 아버지는 유대인 여단에 입대했을 때 이탈리아에서 복무했으며 국방부 고위 관리였던 장인은 유럽을 자주 여행했다. 우리 어머니나 장모님은 이스라엘에 온 이후로 한 번도 떠난 적이 없었다. 그들이 생각하는 시온주의에는 이스라엘을 여행하고 외국의 유혹을 피하는 편이 더 바람직하다는 믿음이 포함되어 있었다. 아버지가 돌아가신 후 마티아와 나는 세 번째로 미국으로 해외여행을 갔다. 그리고 나의 네 번째 해외 체류지가 이란이었다. 하지만 이번에는 여행하는 학생이 아니었다. 민영 사업체의 소유주이자 독립 사업가였다.

이란 혁명이 발발하던 1979년 2월 1일까지 이스라엘 사람들은 파티가 영원히 계속되리라고 여겼다. 하지만 혁명이 일어나면서 기회가 생겼을 때 마음껏 이용하고, 이란 사람들의 후한 대접이라는 쾌락을 탐닉하고, 이란 사람들에게 농담하고, 우리와 그들을 위해 돈 버는 일 등이 종지부를 찍었다. 그동안 우리의 수평선에는 구름 한 점 보이지 않았다. 그런데 느닷없이 하늘이 쪼개지며 폭풍우가 몰아쳤다. 제멋대로 굴던 이스라엘 사회가 하룻밤 사이에 목숨을 부지하기 위해 도망치는 신세가 되었다. VIP가 난민으로 전락한 것이다.

당시 나는 이미 이스라엘로 돌아온 상태였으나 내 친구와 파트너들은 테헤란과 외딴 건설 현장에서 계속 일하고 있었다. 그들은 혁명이 일어났다는 소식을 듣자마자 새 체제의 의도를 파악하기 위해 서성대기보다는 곧바로 도망치기로 결정했다. 사람들은 앞다퉈 첫 번째로 출국하는 비행기에 타려고 안간힘을 썼다. 사람들의 수를 고려했을 때 이 현대판 출애굽기는 복잡하고 위험한 군수연습이나 다름없었다. 가장들은 사랑하는 가족을 데리러 황급히 집으로 향했다. 독신들은 손에 집히는 대로 소지품을 챙겨서 택시를 잡아타고 곧장 공항으로 떠났다. 변두리 지역에서 일하던 사람들은 어떤 교통수단에든 가리지 않고 몸을 실어 한때는 우호적이었던 테헤란으로 돌진했다.

이스라엘에 근무하는 우리 직원들은 일찌감치 사무실 문을 닫고 곧장 공항으로 향했다. 입국하는 첫 번째 비행기를 맞이하고 우리 동료와 지인들이 용케 탈출했는지 확인하기 위해서였다. 혁명군이 이란으로 걸려오는 전화를 차단한 탓에 뒤처진 사람이 있는지 확인할 길이 없었다. 비행기가 착륙하고 마침내 출입문이 열리는 순간 안도의 한숨이 터져 나왔다. 혼란과 충격에 휩싸이기는 했지만 모든 사람이 안전무사하게 돌아왔으며 나머지 사람들도 돌아오는 중이라고 소식을 전했다. 훗날 동료 몇 사람은 그들이 온몸으로 엎드려 땅바닥에 키스를 했다고 해도 전혀 당황하지 않았을 것이라고 속내를 털어놓았다.

그렇게 거창한 팡파르로 시작된 이란의 꿈은 수치스러운 탈출로 끝이 났다. 비록 때늦기는 했지만 우리는 샤가 지배하던 이란이 경제적 호황기를 누리는 중에도 반대파, 특히 시아파를 잔인하게 억압했다는 사실을 알게 되었다. 분노가 점차 끓어올라 사회 불안으로 발전했고 결국 혁명으로 구체화되었다. 그곳에서 자유롭게 생활하고 일했던 우리 이스라엘 사람들은 암류暗流를 전혀 인식하지 못했다. 순진하게도 우리가 진행하는 공사가 무슬림 세계로 향하는 문을 열고 마침내 평화로 이어질 것이라고 믿었다. 아이러니하게도 우리의 노력은 정반대의 결과를 초래했다.

몇 년 후 가자 지구의 팔레스타인 테러리스트에게 전달할 무기를 실은 선박 카린 AKarin A호가 하르그 섬을 출발했다. 우리가 엄청난 노력을 쏟아 부으며 개발하던 곳이었다. 치명적인 무기가 전달되기 전에 이스라엘 군대가 홍해Red Sea에서 카린 A호를 저지했다. 우리가 황량한 사막에서 현대적 도시로 변모시키려던 반다르 아바스는 아야톨라Ayatollah의 핵 프로그램 기지가 되었다. 그렇다. 우리 이스라엘인들이 이란의 힘을 키워주었다. 그러나 우리가 건설한 도시는 지금 유대인 국가를 전멸시키기 위한 폭탄을 개발하고 있다.

샤와 아야톨라 호메이니Ayatollah Khomeini는 산업 및 경영 엔지니어이자 오퍼레이션 리서치 전문가로, 어쩌다 이란에서 일하게 된 로니 에이나브라는 소시민을 포함해 수많은 사람의 삶을 바꾸어 놓았다.

내 삶에 중대한 영향을 미친 또 다른 무슬림 지도자는 이집트 대통령 안와르 사다트Anwar Sadat이다. 1977년 11월 그가 예루살렘을 평화롭게 방문한 일은 사회적 통념은 뒤흔들었고 이란 혁명만큼이나 놀라운 사건이었다. 내게 그 일은 행운으로 작용했다.

6

카리스마와
자신감
그리고 허세

하이파 테크니온에는 여학생이 귀했다. 테크니온에 입학한 소수의 여학생은 대부분 마운트 카르멜Mount Carmel에 있는 메인 캠퍼스의 멀고 가장 낡은 건물에서 건축학을 공부했다. 나는 텔 아비브에서 주말을 보내면서 하이파의 부족함을 채우기 위해 애를 썼다. 믿을 만한 고향친구이자 텔 아비브에서 가장 인상적인 부류의 사나이인 쉬롤모Shlomo에게는 마티아의 번호를 포함해 쓸모 있는 전화번호가 무척 많았다. 텔 아비브의 주말은 생활의 활력소였다. 나는 하이파에서만 외톨이였다.

학생 군사 교육단Reserve Officers Training Corps : ROTC에 몸담으며 대학 공부를 하던 처음 2년 동안 IDF로부터 전액 장학금을 받았다. 1학년 때에는 다른 학생들과 함께 세 들어 살던 네베 샤아난Neve Sha'anan의 아파트에 내 방이 있었지만 그 방에 초대할 여자 친구는 없었다. 2학년 때 나는 가격이 더 저렴하고 강의실과 더 가까운 학교 기숙사에 들어가기로 결정했다. 기숙사에는 룸메이트가 있었는데 역시 기숙사에서 생활하던 댄 로젠스트라움과 함께 마치 삼총사처럼 이후 몇 년 동안 중요한 일들을 공유했다.

여자 친구가 없어서 좋은 점이 있다면 아마도 생활비였을 것이다. 그렇지 않아도 검소한 생활을 했지만 말이다. 나는 기본 바지 세 벌, 매일 아침 광을 내고 동네 양화점에서 고쳐 신었던 신발 한 켤레와 샌들 한 켤레로 생활했다. 학생 할인 티켓으로 텔 아비브에 있는 집까지 기차를 타고 다녔으며 하이파에 머물 때면 대부분 학생 매점에서 요기를 했다. 예산이 빠듯했지만 그래도 집을 떠나 새롭게 얻은 자유의 매 순간을 즐겼고 한시도 여자 친구가 생기면 좋겠다는 소망을 버린 적이 없었다.

1년 후 행운이 찾아왔다. 두 번씩이나. 여름 방학에 해외여행을 하는 동안 숨이 멎을 듯한 여학생을 만났다. 이스라엘로 돌아온 후에도 계속 만났으나 한 가지 장애물이 있었다. 그녀는 예루살렘에서 생활하고 공부했기에 우리의 애정생활이 만만치 않았던 것이다. 그러던 중 또 한 번 행운이 찾아와 하이파에 사는 유쾌한 여학생을 만나게 되었다. 각기 다른 두 도시에 사는 두 명의 여자 친구가 생기면서 삶이 약간 복잡해졌다. 여자 친구들은 상대방의 존재를 알고 그런 관계에 동의했다. 왜 그랬냐고 내게 묻지 마라. 그런데 그 무렵 나는 최악의 타이밍에 마티아를 만났다. 이번에는 행운이 내 편이 아니었다. 내 '하이파 여자 친구'와 마티아가 룸메이트였던 것이다.

마티아는 나를 진지한 관계로 생각하지 않겠다고 결론을 내렸다. 하지만 그녀를 향한 내 마음은 진심이었다. 두 여자 친구와 결별한 뒤 온 힘을 끌어모아 그녀에게 구애하기 시작했다. 첫 데이트를 하던 날 나는 이미 한 번 보았던 쇼에 그녀를 데려갔다. 첫 번째 작전은 성공이었다. 하지만 내 전력의 꼬리표가 여전히 나를 따라다녔다.

마티아의 집을 처음 방문했던 날, 그녀의 어머니는 잠시 이야기를 나누자며 나를 따로 불렀다. 치과 의사였던 에스더 밀바스키펠레그Esther MilvaskyPeleg 박사는 무척 엄숙하게 성실한 자기 딸에게 진심으로 관심이 있다면 장난스런 태도를 버리라고 말했다. 아마도 그때가 내 생애에 가장 당황스러운 순간이었을 것이다. 나는 얼굴을 붉히고 말을 더듬으면서 가까스로 이미 개과천선했다고 설명했다. 한 시간쯤 뒤에 마티아의 아버지

야아코브Yaakov가 합석했다. 그는 상당히 흥분한 어조로 외동딸을 세상 누구보다 사랑하며 딸의 행복을 위해서라면 어떤 수고도 마다하지 않는다고 말했다. 그러고는 경고의 말로 이렇게 덧붙였다.

"나는 매주 하이파에 들러 아무런 문제가 없는지 확인한다네."

화학자인 그는 이스라엘이 건국되기 이전의 군사조직인 하가나Haganah에 가담했으며 IDF에서 민간 인력 수천 명을 관리하고 있었다. 노동법에 대한 완벽한 이해와 느긋한 태도를 갖춘 그에게 완벽하게 어울리는 역할이었다. 나는 처음부터 그분이 좋았고 그분도 나를 좋아했을 것이라고 믿는다. 우리의 '협상'이 마티아와 교제해도 좋다는 허락으로 마무리되었기 때문이다.

십대 시절 나는 협상의 기술을 인정하지 않았다. 고등학교를 우수한 성적으로 마쳤을 때 육군 특별 학사 과정인 아투다에 지원하기로 작정했다. 결과가 좋지 않으면 친구들과 함께 청년 운동 조직 나할Nahal : 군복무와 농업, 훗날 지역 사회 사업을 결합한 개척 투쟁 청년단(Pioneer Fighting Youth)로 돌아갈 것이라고 마음먹었다. 사실 돌이켜 보면 내게는 그런 선택의 여지가 없었다. 그 조직과 나의 관계는 악화일로를 향해 치닫는 중이었다. 처음에 나는 유리 형의 뒤를 이어 열성 회원이 되었다. 하지만 어느 정도 시간이 지나면서 분과 위원회에서 하차했으며 심지어 변절자처럼 생각되었다. 금요일 저녁이면 청년 운동 조직의 동료들이 아니라 스카우트Scouts 출신인 새 여자 친구와 시간을 보냈다. 열일곱 살이었던 내 마음속의 자유로운 영혼은 기회가 있을 때마다 그 조직의 '집단 의지'에 도전했다. 그 결과 팽팽한 긴장이 계속 이어졌고 결국 충돌의 길로 접어들었다.

1961년 이스라엘 하원 크네세트Knesset 선출을 위한 선거가 실시되었다. 나는 정치에 관심이 있었던 데다 여가 시간에는 일을 하기로 부모님에게 약속을 한 터라 재미있는 사업과 노동당Mapai Party의 당원 모집원이라는 일을 병행하기로 결정했다. 텔 아비브 플로렌틴Florentine의 주민 목록을 건네받고 매일 방과 후면 목록에 기재된 가족들을 방문해 모든 사람의 이름에다 '당원' '지지자' 혹은 '반대자'라고 표시했다. 당에 대한 유권자의 지지도를 파악할 자료를 작성한 것이다. 내 임무는 선거 당일에 끝날 예정이었는데 공교롭게도 청년 운동 조직의 캠프가 선거 사흘 전에 시작하기로 정해져 있었다. 나는 조직의 리더에게 사정을 설명하고 네게브Negev에서 열리는 캠프에 약간 늦게 출발할 수 있도록 부탁했다. 그는 화를 내며 "안 됩니다. 절대 그럴 수 없습니다"라고 대답했다.

"원칙은 원칙이죠. 예정대로 다른 사람과 함께 떠나야 합니다……. 예외는 없습니다."

그러고는 빈정대며 이렇게 덧붙였다.

"당신은 왜 그렇게 항상 튀어야 합니까?"

나는 타협책을 협상하지 않고 자리를 떠났다. 조직원들은 계획한 대로 캠프로 떠났고 나는 당의 업무를 계속했다. 그리고 일이 끝난 후에 그들과 합류했다.

나는 캠프에 도착하면 집단 위원회의 문책과 동지들에게 받을 시련이 기다리고 있음을 알고 있었다. 내가 캠프에 도착하고 사흘쯤 지났을 때 위원회가 소집되었다. 위원회에서는 나를 소환해 해명을 요구했다. 내 설명을 들은 위원회는 말 그대로 나를 캠프에서 쫓아냈다. 다수가 나를 쫓아내는 데 동의했고 그것으로 끝이었다.

나는 문제가 원활하게 해결될 것이라고 여기고서 한 달 동안 일용할 맛있는 양식으로 가득한 가방을 들고 갔다. 고작 사흘 만에 집으로 돌아갈 수는 없었다. 부모님께 이 일을 어떻게 설명해야 한단 말인가? 시간을 버는 것이 의문의 여지없이 최고의 선택이라고 결정하기까지 그리 오랜 시간이 걸리지 않았다.

가방을 들고 비르 투비아Beer Tuvia 마을에 있는 즈비Zvi 외삼촌 집으로 향했다. 즈비는 어머니의 오빠였다. 집에 들어서는 나를 보고 외삼촌은 이렇게 소리쳤다.

"이게 누구야? 반갑구나."

그는 어떤 일로 불시에 찾아왔는지 묻지도 않고 양계장과 근처 과수원에서 일하도록 알선해 주었다. 나는 외할아버지와 외할머니가 쓰던 침실을 쓰게 되었다. 내게 이름을 물려준 외할아버지 아론Ahron은 내가 태어나기 2년 전에 돌아가셨다. 두 분의 방에 들어서자마자 외할머니 사라Sarah의 향기가 여전히 남아 있는 듯했다. 나는 주어진 행운에 흡족해하며 새로운 임시 거처에 적응하고서 비르 투비아에서 2주 동안 근사한 날들을 보냈다. 외삼촌이 '사막의 꽃을 피우도록' 돕고, 배불리 먹고, 내가 가져간 양식을 모두 해치운 후에 집으로 돌아갔다. 다행스럽게도 부모님은 내가 캠프에서 일찍 돌아왔다는 사실을 모르는 눈치였다.

나는 청년 운동으로 복귀하려고 노력해야 할지를 두고 고민했다. 친구들이 그리웠지만 내 명예가 이미 실추되었기에 결국 돌아가지 않기로 마음먹었다. 그래서 12학년 때에 나는 청년 운동 조직의 소속원이 아니었다. 아투다 프로그램에서 나를 받아 준다면 친구들과 함께 나할 투쟁 청년단에 가입할 것이라는 다짐은 사실 터무니없는 소리였다. 허세에 불과했던 것이다.

사실 집단보다 내 개인의 소망을 더 중요하게 여긴 순간부터 내게 남겨진 선택은 아투다뿐이었다. 그 순간 나는 카리스마와 자신감만으로 개인이 집단에 맞서는 것은 허세에 지나지 않는다는 교훈을 얻었다. 확실한 승리의 길을 원한다면 인간관계와 세력 균형을 통해 목표를 이루는 데 투자하는 편이 현명하다. 또한 자신에게 유리한 결과를 원한다면 어떤 사람들이든 집단의 견해에 진지하게 주의를 기울이는 것이 바람직하다.

7 생애 최초의 대규모 계약

❖ Nordau to NASDAQ

유리 형이 세상을 떠난 후에 그의 가족은 키부츠에서 어려운 시기를 보냈다. 다행히도 키부츠가 공동체 시스템이라 재정적으론 걱정이 없었고 사회생활에도 무리가 없었다. 다만 형의 부재 때문에 그들이 더 이상 '정상적인' 가족일 수 없다는 것은 잔인한 현실이었다. 브루리아는 자신과 다섯 아이들이 면밀한 조사를 받고 있다고 느꼈다. 나는 키부츠를 떠나는 것이 어떠냐고 제안했으나 브루리아는 그것이 무모한 일이라고 생각했다. 대신 키부츠 밖에서 일하기를 원했다. 그래서 북쪽으로 약 10킬로미터 떨어진 키르야트 쉬모나Kiryat Shmona의 보건부에서 일자리를 제안받았을 때 바로 수락했다. 그러면 이프타크에 계속 거주하면서 끊임없는 관찰을 피할 수 있을 터였다.

평등이라는 키부츠의 이념은 유리 형의 아이들에게도 감정적인 면에서 큰 영향을 미쳤다. 평등은 대부분 획일성을 의미했기 때문이다. 형의 막내아들 야이르Yair가 한 번은 학교에서 부모님에 대해 질문을 받고 아버지가 돌아가셨다고 대답해야 해서 몹시 싫었다고 말했다. 텔 아비브에 아버지가 있다고 말하면 어떨까? 우리는 과거 그 어느 때보다 더, 특히 대제일High Holidays 동안 마치 한 가족처럼 지내려고 노력했으니 말이다.

그 무렵 나는 암논과 함께 온 가족을 책임지고 있었다. 암논은 경제학과와 경영학과를 우수한 성적으로 졸업하고 해외여행을 갔다. 돌아올 때는 캐나다 출신의 약혼자 보니Bonnie와 함께였다. 두 사람은 1974년 10월

17일 소박하게 결혼식을 올렸다. 그것이 유리 형이 마지막으로 참석했던 가족 행사였다. 형과 나는 부모님을 대신해 웨딩 캐노피 아래에서 암논의 곁을 지켰다. 품위 있고 부유한 사돈 부부 거투르드Gertrude와 모리스Morris는 결혼식이 끝난 후 힐튼 호텔Hilton Hotel의 축하 저녁식사에 온 가족을 초대했다.

암논과 보니는 노르다우와 디젠고프의 모퉁이에 있는 부모님의 낡은 아파트에서 살림을 시작했다. 그곳에는 동생 부부의 소중한 재산이 있었는데 바로 이스라엘 최초의 컬러텔레비전이었다. 마티아와 나는 동생네 집에 가서 해외 프로그램들을 시청하곤 했다. 암논은 은행의 신용부서에서 일하며 성공적으로 경력을 쌓았다. 동생은 매우 끈질기고 잘 훈련된 체스 플레이어였다. 실수가 없었고 거의 항상 승리했다. 동생에 대해서는 걱정할 필요가 없었다. 그는 똑똑하고 유능하며 스스로 알아서 잘 처신했다. 3년 후 동생 부부에게 아들이 생겼는데 두 사람은 아들의 이름을 유리라고 지었다.

나는 이란과 이스라엘에서 에이탄-고셴의 파트너로 계속 일했다. 그런 한편 에이나브 시스템스의 소규모 팀은 우리만의 프로젝트를 진행했다. 공군 기지를 위한 마스터플랜을 수립했고, IDF의 건설부서로부터 군 보관 시스템을 최적화하고 주요 프로젝트의 일정을 전산화하는 업무를 위탁받았다. 데이터 수집, 물량 산출, 실행 속도 등 수천 가지 활동을 통합해야 했다. 뿐만 아니라 거물급 민간 고객들이 의뢰한 다소 복잡한 작업을 성공적으로 완수했다. 에이탄-고셴과의 파트너십에 계속 의존하며 그들의 사무실에서 작업했다. 상황을 바꿀 이유가 없었다.

이스라엘의 1977년 선거 결과 극적인 정치적 대변동이 일어났다. 야당 지도자 메나헴 베긴Menahem Begin이 총리로 선출된 것이다. 격렬한 거리

집회의 열정적인 지도자는 새로운 직책을 얻으면서 온건하고 이상적인 정치가로 변모했다. 그는 크네세트의 연설에서 사다트 대통령에게 예루살렘을 방문해 같은 연단에 서서 이스라엘 국민들에게 연설을 해 달라고 초청했다. 환상적인 아이디어였으나 6개월 후인 1977년 11월 그 이집트 지도자가 세계를 놀라게 하는 그 초청을 수락할 때까지 아무도 이를 심각하게 여기지 않았다. 사다트의 방문은 유대인 국가를 배척하던 아랍 세계가 근본적으로 변화했다는 뜻이었다. 사다트는 모든 전쟁의 종식을 제의함으로써 전 세계로부터 존경을 받았다.

대부분의 이스라엘 국민은 평화 협정을 지지했다. 나 역시 이런 발전을 환영하고 막 태동한 사다트의 팬클럽에 가입했다. 그의 행보에 내 독립을 위한 씨앗이 담겨 있다는 생각은 전혀 하지 못했다. 그의 대담한 조치는 이집트에 평화를 선사하고 가난에 찌든 경제에 막대한 군사 예산의 부담을 덜어 주었으며 그 지역에서 이스라엘의 위상을 높여 주었다. 평화 협정의 핵심 요소는 시나이 반도의 통치권을 이집트에게 되돌려 주고 시나이 반도에 주둔하던 IDF를 모두 철수한다는 내용이었다.

어느 일요일 키부츠에서 브루리아와 아이들을 만나고 사무실로 돌아온 직후였다. 당시 IDF 건축부 브랜치 10Branch 10의 책임자였던 건축가 샤마이 아시프Shamai Assif가 나를 찾아왔다. 브랜치 10은 육군의 인프라스트럭처를 관리하는 전문 기관이다. 이들은 계획, 유지보수, 엔지니어링 지원, 절차 결정 등 다양한 임무를 맡고 있었다. 하지만 지상군의 모든 부동산을 관리하면서도 이 부서에는 실행 책임이 없었다. 실행은 전적으로 국방부 소관이었다. 샤마이는 내 강좌를 듣던 학생으로 재능이 있고 똑똑했다. 내가 에이탄—고센 편지에다 추천서를 써 준 적도 있었는데 그 덕분에 그는 하버드 대학교에 입학했다. 우리는 서로 존경하는 지인일 뿐이었기에 그가 내 사무실에 모습을 드러낸 것은 약간 의외였다. 그는 낮은 목소리로 이렇게 말했다.

"여기 말고, 밖으로 나가서 카페를 찾아보죠."

나는 왠지 웃음이 나려는 것을 참았다. 어떤 일급 기밀 정보를 알려 주려는 건가? 커피를 마시러 자리에 앉았을 때 샤마이는 다음과 같이 말했다.

"평화 협정을 맺은 이후 육군은 몇 가지 대규모 프로젝트에 참여했습니다. 우리 힘을 모읍시다."

그는 이스라엘 기준으로는 이례적인 대규모 계획을 대략적으로 설명했다. 내게 제의를 해 준 것은 고마웠지만 나는 이제 더 이상 군인이 아니었다.

"뭐가 문젭니까? 몇 년 동안 입대하세요. 그만한 가치가 있는 일이니까요."

나는 그에게 농담하는 거냐고 물었다. 거금을 벌 기회라 해도 보잘것없는 소령 월급을 받고 일하는 것은 어처구니없다고 생각했다. 샤마이는 나를 진급시킬 것이라고 말했지만 나는 아무리 계급이 높아도 재입대할 생각이 없었다. 어떤 사람의 고용인으로도 일하지 않을 작정이었다. 하지만 내게 한 가지 대안이 있었다. 에이나브 시스템스라면 IDF에 흔쾌히 서비스를 제공할 것이다.

솔직히 말해 어디에서 그런 용기가 나왔는지 모른다. 에이나브 시스템스는 작은 신생기업이었는데 샤마이는 지금 시나이 반도의 IDF 기지 전체를 소거할 예산과 일정을 준비하는 엄청난 규모의 작업을 제안하고 있었다. 분명 수십억이 필요한 프로젝트였다. 샤마이는 내가 제의를 수락하기를 바라는 마음에 자신의 명예를 걸고 이 거래가 성사되도록 실권자들을 설득하겠다고 말했다. 사실 우리 두 사람 모두 국방부가 폐쇄적 조직이라는 사실을 알고 있었다. 마음속으로는 나의 훌륭한 경력과 샤마이 아시프의 영향력을 합친다 해도 내가 비집고 들어갈 가능성이 그리 높지 않을 것이라고 생각했다.

그러나 선거에서 베긴과 리쿠드당Likud이 승리한 이후 일어난 정치적 변동은 우리가 처음에 예상했던 것보다 훨씬 격렬했다. 건국 이래로 여당인 노동당과 노동조합 기구인 히스타드루트Histadrut는 줄곧 은밀히 손을 잡고 마치 프라이빗 클럽처럼 정부를 운영했다. 하지만 새롭게 통합한 베긴의 우익 정당인 리쿠드당은 변화의 바람을 몰고 와서 철통 같은 보호막을 없애고 한때 굳게 닫혔던 문을 유능한 신인들에게 활짝 열어 주었다. 그렇게 해서 권력층에는 전혀 연줄이 없었던 내가 생애 최초로 대규모 공공사업 계약을 맺게 된 것이다.

나는 2주 동안 부정이 탈까 봐 이 대단한 성과를 아무에게도 발설하지 않았다. 국방부의 모든 서류에 서명한 다음에야 비로소 조금씩 비밀을 털어놓기 시작했다. 계약서를 안전한 곳에 보관한 다음에 사무실에서 마티아에게 전화를 걸었다. 그날 저녁 아이들까지 포함해 온 가족이 러시아 레스토랑 루살카Rusalka에 갈 것이라고만 말했다. 탁자에 섬세하게 수를 놓은 식탁보를 덮은 후무스를 즐겨 먹는 내 단골 식당 포르미카(Formica)와는 판이하게 다른 그 우아한 곳에서 가족에게 새로운 소식을 전했다. 마티아는 활짝 미소를 지으며 키스를 선물했다. 아이들은 이제 우리가 부자가 되었으니 디저트를 두 개 주문해도 되느냐고 물었다. 마티아와 나는 건배를 했고 이 계약이 미래의 전조가 되기를 기도했다.

국방부가 수십억 달러 상당의 육군 프로젝트의 주역으로 민간 기업을 선택한 사례는 그때껏 전혀 없었다. 한 민간 기업이 인력과 컴퓨터 작업을 포함한 모든 요소를 처리하는 것은 그리 쉽지 않은 일이었다. 더군다나 에이나브 시스템스는 다른 민간 기업에 소속되어 있었다. 비밀 정보의 사용 허가나 비밀 보장과 관련된 문제가 발생할 수 있는 상황이었다. 그럼에도 육군에서는 내게 기회를 주었고 나는 그들의 신뢰에 보답하기로 결심했다.

우선 나는 에이탄—고셴의 안락한 사무실을 떠나 텔 아비브 중심가에 위치한 90제곱미터 크기의 사무실을 빌렸다. 임대료는 세금과 공익 설비를 제외하고 제곱미터당 6달러였다. 나는 건물 입구에 에이나브 시스템스의 명판을 달았다. 독립 선언이었다. 그런 다음 프로젝트를 진행할 직원 10명을 고용했다. 이전에는 필요할 때마다 파트너에게 도움을 청하면서 우리 회사의 서비스를 제공했다. 하지만 이제 육군과 비교적 장기간 계약을 맺었기 때문에 적어도 10개월 이상 진행될 예정이었다 나와 다른 직원 10명의 서비스를 지속적으로 제공할 수 있었다.

이제 인적 자본의 가치에 대한 내 신념을 실천하고 탁월한 자질을 인정받은 인력을 선발할 수 있었다. 경제학자, 엔지니어, 건축가, 컴퓨터 전문가들이 참여했다. 신입 인력은 대부분 프리랜서로 일한다는 조건으로 고용되었다. 경험상 그런 독립성으로부터 기업가 정신과 창의성이 발휘된다는 사실을 깨달은 나로서는 이런 방식이 첫걸음을 떼는 우리 회사의 성공으로 이어질 것이라는 큰 기대를 품었다.

시나이 사막 도처에 산재한 수십 개의 병영과 기지를 소거하는 일정은 그렇지 않아도 빡빡했는데 시공사의 엔지니어와 건축가의 요청에 따라 일정을 더욱 앞당겨야 했다. 우리 회사는 점차 서비스의 핵심으로 발전했고 컴퓨터에 의존하는 작업이 더욱 많아졌다. 건축 계획, 물류, 일정, 예산 등 여러 가지 문제를 처리했다. 고객인 IDF의 요구라면 무엇이든 마다하지 않았다.

프로젝트를 1년 정도 진행했을 때 공군에서 우리가 육군에게 제공하고 있던 전문 서비스를 요청했다. 갑작스럽게 또 다른 거물급 고객이 생긴 것이다. 우리는 공군을 위한 전산시스템을 수립했다. 육군을 위해 구축했던 것과 유사한 시스템이었다. 이들 프로젝트를 진행하면서 나는 전문가를 더 영입했다. 여전히 소규모였던 우리 회사가 시나이 반도로부터 모든 육군 부대를 소거해 1967년 국경 내부나 웨스트뱅크 등지의 새로운 기지로 이전하는 과정을 효율적으로 설계하는 데 중추적인 역할을 담당했다.

에이나브 시스템스는 훌륭하게 업무를 처리하고 있었다. 그런데 어느 날 IDF는 자신들이 한 민간 기업의 서비스에 전적으로 의존하고 있다고 판단했다. 그런 각성으로 말미암아 IDF는 갑작스럽게 태도를 바꾸었고 육군에서 직접 자체 시스템에 적합한 병렬 전산 프로그램을 개발하기 시작했다. 나는 걱정스러웠다. IDF라는 고객을 잃는 것은 재앙이나 다름없었다.

기존 계약을 보호하고 싶은 간절한 마음에 나는 감당하지 못할 일을 저질렀다. 병렬 프로그램을 성공적으로 완성할 수 있는 유일한 방법은 에이나브 시스템스의 도움을 받는 길뿐이라고 설득했고 그들은 내 의견을 받아들였다. 그러나 나는 이 새로운 약속을 이행하기 위해 이 문제를 처리할 능력이 있는 사람을 급박하게 찾아야 했다. 다행히도 섣부른 판단을 후회하기도 전에 우연한 만남으로 이 딜레마가 해결되었다.

어느 날 저녁 쓰레기를 들고 나가다 엘리베이터에서 이웃인 모티 글레이저Motti Glazer와 마주쳤다. 그와 나는 아이들이 같은 유치원을 다니고, 테니스를 함께 치고, 이따금 금요일에 만나는 사이였다. 모티는 솔직하고 외향적인 사람이었다. 그 역시 나처럼 산업 및 관리 분야의 엔지니어였다. 텔레비전 스튜디오를 운영한 경험이 있어서 동료와 친구들이 무척 많았다. 바로 얼마 전 하던 일을 그만두고 다른 일을 찾고 있다는 그의 말에 나는 불쑥 이렇게 내뱉었다.

"저와 함께 일하시죠."

그에게 컴퓨터를 좀 아느냐는 질문조차 하지 않았다. 1980년대 초반에 그런 난해한 물건을 아는 사람은 전혀 없었다.

그 시절 이스라엘에서 운영되는 메인프레임 컴퓨터는 소수에 불과했다. 1950~60년대에 소수의 컴퓨터가 사용되었으나 학계와 IDF, 그리고 일부 정부 부서에서 사용된 것이 전부였다. 1955년 레호보트Rehovot에 위치한 바이츠만 과학 연구소어린 시절 아버지와 함께 바이츠만 대통령에게 마지막으로 경의를 표했던 곳의 직원들이 이스라엘의 '바이자크Weizac'를 개발했다. 현재 바이자크는 연구소 전시실에 보관되어 있다. 8년 후 '골렘 AGolem A'가 개발되었다. 이 두 발명품이 이스라엘의 첨단 산업을 출범시켰다. 1957년 당시 국방부 국장으로 언제나 미래지향적이었던 시몬 페레스Shimon Peres는 IDF 첩보부서를 위해 엘리오트Eliott사에서 제조한 최초의 컴퓨터 803을 구입하기로 결정했다. 이와 동시에 그가 지휘하는 연구 및 계획 부서에게 이스라엘 국방 시스템을 운영할 대형 컴퓨터를 개발하도록 지시했다. 이들 컴퓨터는 트랜지스터로 작동했으며 당시로서는 대단한 혁신이었다. 1959년에 접어들어서야 비로소 IDF는 필코Philco 컴퓨터를 구입했고 1961년에는 최초의 IBM 1401이 이스라엘에 수입되었다.

나는 1966년 테크니온에 재학하던 시절 처음으로 프로그래밍을 배웠다. 우리는 낡은 엘리오트 803으로 연습을 했는데 그것은 그 시절의 여러 컴퓨터와 마찬가지로 이미 폐물이 된 터였다. 맨체스터의 유대인 커뮤니티에서 테크니온에 기증했던 이 초창기 영국 모델에는 프리펀치 카드도 없었다. 우리가 두루마리 종이테이프에 직접 구멍을 뚫어야 했다. 우리가 사용했던 프로그래밍 언어 알골Algol은 현재 엘리오트, 바이자크와 마찬가지로 박물관에 전시되어 있다. 나는 훗날 군수부에서 복무하는 동안 프로그래밍을 다시 공부했는데 그 무렵의 컴퓨터 언어는 알탁Altac이었다. 이런 이름만 떠올려도 옛 시절에 대한 향수가 밀려온다.

  그 시절 우리가 생각한 첨단의 정수는 애플리케이션과 오퍼레이션 리서치를 위해 펀치 카드를 이용하는 것이었다. 프로그램을 종이에 쓴 다음 구멍을 낸 카드로 옮겼다. 우리가 주둔하던 곳은 IDF 본부였으나 우리 과학 분대육군의 메인프레임 필코 2000이 있던는 5킬로미터 떨어진 라마트간 Ramat Gan의 육군 컴퓨터 서비스 디렉토레이트Computer Service Directorate 에 있었다. 우리는 적어도 하루에 한 번씩 고무 밴드로 묶은 펀치 카드 박스를 들고 컴퓨터가 설치된 곳까지 가서 발송 담당자에게 넘겨야 했다. 그러면 발송 담당자는 그것을 오퍼레이터에게 전달하고, 오퍼레이터는 다시 프린팅 감독관에게 넘기고, 감독관은 마지막으로 구멍을 뚫은 제품을 우리에게 다시 건넸다. 도트나 콤마를 실수로 잘못 찍기라도 하면 24시간이 지나서야 이를 수정하거나 심지어 그런 실수가 일어났다는 사실을 깨달을 수 있었다. 우리는 이 과정을 '밴 프로세싱van processing'이라고 불렀는데 당시 본부에서 가장 구하기 어려운 물건이 우리를 컴퓨터 센터로 싣고 갈 밴이었기 때문이다. 오늘날 이스라엘의 뛰어난 발명품인 소형 디스크에는 과거 수백 개의 상자에 담긴 수천 개의 펀치 카드가 필요한 정보가 저장된다.

  나는 하도급업자로 합류한 모티 글레이저에게 IDF의 내부 전산화 프로그램을 일임했다. 그는 재빨리 문제를 완벽하게 파악하고 내 옆에서 육군 프로그래머들과 함께 일했다. 육군에 프로그래머들을 배치하면서부터 점차 새로운 수입이 발생했다. 뿐만 아니라 민간 시장에도 이 방법을 도입해 제품과 노하우를 판매하는 대신에 우리의 프로그래머들을 고객의 사무실로 파견했다. 이런 IT 배급을 전문 용어로 '헤드 트레이딩head trading'이라고 불렀다. 예를 들면 에이나브 시스템스에서 월급을 받는 엔지니어를 하포알림 은행Bank Hapoalim에 근무하도록 파견하고 그 직원의 업무에 대한 대가를 은행에 청구한다.

이 다중 시스템의 성공 요인은 독자적으로 일하고 책임을 지며 고객과 회사에 충성심을 잃지 않는 우리 직원들 덕분이었다. 이 모든 면에서 믿을 수 있는 유능하고 영리한 직원들이었다. 물론 초창기에는 엔지니어들의 기술과 지성에 비해 그들에게 지급하는 보수가 무척 적었다는 문제도 있었다. 첨단 기술 전문가들의 보수가 그들이 갖춘 자격에 합당해야 하며 배급 회사가 수익을 거둘 수 있어야 한다는 사실을 시장이 수용하기까지 어느 정도 시간이 걸렸다.

비록 더 이상 공통적인 사업의 이해관계가 없었음에도 나는 댄 에이탄과의 친분을 유지했다. 그 무렵 나는 에이나브 시스템스의 독자적인 프로젝트를 대부분 관리했다. 하루에 네 번씩 IDF 건설부 사무실과 공군 본부, AMAN의 사무실을 오가는 일이 한 가지 일과였다. 또한 하도급업체로서 손을 잡고 이란 프로젝트를 공동으로 진행했던 댄의 회사와도 관계를 유지했다. 전무이사인 룰루와 함께 경험하고 우정을 쌓은 덕분에 효율적이고 신속하게 그리고 사실상 문서가 필요 없을 정도로 커뮤니케이션이 잘 이루어졌다.

우리 회사가 처리하는 업무가 육군과 공군의 기밀 사항이라는 사실이 가장 중요한 문제였다. 나는 고객의 지시를 직접 전달했으며 기밀 서류는 항상 내 눈에 띄는 곳에 보관했다. 휴대전화가 발명되기 전이었기에 이스라엘에 무선 호출기가 등장했을 때 나는 곧바로 구입했다. 비록 다양한 기지를 매일 방문해야 할 필요성을 완전히 해소한 것은 아니지만 무선 호출기는 내게 상당히 도움이 되었다. 그리고 이따금 업무량이 과도하게 많으면 적절한 국방부 비밀 정보 사용 허가권이 있었던 장인 야아코브에게 수금을 도와 달라고 부탁했다.

마티아의 서른 번째 생일파티가 야파Jaffa 항구가 내려다보이는 댄 에이탄의 새 사무실 발코니에서 열렸다. 나는 하루 종일 이곳저곳 정신없이 뛰어다니다 초죽음이 된 채로 생일파티에 도착했다. 샤워를 하고 옷을 갈아입을 겨를조차 없었다. 댄이 파티를 열어 주겠다고 제안한 것만 보아도 우리가 오랫동안 쌓은 개인적인 친분이 얼마나 돈독했는지 알 수 있을 것이다.

나는 1977년부터 줄곧 에이나브 시스템스에서만 전적으로 미친 듯이 일했다. 모티 글레이저도 마찬가지였다. 그는 회사에 자신의 전부를 바쳤고 얼마 후 파트너로 영입해 달라고 요청했다. 내 마음은 이 제의를 거부했지만 내 머리는 적절한 사업상 조치라고 말하고 있었다. 나는 야파의 아름다운 발코니에서 에이나브 시스템스가 새로운 방향으로 발전했다고 댄에게 털어놓았다. 우리의 파트너십은 악수로 체결되었다. 장담하건대 우리는 어떤 형식적인 계약서에 서명한 적이 없다. 댄은 내 말뜻을 이해했고 우리는 다정한 악수로서 계약을 맺을 때와 똑같은 방식으로 계약을 해지했다. 이제 마음껏 새 파트너를 맞이할 수 있었다.

모티와 내가 계약서의 초안을 만들기까지 어느 정도 시간이 걸렸다. 에이나브 시스템스는 일에 파묻혀 있었다. 약 3년 동안 시나이 반도 소거가 진행되는 중에도 은행, 보험회사, 산업 플랜트 등 전산화된 해결책을 모색하기 위해 우리를 찾아온 새로운 민간인 고객들이 많았다. 그들이 내게 무엇을 원하는지, 아니면 해결책이 무엇인지 항상 이해했던 것은 아니다. 이따금 현재 존재하지 않는 것을 요구하며 무엇이 필요한지 스스로도 이해하지 못하는 고객도 있었다. 프로그래밍 과정의 초기에 특히 이런 상황이 자주 벌어졌다. 그러나 나는 아무리 요건이 모호한 프로젝트라도 항상 수락했다. 그런 다음 내가 한 약속을 프로그램으로 바꿀 인재를 서둘러 물색했다. 예상보다 시간이 더 오래 걸린 적도 있지만 대부분 좋은 결과를 얻었다. 나는 그런 식으로 평판을 쌓았다. 그런 상황에서는 자신감이 중요한 역할을 하지만 그것만으로는 부족하다. 일을 성사시키는 관리 능력이 뒷받침되어야 한다. 시나이 반도 소거가 성공한 이후 기지를 소거하는 첫 번째 단계는 1980년에 마무리되었다 내가 얻은 평판을 발판으로 우리 회사가 민간 시장에 진출할 토대를 쌓았다.

이스라엘의 일류 은행 레우미Leumi가 우리에게 저축 제도를 위한 포괄적인 프로그램을 개발할 수 있느냐고 물었다. 그때 나는 그런 일이 가능한지 전혀 몰랐으면서도 "예, 물론 할 수 있죠"라고 대답했다. 레우미 은행은 이스라엘 은행의 경우와 마찬가지로 저축 제도를 마련할 때마다 컴퓨터 프로그램을 처음부터 끝까지 다시 개발해야 했다. 재정부가 혁신을 중요하게 여기는 바람에 골치가 아팠던 이 은행은 이 문제의 해결책을 모색하고 있었다. 에이나브 시스템스가 저축 제도를 위한 포괄적인 프로그램을 개발할 수 있을까? 그래서 새로운 저축 제도가 등장하더라도 핵심 프로그램은 바꾸지 않고 새로운 제도를 설명할 구성 변수를 수정하고 첨가할 수 있을까? 그런 프로그램이 개발된다면 사소한 변경이 일어날 때마다 처음부터 모든 것을 재구성할 필요가 없어질 것이다. 나는 "예, 물론입니다"라고 대답하고는 사무실로 돌아왔다.

우리 회사의 인재 집단에게 그 은행의 요구를 전했을 때 그들은 반기를 들고 일어섰다.

"지금 제정신입니까? 좀 봐주세요. 여기 있는 사람들은 금융에 대해서는 전혀 아는 게 없다고요!"

하지만 나는 물러서지 않았다. 내 사전에 '나는 모른다'와 '나는 못한다'는 없다. 항의하는 직원들을 뒤로 하고 집무실로 돌아온 나는 이런 종류의 프로그램을 개발할 사람을 찾기로 결심하고 지인들에게 전화를 걸었다. 군인 출신인 알렉스 슈바르츠Alex Schwartz라는 이름이 계속 거론되었다. 그는 은행 조직의 전산화 환경과 유사한 육군 통신대에서 복무한 사람으로 그런 문제에 대처할 능력을 갖춘 것처럼 보였다. 나는 그에게 면접을 보러 오라고 연락했다.

거만하게 보일 정도로 자신만만한 알렉스 슈바르츠는 분명 그 일을 해낼 재목이었다. 전역한 지 얼마 되지 않은 그는 ATLAdvanced Technology, Ltd. : 어드밴스드 테크놀로지 유한회사을 포함해 여러 대기업으로부터 취업 제안을 받고 있었다. 나는 어디에도 뒤지지 않는 보수에 괜찮은 직위를 제시하며 다음과 같이 덧붙였다.

"그렇습니다. 우리 회사는 작습니다. 하지만 당신이 이 작은 기업에 입사한다면 변화를 일으킬 수 있죠. 그리고 만일 몇 달 후에 우리 회사를 택한 것이 후회된다면 그때 짐을 싸서 ATL로 가면 됩니다."

그는 잠시 생각하더니 이렇게 대답했다.

"좋습니다. 이 회사를 택하겠습니다."

알렉스와 똑같은 이름을 가진 은행 대표와 약 10명의 팀원들이 세 번째로 규모가 큰 우리의 프로젝트 '티콘 프로젝트Tichon Project'를 완성했다. 우리는 그들에게 소프트웨어를 판매하는 대신에 싱크탱크를 파견했다. 이 싱크탱크는 은행의 컴퓨터팀과 협력해 은행의 특정한 요건을 충족시키는 특정한 소프트웨어 프로그램을 개발했다.

  이런 방식의 계약을 통해 우리는 3년 동안 많은 수익을 거두었다. 우리가 설계한 소프트웨어는 밀레니엄 버그를 극복했고 레우미 은행에서는 여태까지 이 소프트웨어를 사용하고 있다. 알렉스 슈바르츠는 에이나브 시스템스를 떠난 지 한참이 지난 지금도 나와 좋은 친구로 지내고 있다.

8

**나의
모든 천재들**

❖ Nordau to NASDAQ

레우미 은행과의 거래를 소개한 사람은 1979년 우리 회사에 합류한 메이어 아르논Meir Arnon이었다. 모티의 친구인 그는 작전 참모 본부의 유명한 유격대인 사이렛 매트칼Sayeret Matkal에서 복무했으며 농업 공학 학위를 가지고 있었다. 그가 우리 사무실에 나타났을 때 옷맵시와 말솜씨가 좋고 귀티가 나는 이 잘생긴 젊은이를 향해 모든 사람이 고개를 돌렸다. 우리 업계에서는 보기 드문 젊은이였다. 부유한 가정에서 성장한 데다 용모가 준수하고 성실함과 활력, 창의성을 겸비한 유능한 인재였다.

그의 부친은 레우미 은행의 고위직에 있었는데 그 덕분에 메이어는 부친의 탄탄한 인간관계 네트워크를 고스란히 물려받았다. 모티와 나는 그가 15만 달러 상당의 거래를 수주할 때마다 에이나브 시스템스의 주식 1퍼센트를 지급하겠다고 구두로 약속했다. 시간이 지나면 우리의 파트너가 될 수 있는 조건이었다.

메이어가 첫 번째로 성사시킨 레우미 은행 프로젝트는 큰 거래였다. 그때부터 줄곧 우리 회사는 간접비용을 무리 없이 충당하고 직원들은 물론 모티와 나에게도 보수를 지급할 수 있었다. 이 거래가 몇 가족에게 생계를 제공한 것이다. 나는 더 큰 아파트로 이사하고 한 해에 두 차례 해외여행을 다녔으며 아내에게 새 자동차를 사 주었다. 예산에 균형이 잡혔고 우리는 안정되었다. 이는 분명 모든 사람의 소망일 것이다.

회사 직원이 늘어났기 때문에 고객에게 제공하는 비용 청구 가능 시간도 늘일 수 있었다. 그러나 우리 회사는 여전히 서비스 제공자에 지나지 않았다. 나는 되도록 많은 프로젝트를 판매해야 했다. 고객에게 의존해야 한다는 사실이 나를 여전히 괴롭혔다. 불안 때문에, 아니면 직관 때문에 아니 어쩌면 이 두 가지를 합친 이유로 나는 새로운 도전을 찾아 지평선 너머를 바라보며 내가 이미 성취한 것에 안주하지 않기로 결심했다. 내게 박차를 가한 것은 부富나 세계적인 기업을 세우겠다는 꿈이 아니었다. 나의 원동력은 단순히 생계를 유지하는 데 안주하지 않고 한 개인으로서 성장할 수 있는 혁신적인 일에 참여하고 싶다는 강한 욕구였다. 이 욕구를 충족시키려면 완전히 다른 종류의 사업, 위험천만한 미지의 땅을 개발해야 했다.

나를 중심으로 진행되는 회사 업무가 무척 많았기 때문에 창조적으로 생각할 만한 시간이 사실상 전혀 없었다. 여분의 자금 또한 마찬가지였다. 내가 가진 것이라고는 그동안의 성과뿐이었다. 나는 다른 파트너와 다른 분야의 제품으로 에이나브 시스템스를 복제하는 아이디어를 요조모조 따져 보기 시작했다. 구체적인 요건에 맞는 소프트웨어를 개발하는 것은 물론 이스라엘부터 시작해 전 세계에 기술을 판매하는 기업을 상상해 보았다.

내가 직접 개입하지 않고 생산 라인, 창고, 운송, 세관 문제 없이 단순한 배급 체계를 수립해 완성된 소프트웨어 제품을 판매하는 일이 가능하다고 판단했다. 나는 '최적이 최대The optimum is the maximum'를 좌우명으로 삼았다. 모티는 꿈 같은 내 이야기를 비웃었다. 그가 생각하기에 실행 가능한 일은 이미 하고 있는 일, 즉 컴퓨터 서비스를 판매하는 일뿐이었다. 사실 오랫동안 그것이 현실이었다.

내가 태어나기 한 해 전인 1943년 디지털 컴퓨터가 처음으로 등장해 단순한 기계 언어를 토대로 운영되었다. 이 무렵의 프로그래밍이란 코드를 수치로 적는 작업이었다. 좀 더 높은 수준의 프로그래밍 언어를 기계 언어수식 변환을 위한 포트란(Fortran)로 바꿀 수 있는 IBM 컴퓨터 모델 1401과 1620은 1960년대에 비로소 등장했다. 운영 프로그램은 제조업체에서 하드웨어를 판매할 때 무료로 제공했다. 제조업체들은 마치 다른 방법이 없다는 듯이 소프트웨어를 하드웨어와 묶어서 판매했다. 모든 사람이 이 놀라운 장치의 등장에 환호했지만 그런 패키지 거래를 분리할 가능성을 떠올린 사람은 아무도 없었다. 수평선 바로 너머에 개발되기를 기다리는 엄청난 수의 애플리케이션을 예견한 사람도 없었다. 컴퓨터는 펀치 카드 기계, 도표 작성 기계, 카드를 읽는 기계 등 복잡한 기계에 지나지 않는다고 생각했다.

컴퓨터의 용도가 증가하고 하드웨어가 개발됨에 따라 사용자의 기대치가 높아지자 제조업체들은 수학과 통계 등에 기본적인 소프트웨어 애플리케이션을 추가하기 시작했다. 오직 소수의 선지자들만 회계, 임금 관리, 혹은 엔지니어링과 같은 분야에서 상용 애플리케이션을 포함한 새로운 프로그램하드웨어와 별도로 생산하고 유통할 수 있는 프로그램을 개발하는 아이디어를 제시했다.

이는 무척 혁신적인 아이디어였기에 이 분야의 세계적 선두주자인 미국에서도 1950년대에 설립된 상용 소프트웨어 회사는 세 군데에 지나지 않았다.

1955년 전직 IBM 직원 두 사람이 컴퓨터 유시지 코퍼레이션Computer Usage Corporation : CUC을 설립했다. 이 회사는 최초로 사용자를 위한 프로그램을 개발하려고 시도했다. 이 회사의 작업 방식은 에이나브 시스템스와 비슷했다. 컴퓨터 서비스와 특히 고객의 독특한 요건에 적합하게 설계

된 프로그램을 판매한 것이다. 1959년 미국 우주 프로그램의 졸업생 7명이 선구적인 기업 어플라이드 데이터 리서치Applied Data Research : ADR를 창립했다. 이들은 최초로 하드웨어와 묶지 않은 독자적인 제품으로 컴퓨터 순서도 프로그램 오토플로Autoflow를 개발하고 판매했다. ADR은 IBM과의 법정 싸움에서 승리함으로써 이 분야에서 블루자이언트Blue Giant의 독점적 지위는 막을 내렸다. 세 번째 회사는 눈 깜빡할 사이에 등장했다가 사라졌다.

1960년대에 들어서 미국인들은 이미 이와 같은 제품의 잠재력을 이해했고 그 결과 약 30개의 신생 소프트웨어 회사가 등장했다. 그 가운데 일부 회사는 훗날 우리 회사의 고객이 된 일렉트로닉 데이터 시스템스Electronic Data Systems : EDS처럼 소프트웨어 서비스를 제공했다. B&BE의 모회사로 결국 우리의 유럽 배급업체가 된 B&B처럼 소프트웨어 제품의 개발과 판매에 초점을 맞춘 회사도 있었다.

이스라엘 민간 소프트웨어 산업의 선구자는 아미람 쇼르였다. 미국에서 민간 소프트웨어 기업이 설립되고 몇 해가 지난 1963년 쇼르와 아리에 셰메쉬Arie Shemesh는 이스라엘 최초의 소프트웨어 회사인 통계와 사무 기계화 연구소Institute of Statistics and Office Mechanization를 창립했다. 이 회사는 수년 동안 데이터 프로세싱 컴퓨팅 센터를 운영하며 이스라엘 민영 부문의 주도적인 기업으로 손꼽혔다.정부는 자체 컴퓨팅 부서인 컴퓨터 서비스 디렉토레이트(CSD)를 운영했다. 이후 이스라엘의 두 번째 소프트웨어 회사인 이스라엘 지역 당국 데이터 프로세싱 센터Israel Local Authorities Data Processing Center가 설립되어 지역 당국에 소프트웨어 서비스를 제공했다.

1960년대에는 이와 유사한 수많은 기업이 민영 부문에서 활약했다. 이

가운데 IBM에 소속된 서비스 기관과 미트보크Mittwoch 가족이 운영하던 기업이 있었다. 이스라엘 NCR의 대표인 미트보크 가족은 1948년 이전 팔레스타인에서 얻은 총판권을 이용해 여러 기업을 운영했다. 테크니온에서 내 스승이었던 슐라이퍼Shleifer 교수와 요시 바르디Yosi Vardi를 포함한 여섯 명의 선지자들은 ATL을 창립했다. 훗날 전자와 전기 공학 분야에서 이스라엘 최대 회사가 된 타디란Tadiran이 이 회사를 매입했다.

소프트웨어 개발 회사라는 개념은 1970년대에 등장해 1980년대에 인기를 얻었다. 1982년 소프트웨어 하우스 이스라엘 유니언The Israeli Union of Software Houses이 설립되었다. 솔직히 실토하건대 파트너 모티 글레이저가 내 꿈을 무너트렸을 때 그가 현실적이었고 나는 이상주의자에 불과했다. 이 무렵에도 훗날 이스라엘 경제의 원동력이 된 소프트웨어 산업은 여전히 기저귀에 꽁꽁 싸여 있었다.

1981년 우리 집에서 중요하게 생각했던 것은 새로 태어난 셋째 아들의 기저귀뿐이었다. 우리는 아들의 이름을 나와 마티아의 이름을 혼합해 라몬이라고 지었는데 이는 내게 재정적인 독립을 선사했던 시나이 소거 계획의 암호명이기도 했다. 우리 가족은 라마트 일란에 있는 좀 더 넓은 아파트로 이사했다. 암논이 자기 가족과 함께 우리가 살던 아파트로 이사하면서 우리는 이웃이 되었다. 그해에는 기쁨과 슬픔이 함께 우리를 찾아왔다. 존경하는 장인어른 야아코브 펠레그가 심장마비로 세상을 떠난 것이다. 이제 우리 아이들에게 남은 조부모는 마티아의 어머니 에스더뿐이었다. 장모는 손자들에게 더 많은 시간을 쏟아 부으며 공허함을 채웠다.

같은 해 에이나브 시스템스는 국방부로부터 네 번째 대규모 프로젝트를 수주하였다. 이번에는 공군 병참 분야였다. 우리는 우수한 새 인력을 고용했다. 그 가운데 아리크 킬만Arik Kilman이라는 젊은이가 있었다. 커뮤니케이션과 프로그래밍의 전문가였던 그는 특히 주목할 만한 재목이었다. 킬만을 처음 만난 것은 그가 육군 소령으로 복무할 당시 클라이언트 대표로 함께 일할 때였다. 우리는 그의 다양한 능력을 높이 평가했다. 그래서 그가 전역했을 때 넉넉한 급료와 소형 자동차, 그리고 승진 가능성을 제시했다. 모티는 지상군 프로젝트 관리를 그만두고 아리크와 함께 새로 맺은 공군과의 계약을 지휘했다.

1981년 4월 모티와 나는 마침내 정식 파트너십 계약에 서명했다. 하지만 함께 일하기 전에 그에게 느꼈던 애정이 조금씩 희미해지기 시작했다. 우리 두 사람은 천생연분은 아니었다. 사실 모티는 내 취향과는 어울리지 않게 너무 화려하고 약간 허풍쟁이였으며 함께 스쿼시를 칠 때도 그는 '진실을 왜곡했다' 언제나 지나치게 치장을 했다. 우리는 정반대였다.

처음부터 우리 사이에는 긴장감이 밑에 깔려 있었다. 나는 약속을 지키는 것을 중요하게 생각했으나 모티에게 약속은 나만큼 중요하지 않았다. 물론 그에게는 몇 가지 탁월한 점이 있었다. 단시간에 프레젠테이션을 준비하고 신속하게 시스템 분석을 하는 일에 관한 한 그는 누구에게도 뒤지지 않았다. 또한 사람들과 빨리 친해지고 더 유능한 인재를 영입하는 재주가 있었다.

그런데도 나는 왠지 그가 불편했다. 사람들과 함께 있을 때면 대부분 편안했지만 그와 함께 있을 때는 한순간도 긴장을 풀지 못했다. 처음에는 함께 일했으나 내게는 그것이 쉽지 않았다. 결국 우리는 같은 명분을 위해 따로 일한다는 사실을 깨달았다.

점진적인 과정을 거쳐 파트너십이 진행되었다. 모티는 서로 합의한 수수료를 받는 하도급업자로 시작해서 수행한 업무에 따라 회사에서 지급하는 돈과 자신이 관리하는 직원들의 수입 가운데 일부를 받았다. 대부분 내가 프로젝트를 수주했으나 일단 그의 손으로 넘어가면 그는 곧바로 프로젝트를 개발하고, 확대하고, 통제했다. 모티가 회사에 소개한 프로젝트는 전혀 없었다. 파트너 계약에 따르면 그는 주식의 30퍼센트를 받고 6개월이 지난 후에 다시 20퍼센트를 받아서 동등한 파트너가 될 예정이었다. 마지막 순간 나는 혼자 생각했다.

'베푸는 데는 한계가 있다. 무상으로 내 회사의 절반을 주는 것만으로도 충분하다. 그는 회사에 재정적인 투자를 하지 않는다. 이미 출자한 40만 리라(IL : 1948~1980년에 사용한 이스라엘 화폐 단위)는 그와는 무관한 돈이다.'

그러나 IRS가 개념 수익에 대해 세금을 부가할까 봐 이를 계약서에 기록하기가 두려웠다. 그것은 우리의 예비금이었다. 우리는 파트너십 계약서의 여백에다 손글씨로 다음과 같이 적었다.

'앞으로 파트너십이 해제되는 경우 출자금 40만 리라는 로니에게 지급될 것이다.'

모티와 파트너십을 맺을 가치가 있었을까? 그렇다. 나는 파트너가 필요했다. 혼자서 회사를 운영하고 고객을 관리하며 적당히 휴식을 취하기는 무척 어렵다. 파트너가 있으면 정신적인 지원을 받는 한편 관심과 목표를 공유하며 의논할 수 있다. 관심사가 서로 다르다면 관계는 틀어지게 마련이다. 처음에는 우리 사이에 이런 문제가 전혀 없었다. 업무를 효율적으로 분배해 회사를 확장했다. 처음으로 직접 부딪치는 일이 일어나기 전까지는 그랬다. 첫 번째로 갈등의 원인이 된 것은 메이어였다.

메이어는 레우미 은행 프로젝트처럼 자신이 약속한 규모의 일을 유치했다. 그래서 그 보상으로 약속된 1퍼센트 소유권을 원했다. 그러나 모티는 늘 그랬듯이 너무나도 약삭빠르게 약속을 저버려서 메이어에게 크게 상처를 주었다. 하지만 나는 그를 잃을 수 없었다.

지금까지도 나는 모티의 태도를 이해할 수 없다. 어쩌면 그는 나와 독점적인 관계를 원했을지 모른다. 3명의 파트너는 너무 많다고 생각했을지도 모른다. 아니면 이 보잘것없는 주식 보유량이 메이어에게 회사 관리의 캐스팅보트를 줄 수 있다는 사실이 두려웠을지도 모른다. 이유야 어찌 되었건 모티는 메이어를 막으려고 애썼지만 나는 우리가 한 약속을 지켜야 한다고 생각했다. 그것이 논쟁의 발단이었다. 나는 그것이 장차 무엇을 의미하게 될지 당시에는 깨닫지 못했다.

파트너십을 맺을 때 모티와 나는 모두 순진했다. 사업은 결혼과도 같아서 어떤 식으로 발전할지 모르기 때문이다. 요즘 사업상 파트너십을 맺으려는 젊은이들이 내게 조언을 구하면 나는 이렇게 말한다.

"5년 안에 싸울 확률이 엄청나게 높다. 당신도 변하고 상황도 변한다. 온갖 일이 일어난다. 그리고 돈이 그 추악한 얼굴을 든다."

메이어라는 시범 케이스를 통해 우리의 사업 방식은 차이가 확연히 드러났다. 모티는 회사가 현상 유지하기를 바랐다. 하지만 나는 새로운 방향으로 탐구하기를 원했다.

재능 있고 독창적인 메이어 아르논을 잃지 않을 한 가지 방편으로 나는 자회사를 설립하자고 그에게 제안했다. 그 자회사에서 메이어는 메인 파트너로서 60퍼센트의 주식을 보유하고 에이나브 시스템스가 나머지를 보유한다는 조건을 제시했다. 그러면 그가 시작하는 프로젝트를 마음대로 관리할 수 있을 터였다.

다행히도 메이어가 제안을 수락한 덕에 1982년 에이나브 컴퓨터 시스템스Einav Computer Systems가 출범했다. 그 결과 나는 두 번째 독립 회사의 파트너가 되었고 새로운 기회가 내게 손짓을 했다. 메이어는 기존에 쌓은 평판이 도움이 될 테니 회사명에 '에이나브'를 넣어야 한다고 주장했다. 그 바람에 고객들은 두 회사를 구분하지 못했다. 새로운 파트너십을 맺은 직후에 메이어는 훗날 ACA라는 회사로 탄생하는 건축 프로그램을 개발했다. 이는 그의 대표작이 되었으며 최초의 건축 소프트웨어 프로그램으로 새로운 지평을 열었다.

ACA의 성과는 상당히 훌륭했으나 이따금 시장의 요구에 제대로 부응하지 못했다. 그들의 컴퓨터가 지나치게 크거나 다른 회사보다 한발 뒤처지는 등 항상 무언가가 부족했고 결국 ACA 창립자들은 파산하고 말았다. 오늘날 전 세계 건축가들이 오토캐드AutoCAD를 이용하지만 메이어 아르논이라는 미래지향적인 이스라엘 사람이 오토캐드의 아이디어를 최초로 개발했다는 사실은 알지 못한다.

사실 그 시절 내 주변에는 인기를 누리다 사라진 매력적이면서도 묘한 혁신제품이 많았다. 그러니 좋은 일이 일어날 때 지나치게 흥분하지 마라. 종국에는 실패할지도 모르니 말이다. 반면 실패할 때마다 낙담하지 마라. 좋은 결과가 따를지도 모른다. 메이어 아르논은 나와 마찬가지로 어떤 경우에도 비전을 잃지 않았고 사람들이 아무도 시도하지 않은 일을 성취할 수 있다고 믿었다. 모티는 그런 접근 방식을 선뜻 수용하지 않았다. 다른 사람들이 모험을 원하면 관여하지 않았다. 그러다 수익이 발생하면 매우 기뻐하며 자기 몫을 챙겼다.

메이어는 사업상 모험을 몇 차례 더 하다가 마침내 손을 떼기로 결정했다. 그 가운데 한 가지가 더 포스 디멘션The Fourth Dimension를 설립한 일이었다. 이에 대해서는 나중에 더 자세히 다룰 것이다. 1984년 그는 프랑스 퐁텐블로Fountainebleau에 있는 인시아드INSEAD로 경영학 공부를 하러 떠나면서 에이나브 컴퓨터 시스템스의 관리를 맡아 달라고 내게 부탁했다. 우리 회사는 레우미 은행 프로젝트 수주 때부터 계속해서 수익을 거두고 있었고 휴가 중인 메이어의 급여가 줄어들었기 때문에 나는 점차 은행 계좌의 균형을 맞추면서 회사를 다시금 제 궤도에 올릴 수 있었다.

이 무렵 이스라엘 소프트웨어 산업이 태동하고 똑똑한 새로운 인재들이 에이나브 시스템스에 합류하기 시작했다. 나는 이 신입 사원들과 조용하지만 의도적으로 인간관계를 맺었다. 지원자들이 내게 흥미로운 아이디어를 제시하면 나는 거의 한결같이 1~2년 정도 함께 일한 다음 우리가 함께 성취할 일이 있을지 그때 가서 판단하라고 제의했다. 뛰어난 인재들은 언제나 원대한 꿈을 꾸었고 재빨리 움직였다. 나는 내 울타리 안에서 그들의 꿈이 가장 원대해질 것임을 알았다.

회사를 사실상의 실험실로 바꾸는 내 모습에 적잖은 사람들이 눈살을 찌푸렸다. 하지만 나는 인적 자본에 투자하는 것이 옳다고 확신했다. 이 결정이 나를 영광의 길로 인도해 주길 바랐다. 회사가 빠른 속도로 성장했기 때문에 같은 건물에다 300제곱미터의 공간을 추가로 빌렸다. 얼마 지나지 않아 우리 회사는 한 층의 절반을 차지하게 되었다. 그 덕분에 창의적인 신입 사원과 그들의 신규 프로젝트에 작으나마 제각기 다른 업무 공간을 제공할 수 있었다. 독창적인 인재와 함께 일하는 것이 항상 쉽지만은 않았으나 무척 재미있었다.

1982년 우리는 공군과 건설 계약을 맺을 때 아리크 킬만을 영입했다. 그는 모티 글레이저와 함께 그 프로젝트를 관리했다. 함께 일한 지 1년쯤 지났을 때 유능한 아리크는 자신과 배경이 비슷한 친구 지브 야나이Zeev Yanai를 소개했다. 아리크는 자신감에 넘친 얼굴로 다음과 같이 말했다.

"우리가 함께 대단한 일을 성취할 겁니다."

모티와 나는 그들과 파트너십을 맺어 회사를 설립하기로 뜻을 모았다.

그들은 모든 면에서 야심만만했지만 비즈니스 플랜에 대한 야심이나 자신들이 에이나브 시스템스의 어디에 어울릴지에 대한 명확한 개념은 없었다. 그들의 생각은 이러했다.

'로니와 함께라면 우리는 괜찮을 거야. 성공적인 결과를 얻을 수 있을지는 어차피 아무도 모르는데 난해한 법률 용어로 가득한 수십 장의 서류에 투자할 이유가 있을까?'

물론 형식적인 계약서가 도움이 되는 상황도 있지만 오히려 방해가 되기 십상이다. 게다가 우리들 가운데 형식적인 문제에 낭비할 시간이나 돈, 혹은 인내심을 가진 사람은 없었다.

그래서 운명이 우리 편이기를 바라며 서로 손을 잡았다. 같은 해 3월 아리크, 지브와 함께 우리의 두 번째 자회사로서, 모회사와 흡사한 아리크와 지브가 각각 25퍼센트, 에이나브 시스템스가 50퍼센트를 소유하는 리라즈 시스템스Liraz Systems를 설립했다. 두 회사의 밀접한 관계 덕분에 나는 개인 활동을 다양한 방면으로 확대하면서 리라즈의 우수한 창립 멤버를 보유할 수 있었다.

에이나브 시스템스와 새로운 자회사의 한 가지 차이점이 있다면 그것은 프로그램을 개발하는 과정에 이용하는 메인프레임의 형태였다. 에이나브 시스템스는 디지털Digital의 백스Vax 컴퓨터와 IBM의 메인프레임을 전문적으로 사용했다. 리라즈는 IBM의 34/36과 AS400으로 작업하는 특별한 전문 기술을 획득했다. 개인용 컴퓨터의 시대는 아직 시작되지 않았고 따라서 다양한 크기의 메인프레임 컴퓨터에 맞춰 프로그램을 개발했다. 개인용 컴퓨터가 등장하기 전까지 우리의 두 회사는 통용되는 거의 모든 옵션을 총망라했다.

아리크와 지브는 그들에 대한 내 믿음에 확실하게 보답했다. 리라즈는 대단한 성과를 거두어 1980년대 이스라엘의 10대 소프트웨어 기업 가운데 에이나브 시스템스의 바로 다음 순위를 차지했다. 모티는 이 사실에 못마땅해했다. 이런 모티에 태도에 기분이 상한 유능한 2인조는 짐을 싸서 사무실을 옮겼다.

4년 만에 리라즈는 모회사보다 더 큰 회사로 성장했고 1987년 모티와 나는 리라즈의 주식을 매각해 손을 떼고 그 무렵 고전을 면치 못하던 에이나브 시스템스에 투자했다. 이후 블루 피닉스Blue Pheonix로 사명을 바꾼 리라즈는 텔 아비브 증권 거래소Tel Aviv Stock Exchange에서 거래되며 나스닥 레벨 8 목록의 선두주자가 되었다. 아리크와 지브는 부를 얻었다. 그들은 파트너십을 해제하고 현재 제각기 자신의 기업을 성공적으로 경영하고 있다.

우리는 유사한 모델을 이용해 몇 개의 자회사를 더 세웠다. 그동안 쌓아 올린 평판 덕분에 우리 회사에서 꿈을 실현하고 싶어 하는 인재들이 점점 많아졌다. 그들은 우리의 보호 하에 물속 깊이 발을 담갔다가 훗날 우리의 격려를 받으며 새로운 분야로 진출했다. 에이나브 시스템스는 어떤 때는 50퍼센트, 어떤 때는 40퍼센트 등 모든 자회사의 지분을 소유했다.

1980~1988년 사이에 우리는 콤다ComDa, 베가 툴스Vega Tools, 모두로그Modulog뿐만 아니라 메이어 아르논과 함께 에이나브 컴퓨터 시스템스, 아리크, 지브와 함께 리라즈를 출범시켰다. 리라즈와 콤다는 에이나브 시스템스와 마찬가지로 컴퓨터 서비스를 제공하고 커뮤니케이션 분야를 컨설팅해 주었다. 하지만 기술을 판매하거나 수출을 사업계획에 포함시키는 일은 고려하지 않았다.

콤다의 설립자들은 다채로운 두 인물 이스라엘 그라이스Yisrael Grice와 지브 셰타크Zeev Shetach였다. 이스라엘은 소년 같은 외모와 쾌활한 성격의 뛰어난 엔지니어였다. 그러나 자기 훈련과는 거리가 멀었다. 권투선수 같은 외모의 지브는 규율을 잘 따르고 체계적이며 글솜씨가 상당히 뛰어났다. 두 사람은 이상적인 한 쌍이라 할 수 없었다. 그래서 두 사람이 함께 일하는 동안에는 내가 관리자로 나서야 했다. 결국 잦은 말다툼에 점점 힘들어 하던 이스라엘은 파트너십을 포기했다. 모티는 반대했지만 나는 이스라엘이 제 궤도에 오를 때까지 재정적인 면에서도 그를 지원해야 한다고 주장했다.

베가 툴스는 다른 자회사에 비해 상당히 대담했다. 베가 툴스의 창립자는 유능한 러시아 이주민 바딤 레베데프Vadim Lebedev와 게나디 필코프스키Gennadi Pilkovsky였다. 게나디는 레우미 은행에서 저축 제도 분석가로 일했으나 한순간도 그 일을 좋아한 적이 없었다. 그는 무척 예리하고 독창적인 사람이었다. 유한 요소 소프트웨어, 복잡한 건축과 엔지니어링 플랜을 위한 프로그램 등 PC 소프트웨어에 초점을 맞춘다는 아이디어는 그의 창의적인 사고의 산물이었다. 매우 뛰어난 프로그래머였던 게나디와 바딤은 모두 우리의 자회사에서 3년 동안 근무했다. 그들은 복잡한 프로그램을 개발했으며 회사의 미래는 밝아 보였다.

그러던 어느 날 바딤이 흔적도 없이 사라졌고 게나디는 미국으로 떠나기로 결심했다. 그는 미국에서 유한 요소 소프트웨어로 큰돈을 벌었다. 은퇴한 후 롱아일랜드로 이주해 취미 심해 잠수를 평생 직업으로 바꾸었다.

모두로그의 창립자 데이비드 슐라스키David Shlasky는 이 두 특이한 천재와는 정반대였다. 내가 슐라스키를 처음 만난 것은 그가 IDF 건설 센터에서 샤마이 아시프의 부하로 복무 중일 때였다. 나는 그가 마음에 들어서 명함을 건넸다. 안경을 써서 학자처럼 보이던 빨간 머리의 사나이는 전역한 후 나를 찾아와서는 낮은 목소리로 이렇게 말했다.

"로니…… 제 생각에 ACA 소프트웨어를 이용해서 건축 플래닝 사무실을 시작할 수 있을 것 같습니다. 관심 있으십니까?"

이에 나는 "좋습니다"라고 말하고 그에게 일할 공간을 제공했다. 화살처럼 직선적이고 예민한 동시에 노새처럼 고집이 센 데이비드의 일솜씨는 탁월했다.

돌이켜 보면 내가 키운 천재들이 무척 자랑스럽다. 사업의 성공 여부와는 상관없이 인적 자본에 투자할 때마다 나는 언제나 보상을 받았다. 우리 자회사의 설립자들은 모회사에 새로운 생명력과 아이디어를 제공했으며 우리는 그들에게 날개를 펼칠 수 있도록 지원과 지도를 아끼지 않았다. 비록 자금은 풍부하지 않았으나 에이나브 시스템스는 다듬어지지 않은 새로운 인재를 지원함으로써 일종의 신생기업을 위한 온실과 같은 역할을 담당했다.

이런 관계는 모두에게 매우 이로웠다. 그렇기 때문에 누군가 훌륭한 소프트웨어 아이디어를 제시하면 나는 그때마다 자회사를 설립하기로 결정했다. 나는 모티와 더 이상 말싸움하고 싶지 않았다. 모티는 소프트웨어 개발이 수익성이 있다는 사실을 도통 인정하지 않으려 했다. 그래서 메이어 아르논과 의논한 끝에 에이나브 컴퓨터 시스템스의 자회사로 새로운 소프트웨어 회사를 설립하고 메이어에게 관리를 맡기기로 마음먹었다. 그 무렵 새로운 아이디어를 들고 나를 찾아온 젊은 이방인이 베니 바인베르거Benny Weinberger였다.

9 소프트웨어의 탄생

❖ Nordau to NASDAQ

베니 바인베르거는 안경을 쓰고 깡마른 데다 벌써 머리가 벗겨지기 시작한 수수한 옷차림의 사나이였다. 그는 전투 훈련 중에 부상을 입은 후 배속된 정예 첩보 부대에서 방금 군복무를 마친 터였다.

"왜 처음부터 두뇌 집단에 합류하지 않았지?"

"그건 진짜 군대가 아니기 때문입니다."

"학업은 계속할 건가?"

"필요 없습니다."

그는 무척 빠른 속도로 말했는데 생각하는 속도는 한층 더 빨랐다. 바인베르거는 구세주가 필요했던 한 프로젝트의 관리를 맡기기 위해 모티 글레이저가 영입한 특별한 인재였다. 그 유명한 IDF 부대에서 근무한 경력이 있었기 때문에 추천서도 필요하지 않았다. 우리는 그저 우리의 직관을 믿었다. 라아나나Ra'anana 출신의 바싹 여윈 이 이스라엘 토박이는 첫인상이 좋았다. 이 사내가 훗날 우리의 인생을 바꾸리라는 것을 누가 짐작이나 했겠는가?

문제의 프로젝트는 방문 피라미드 마케팅 방식으로 운영되던 네이처 뷰티Nature Beauty라는 기업이 위탁한 것이었다. 이 회사의 지불 시스템을 체계화하는 작업이 복잡했다. 온화한 성품의 벨기에 사람인 회사 소유주는 이미 수많은 소프트웨어 회사에게서 거절당했다. 나는 이런 어려움에 오히려 매력을 느꼈다. 그래서 이 프로젝트에 수반되는, 특히 복잡한 문제를 처리할 직원이 없는 상태임에도 선뜻 프로젝트를 맡겠다고 대답했다. 모티는 정보 시스템의 전문가로 이웃에 살던 이트지크 엘다르Itzik Eldar에게 조언을 구했다. 엘다르는 자신이 직접 지불 시스템스를 프로그램하면 좋겠으나 그러려면 네이처 뷰티의 시스템 분석이 필요하다고 말했다. 모티는 자신의 인맥을 머릿속으로 훑은 끝에 베니를 떠올렸다.

베니는 신속하고도 손쉽게 시스템을 분석했고 이트지크 엘다르는 효과적인 프로그램을 수립해 고객을 완벽하게 만족시켰다. 참으로 보기 드물게 똑똑한 베니의 자신감은 하늘을 찌르는 듯했다. 그가 우리에게 합류하고 얼마 지나지 않아서 그의 장래 계획에 대해 이야기를 나눌 기회가 있었다. 그는 이렇게 대답했다.

"이미 메이어에게 얘기했습니다. 제가 진짜 하고 싶은 일은 내 회사를 설립하는 거죠. 내게 아이디어가 있습니다."

베니를 사로잡은 아이디어는 미래지향적인 데이터베이스를 개발하는 것이었다. 그에 따르면 이 데이터베이스는 기존 데이터베이스 제품 DB2나 ADABAS보다 한층 효율적이었다.

대부분의 컴퓨터 프로젝트나 애플리케이션은 체계적인 데이터베이스에 의존한다. 데이터베이스 프로그램은 효율적이고 저렴하며 빠른 속도로 저장하고 컴퓨터에서 섹션section과 뷰view, 쿼리query를 회수할 수 있도록 자료를 배열한다. 인터넷이 등장한 이후 세계적으로 이용되는 정보 은행이 데이터베이스에 저장된다.

1980년대에 IBM이나 디지털 같은 거대 기업이 그런 프로그램을 개발하고 생산했다. 오라클Oracle은 다른 몇몇 기업이나 대학과 마찬가지로 상황을 면밀히 살폈다. 1967년 바이츠만 연구소에서 근무하는 독립적인 연구진이 DB1라는 뛰어난 제품을 개발했으나 그에 합당한 상업적인 성공을 거두지는 못했다. IBM 직원들이 DB1이라는 이름을 누군가가 이미 썼으며 자사의 발명품을 DB2라고 지어야 한다는 사실을 발견했을 때 기분이 어땠을지 상상해 보라.

베니는 대기업의 위력에 전혀 주눅 들지 않았으며 큰 리그에서 경쟁한다는 생각에 오히려 즐거워했다. 그는 순진하게도 텔 아비브의 협소한 사무실에서 지금까지 개발된 어떤 것보다 더 훌륭한 데이터베이스 프로그램을 개발할 수 있다고 믿었다.

베니는 20대 후반이었고 야망이 원대했으며 나이에 비해 자존심이 셌다. 소프트웨어 개발 아이디어에 모티가 부정적인 반응을 보이자 그는 에이나브 컴퓨터 시스템스의 경영자인 메이어 쪽으로 방향을 바꾸었다. 나는 그의 기업가 정신이 인상적인 한편 걱정스럽기도 했다. 그러나 베니의 탁월한 설득력 덕분에 내 두려움은 금세 누그러졌다. 우리는 이제 설립하려는 회사에 어울릴 '미래지향적인' 이름을 모색했다. '숍Shop 2000' 2000년은 여전히 멀게만 보였다과 다른 몇몇 이름을 떠올려 보다 결국 더 포스 디멘션 소프트웨어 유한회사The Fourth Dimension Software LTD로 결정했다. 미래지향적이면서 흥미로웠으며 4D라고 줄일 수도 있는 이름이었다. 회사의 소유권은 베니와 에이나브 컴퓨터 시스템스에게 균등하게 분배했다. 이제 어린 나무에게 자양분을 주고 수익성이 높은 소프트웨어 프로그램이 성장하기를 바라는 것이 우리 몫으로 남았다.

이처럼 의사결정CEO의 우선적인 책임의 중요한 순간에는 흔히 최후가 임박했다는 감정이 따라온다. 아이디어 단계에 내리는 결정은 특히나 어렵다. 전통적인 산업과는 달리 소프트웨어는 어둠 속을 손으로 더듬는 것과 같은 분야이기 때문이다. 데이터베이스를 개발하는 단계에 옳은 결정을 내릴 확률도 워드프로세싱, 그래픽, 혹은 회계학과 같은 구체적인 애플리케이션에 투자하는 단계나 별반 다르지 않았다. 베니의 야심은 접어 두고라도 베니와 내가 우리의 선택을 믿은 한 가지 이유는 메인프레임 컴퓨터 분야의 발전이 지지부진한 탓에 우리 같은 초보자에게 유리하다고 판단했기 때문이다.

급속하게 변화하는 분야에서는 시간이 생명이다. 오늘날도 어렵기는 마찬가지지만 당시에는 열 배나 어려웠다. 반면 젊은 시절에는 메인프레임처럼 '오래된' 분야가 곧 낙후될 것처럼 보이지 않는다. 나는 젊은 나이였지만 오래되었다고 생각하던 분야에서 사업 기회를 모색하는 도전을 즐겼다. 느린 속도로 발전하는 것들이 느린 속도로 사라지거나 끈질기게 살아남을지도 모를 일이다. 그리고 훗날 돌이켜 보았을 때 이때 우리가 옳은 결정을 했다는 사실을 깨달았다. 다행히도 PC가 등장한 이후 메인프레임은 악담을 퍼붓던 사람들의 예상을 뒤엎고 살아남았다. 오늘날까지도 조직에서는 대형 컴퓨터에 계속 투자하고 가장 중요한 자산인 정보를 믿고 맡긴다.

베니의 자신감은 전염성이 있어서 무역 산업부Ministry of Trade and Industry의 선임 연구원인 아리에 라비Arie Lavi를 설득하는 데 성공했다. 6일 전쟁을 치르는 동안 나와 함께 군수부에서 복무했던 라비 박사는 5,000달러의 예산을 승인했다. 우리에게 필요한 액수에 비하면 보잘것없는 돈이었지만 우리는 뛸 듯이 기뻤다. 마침내 더 포스 디멘션이 독자적인 은행계좌를 개설할 이유가 생겼기 때문이다.

이 단계에서 더 포스 디멘션4D은 회사 등기소Registrar of Companies에 기록된 이름에 지나지 않았다. 본사라고 해 봐야 에이나브 시스템스 사무실 내에 있는 작은 공간이었다. 4D는 프로그램 개발에 적합한 컴퓨터는 말할 것도 없고 자사 소유라고는 콩 한 쪽도 없었다. 복사기와 워드프로세

서조차 모회사와 함께 나누어 쓰고 있었다. 우리는 앞서 언급한 5,000달러 이외에는 재정적인 지원이 전무인 상태에서 모험을 시작했다. 이 자금으로 무엇을 할지는 할 일이 있기나 한다면 다른 여러 가지 미지수 가운데 하나였다. 우리 파트너 메이어 아르논은 평소와 다름없이 관대하게도 베니에게 ACA 컴퓨터로 작업해도 좋다고 허락했다. ACA의 선구적인 전산화 건축 플래닝은 IBM의 4300시리즈 가운데 하나로 개발되었는데 당시로서는 비교적 큰 기계였다. 베니는 소액의 월 사용료를 지불하고 이 컴퓨터를 이용할 수 있었다.

A단계는 끝났다. 아이디어를 개발할 장소가 확보되었다. 하지만 이후 1년이 넘도록 우리는 수입이 한 푼도 없었으며 의혹만 점점 커져 갔다. 데이터베이스 개발은 지지부진했다. 이를테면 우선 좀 더 단순한 것을 개발해 데이터베이스 개발에 지원할 자금을 확보하자는 안건을 비롯해 몇몇 새로운 아이디어가 떠오르곤 했다. 하지만 별 소득이 없었다. 우리는 단 한순간도 포기할 생각을 하거나 희망을 잃진 않았지만 우선 실패를 인정하고 상황이 호전될 때까지 개발을 중단하기로 했다. 그런 결정을 내리기가 쉽지만은 않았다. 내게 그것은 좌절이었고 베니에게는 쓰라린 고통을 뜻했다. 그러나 우리는 꼬마기관차 토마스처럼 다음번에는 잘할 수 있다고 스스로를 위로했다. 그리고 그 다음번은 상당히 빨리 찾아왔다.

새로운 아이디어 또한 메인프레임을 염두에 둔 것이었다. 코볼Cobol을 비롯한 다양한 컴퓨팅 환경에서 프로그래머의 효율성을 크게 향상시킬 이지 프로그래밍 툴Easy Programming Tools이 우리의 새로운 아이디어였다. 이 일을 빠른 시간 내에 완수할 수 있다면 데이터베이스 프로젝트를 위한 자금을 확보할 수 있을 터였다. 프로그래머로서 누구에게도 뒤지지 않는 베니의 재능 덕분에 우리는 성공의 문턱까지 다다랐다. 제품을 출시할 준비를 거의 마친 것이다. 그러나 이 시점에서 다시 한 번 진행이 더뎌졌고 두 번째 실패를 맛볼 것이라는 조짐이 점점 확실해지고 있었다. 우리는 한동안 애써 현실을 부인했지만 나는 게임이 끝났다고 판단했다. 결국 또다시 실패했다. 베니의 자신감과 그에 대한 나의 믿음이 충만했음에도 실행 가능성이 있는 제품을 개발하겠다는 더 포스 디멘션의 두 번의 시도는 결국 비참한 실패로 막을 내렸다.

두 번째 실패의 상처는 첫 번째보다 훨씬 심각했으며 그래서 훨씬 더 위험했다. 첫 번째 실패는 실험이었고 교훈을 얻었다고 위로할 수 있다. 그러나 두 번째로 실패하면 눈에서 총기가 사라진다. 자신의 결정에 의문을 제기하고 선택을 재평가하기 시작한다. 대학 강단에 설 걸 그랬나? 왜 이런 긴장과 의미 없는 듯한 악전고투에 시달릴 길을 택했을까? 너무 성급하게 자회사를 설립했는지도 모른다. 명석한 두뇌만으로는 부족한지도 모른다. 우리의 업무 방식이 옳지 않을지도 모른다. 메인프레임을 믿은 것이 근본적인 실수였을지도 모른다.

암울한 시기였다. 터널 끝에서 빛나는 한줄기 빛조차 보이지 않았다. 돌이켜 검토하는 일은 고통스러운 시련이었다. 모티 글레이저의 말이 옳고 소프트웨어를 개발하겠다는 우리의 시도가 단지 허영과 오류에 지나지 않는다면 얼마나 슬픈 일일까?

어느 날 아침 나는 이런 생각에 골몰한 상태에서 내 사무실로 들어서는 베니를 올려다보았다. 그의 눈이 다시 반짝거렸다. 나는 냉소적으로 이렇게 말했다.

"지금 구조비용이 얼마나 되나?"

베니는 바르 일란Bar Ilan 대학교의 강의를 수강하고 있었다두 번째로 실패하면서 그는 학업의 길을 고려했다. 그곳에서 한 지인으로부터 공군에서 사용하는 매우 흥미로운 소프트웨어에 대해 듣게 되었다. 이 프로그램은 밤새 진행 중인 수백 가지 업무를 계획하고 배정해서 다음 날 아침이되면 오퍼레이터가 작업할 필요도 없이 야간 배치 런batch run이 자동으로 완료되었다.

베니의 지인은 젊은 군인 아비 코헨Avi Cohen이었다. 아비는 그가 묘사했던 GS 데일리GS Daily라는 미니멀리스틱 스케줄링 프로그램의 지휘자 가운데 한 사람이었다. GS 데일리에는 어셈블러Assembler라고 알려진 컴퓨터 언어에 약 1만 개의 코드라인이 담겨 있었다. 매일 하루가 시작되면 GS 데일리가 업무량을 관리했다. 그것은 자동으로 업무를 촉진시키는 체계적인 관리 프로그램이었다. 사실상 프로그램이 전체 조직의 활동을 관리했다. 공군은 아비와 그의 동료들이 현역 근무를 마치면 공백이 생길까봐 우려했다.

민간 시장에서 발휘될 GS 데일리의 잠재력은 베니를 흥분시키기에 충분했다. 그 소프트웨어가 군사 프로세스를 자동화할 능력이 있다면 사업 활동에 적용하지 못할 이유가 있겠는가? 나는 이렇게 말했다.

"용감한 자만이 승리하지. 아비 코헨을 초대해 얘기 한번 합시다."

아비는 다부지고 정확하며 도량이 큰 젊은이였고 유머 감각도 뛰어났다. 우리가 레스토랑에 자리를 잡았을 때 나는 그에게 물었다.

"코셔Kosher : 유대인의 율법을 따르는 정결한 음식—옮긴이를 드시나요, 아비?"

아비의 대답은 이러했다.

"그것도 먹죠."

그는 GS 데일리를 민간 부문에 이용할 수 있는 잠재력에 대해 상세히 설명했다. 그가 말한 내용은 내 호기심을 더욱 부채질했고 그래서 나는 그가 제대하자마자 함께 일하자고 제안했다. 그동안 아비의 주선을 통해 베니와 내가 그의 상관과 만나면 어떨까? 에이나브 시스템스가 공군에 제공했던 성공적인 프로젝트 덕분에 공군에서 난 꽤 괜찮은 평판을 얻고 있었다. 얼마 후 인프라스트럭처 부서장의 부관인 셰울라 헤이트너Sheula Heytner 중령을 만나러 오라는 연락을 받았다. 부서장인 야코비 얌비Jacobi Yambi도 합석했다. 셰울라는 단도직입적으로 말했다.

"우리는 매우 중요한 프로그램의 수명과 출력을 증가시켜야 합니다. 아비 코헨과 다른 병사들이 제대하면 그럴 만한 능력을 잃을 것 같습니다."

셰울라가 말한 문제는 소프트웨어 분야의 더 큰 어려움, 즉 인-하우스 소프트웨어in-house software에 관한 것이었다. 누군가 어떤 조직의 고용인으로서 소프트웨어의 중요한 부분을 개발한 다음 조직을 떠나면 조직은 노하우를 잃게 되고 그 결과 전체 시스템이 심각한 피해를 입을 것이다. 소프트웨어 업계가 발전하면서 조직에서는 인하우스 소프트웨어에 투자하고 언젠가 떠나거나 혹시 머문다고 하더라도 조직을 좌지우지할 수 있는 전문가에게 의존하기보다는 제품을 구매하는 편을 더 선호하게 되었다. 군대에서는 장교나 병사가 복무를 마칠 때 시스템이 피해를 입을 가능성이 있었다.

그럼에도 계속해서 인하우스 소프트웨어에 의존하는 대규모 조직이 많았다. 전 세계에서 IBM 메인프레임으로 운영되는 GS 데일리 같은 관리 프로그램을 사용하거나 관심이 있는 조직이 당시 약 1만 5,000개에 이르렀다. 그들이 채택한 소프트웨어 프로그램은 필요한 해결책 가운데 일부만 제공하는 데 그쳤다. 1982년 이스라엘 공군에서 사용 중인 소프트웨어 프로그램은 셰울라가 미팅 때 언급했듯이 민간 기업에서 지속적으로 개발하고 관리하지 않는다면 언젠가 효력을 잃을 것이 뻔했다. 앞을 내다

본 현명한 결론이었다. 공군의 관심사는 오로지 공군의 미래뿐이었다. 그런 프로젝트가 민간 기업에 도움이 될 것인지의 여부는 안중에도 없었다. 공군에게 중요한 것은 민간 기업으로부터 수명이 훨씬 더 긴 최신 첨단 기술 제품을 얻을 수 있는가라는 문제였다. 공군에서는 이런 점을 고려해 아비 코헨과 그의 동료들이 작성한 1만 개의 코드라인을 우리에게 건네주었다. 대신 우리는 프로그램이 사용되는 동안 그것을 업데이트하고 관리하는 임무를 맡았다.

나는 육군이 유사한 계약을 맺은 것 역시 오직 이 임무 때문일 것이라고 생각한다. 육군도 앞으로 개발되는 모든 버전을 이용할 수 있다고 약속한 덕분에 우리는 GS 데일리를 무상으로 얻었다. 이 놀랍도록 생산적인 미팅이 끝날 무렵 셰울라 헤이트너 중령은 테이프로 된 프로그램을 건네주었다.

더 포스 디멘션과 GS 데일리의 만남은 더할 나위 없이 적절한 시기에 이루어졌다. IBM에서 개발한 최초의 컴퓨터가 시장에 출시된 것이 바로 1년 전인 1981년이었고 그것이 상업적인 용도로 쓰일 수 있을지는 아직 미지수였다. 반면 메인프레임을 토대로 전산화한 대규모 조직에서는 생산성을 높이고 인력과 시간을 절약할 애플리케이션에 대한 관심이 점점 커지고 있었다. 베니는 우리가 진행할 프로젝트가 그리 복잡하지 않을 것이라고 판단했다.

"GS 데일리를 토대로 삼아 현재 시장에 출시된 어떤 시스템보다도 우수한 자동 생산 관리 시스템을 곧 개발할 수 있을 겁니다. 이 시스템을 판매해서 수입이 생기면 데이터베이스 개발 자금으로 쓸 겁니다."

그는 자동으로 컴퓨터 장치의 생산 시스템을 관리해 어느 상황에서 어떤 업무를 맡겨야 하며 문제 상황이 일어나면 어떤 조치를 취해야 하는

지를 결정하는 프로그램이 될 것이라고 설명했다. 새로운 시스템이 개발되면 진행 중인 업무를 철저하게 관리하고 업무량을 적절히 배분해 사실상 전체 생산 관리를 컴퓨터에 일임할 수 있을 것이다. 베니는 민간 기업들이 그런 기회를 무척 반길 것이라고 생각했다.

그때 두 가지 사건이 일어났다. 우리가 프로그램 개발에 착수할 준비를 하고 있던 중 육군은 우리와 계약을 맺을 권한이 없다는 사실을 깨달았다. 그 문제를 확인하는 순간 우리가 얼마나 큰 위험에 처했는지 알게 되었다. 우리 마음대로 할 수 있는 거래가 아니었던 것이다. 급히 셰울라 헤이트너에게 달려갔더니 그는 머지않아 승인이 날 테니 "걱정할 것 없다"고 말했다. 1주일을 기다렸다. 아무런 소식이 없었다. 또 한 주가 흘렀으나 여전히 감감 무소식이었다. 이미 GS 데일리를 한창 개발하는 중이었고 베니가 생각하기에 곧 있으면 우수한 제품이 탄생할 참이었다. 개발 과정이 무리 없이 진행되는 동안 나는 국방부의 협조문을 얻기 위해 백방으로 뛰어다녔다.

이미 두 번의 실패로 큰 손해를 보았기에 우리는 만신창이가 되어 파산하기 직전까지 몰려 있었다. 우리가 건네받은 기본 프로그램을 향상시키기 위해 필요한 용량의 컴퓨터 소프트웨어 개발 도구, 커뮤니케이션 그리고 그 밖에 필요한 모든 것을 포함한 개발 스테이션을 이용하는 대가로 매달 약 3,000달러를 지불했다. 베니는 프로그래머를 보충해 좀 더 빨리 프로젝트를 마치고 싶어 했다. 어떻게 해서든 돈을 끌어모아 프로그래머 1명을 고용한다 한들 그가 일할 공간이나 있는가? 메인프레임은 또 어떻게 구할 것인가?

베니가 수소문해 보니 근처에 있는 한 대학교에 우리에게 필요한 개발 스테이션이 있었다. 학교 행정실에서는 우리에게 개발 스테이션을 임대하고 약간의 수입을 챙길 수 있다는 사실에 기뻐했다. 유일한 걸림돌이 있다면 우리에게 돈이 없다는 사실이었다.

누가 이야기하느냐에 따라 순진하거나 멍청하게 들릴 소리지만 베니는 대학에다 지금은 돈을 지불할 형편이 안 되지만 개발이 성공하면 대학에도 도움이 된다면서 그곳에서 완수한 업무에서 발생하는 수입의 3퍼센트를 주겠다고 제안했다. 심지어 이 내용을 담아 계약서까지 써 주었다. 학교 측에서는 이 조건에 동의했다. 그들이야 잃을 것이 없지 않은가? 스테이션은 어차피 아무도 사용하지 않았다. 베니가 협상을 했고 3퍼센트라는 수치를 결정한 사람도 베니였다. 나는 반대하지 않았다. 정확히 기억은 나지 않지만 아마 동의했을 것이다.

어쨌든 그것은 잘못된 결정이었으나 초기 단계에서 우리는 자신들이 개발하는 제품의 진가를 여전히 모르고 있었다. 우리가 빈털터리이며 개발 과정을 진행하기 위해서는 무슨 일이든 마다하지 않을 것이라는 사실만 알았을 뿐이다. 베니의 계약서에 관해 말하자면 이미 다리를 건넌 후였다. 생각해 보면 내 변호사 친구 슈피겔만이 즐겨 말하듯이 우리는 그 시점에서 우리가 요리한 오믈렛을 달걀로 되돌렸어야 했다. 그리고 때가 되었을 때 내가 한 일이 정확히 그것이었다.

1983년 12월 마티아스는 우리의 넷째 아들을 낳았다. 나는 처음으로 용기를 내어 분만실에 들어갔다. 몹시 당황했던 터라 그때의 기억은 희미하게 단편적으로만 남았을 뿐이다. 우리는 빨간 머리 아기의 이름을 장인의 이름을 따서 요아브 야아코브라고 지었다. 정신없이 돌아가는 직장생활과 가족으로서 느끼는 기쁨의 균형을 맞출 수 있었다니 얼마나 다행인지 모르겠다. 1984년 요아브의 생일이 지난 다음 맏아들 리란의 바르 미츠바Bar Mitzvah : 유대교에서 13세가 된 소년이 치르는 성인식—옮긴이와 나의 마흔 번째 생일을 맞이했다. 중년의 위기를 겪었는지 기억은 나지 않지만 어쨌든 중년으로 접어들면서 나는 몇 가지 결론을 내렸다. 그 가운데 한 가지는 4명의 아들이 제각기 세상을 배워야 하며 아버지와 함께 떠나는 미국 여행이 근사한 출발점이 될 것이라는 결론이었다. 첫 번째 주자는 리란이었다. 그는 성인식을 치르고 나서 가족의 전통이 된 바르 미츠바 여행을 시작했다.

그 사이에 나는 계속해서 국방부를 찾아갔다. 그리고 2년 동안 우리는 대학 지하실에서 열띤 연구를 계속했다. 덕분에 원래 계획했던 1만 개가 아니라 10만 개에 이르는 코드라인을 완성했다. 그래도 판매 가능한 제품은 아직 얻지 못했다. 이 처음 2년 동안 그 프로젝트를 연구하는 프로그래머는 베니와 아리엘 고든 단 두 사람뿐이었다. 아리엘은 베니가 몸담았던 그 유명한 부대 출신의 군인으로 그야말로 천재였다. 나중에 프로그래머 4명이 더 가담했는데, 그중 한 사람이 아비 코헨이었다. 그는 네 번째인가 다섯 번째로 팀에 합류했고 그 결과 제품 개발에 어느 정도 진전이 있었다.

아비는 성장 배경이 남달랐는데 규율과 정확성의 전통으로 유명한 예케Yeke : 독일계 유대인 가정에서 성장했다. 태평하고 걱정이 없는혹자 표현에 따르면 될 대로 되라는 식의 그 무렵의 이스라엘에서 아비는 소중한 자산이었다. 그는 우리에게 한 단계 한 단계씩 사용설명서를 교정하는 법과 기술 지원의 중요성, 그리고 버그에 번호를 붙이는 법을 가르쳤다.

컨트롤 M우리가 GS 데일리에 붙인 새로운 이름이다이 모양을 갖추기 시작했다. 미국의 대규모 배급업체 CGA가 이 소프트웨어와 함께 아리엘 고든에게 6개월 동안 이에 관한 지식을 전수하고 운영을 감독해 달라고 요청했을 때 컨트롤 M에 대한 우리의 믿음은 더욱 확고해졌다. 그들은 이 패키지 거래에 상당한 금액을 제시했다. 이렇게 해서 상황이 호전되는 것처럼 보였으나 그때 거대 소프트웨어 기업 CA가 CGA를 매입해 버렸다. 아리엘은 아무데도 갈 필요가 없어졌고 더 포스 디멘션은 여전히 자금에 쪼들렸다. 이것은 CA가 우리 계획에 차질을 준 첫 번째 사건이었다.

처음 2년 동안 우리는 열심히 일해 발전했으며 그래서 우리의 헌신과 노력이 보상을 받을 것이라고 확신했다. 유일한 옥에 티는 국방부의 협조문을 얻지 못했다는 사실이었다. 적어도 우리는 그렇게 생각했다. 사실 우리가 얻은 것은 협조문이 아니라 또 다른 골칫거리였다.

어느 날 저녁 나는 사무실의 쓰레기 세 자루를 들고 엘리베이터를 기다리며 서 있었다. 베니가 계속 산업 스파이를 걱정했기 때문에 내가 회사 쓰레기 수거원이 되겠다고 자청한 터였다. 사방이 어두워졌을 때, 다른 사람들은 모두 술을 마시러 나갔고 나는 이제 쓰레기를 버리러 텔 아비브를 돌아다닐 참이었다. 적을 교란시키기 위해 한 자루는 멀리 떨어진 쓰레기통에 던지고, 눈에 띄는 다른 쓰레기통에다 다음 자루를 버리는 식으로 쓰레기를 모두 버릴 때까지 돌아다녀야 했다. 내가 알기로는 내 뒤를 밟는 사람은 없었고 우리의 소중한 쓰레기는 손을 타지 않을 마지막 쉴 곳에 다다랐다. 누군가 아무리 우리를 염탐해도 CEO가 쓰레기를 수거하고 처리하니 그를 눈여겨보아야 한다는 생각은 전혀 못했을 것이다.

그런데 그날 저녁 엘리베이터 문이 열리는 순간 내 눈에 띈 베니와 아비 코헨의 얼굴은 종잇장처럼 창백했다. 두 사람은 "아직 퇴근하시면 안 됩니다"라며 단호하게 말하더니 쓰레기 자루와 함께 나를 사무실 뒤편으로 끌고 갔다. 베니는 문이 잠겼는지 확인한 다음 낮은 목소리로 분통을 터트리며 말했다.

"우리 암호 가운데 하나가 도둑맞았습니다."

그는 그동안 그 같은 산업 스파이 행위를 피하기 위해 다양한 방법을 동원했다. 그런데 온갖 속임수를 다 썼음에도 그가 두려워했던 최악의 상황이 현실로 일어난 것이다.

나는 두근대는 가슴으로 조용히 말했다.

"설명해 보세요."

아비는 다음과 같이 말했다.

"ADABAS NATURAL이라는 제품을 출시하는 독일 회사 소프트웨어 AGSoftware AG가 우리처럼 그 대학의 컴퓨터로 작업을 하고 있습니다. 그런데 그들이 우리 개념을 이용하는 것 같습니다."

그의 목소리는 평소와는 달리 몹시 떨리고 있었다.

걱정스러운 일이었다. ADABAS는 이미 시장에 출시되어 있다. 앞으로 우리 제품을 선보일 시장에 말이다. 그 회사에서는 우리가 첫 번째 제품을 출시하는 것보다 자사가 두 번째 제품을 추가하는 것이 훨씬 쉽다고 생각할 것이 분명했다. 그날 밤 우리는 모두 한숨도 자지 못했다.

다음 날 아침 우리는 철저하게 조사한 끝에 실제로 대학 컴퓨터를 통해 개념, 자료, 암호가 도난당했다고 확신했다. 우리는 이 일을 어떻게 증명해야 할지, 우리의 권리를 위해 싸울 자금이 있는지조차 몰랐다. 중요한 사실은 두려운 일이기는 하나 아직 실질적인 손해를 입지는 않았다는 점이었다. 하지만 우리는 확실히 깨달았다. 더 이상 모험할 수는 없다. 장소를 바꾸고 운의 흐름 또한 바꾸어야 했다.

우리는 그 대학을 떠나서 히스타르두트의 연금 회사 미브타침Mivtachim으로 이전했다. 이 회사에는 텔 아비브에서 운영하는 대형 컴퓨터가 있었다. 우리는 그들과 교환 거래를 체결했다. 그들의 장비를 이용하는 대가로 그 무렵 막바지 개발 단계에 있었던 제품을 제공했다. 얼마 후 다시 미브타침에서 시텍스Scitex로 장소를 옮겼다. 그 회사에서 고위직을 맡고 있던 암논 네우바크Annon Neubach가 내 편의를 봐주기로 승낙했기 때문이다. 그와 쌓은 우정 덕분에 제품을 제공하는 대가로 개발 스테이션 네 군데를 확보할 수 있었다. 암논이 베푼 호의는 돈으로 환산해 보면 25만 달러에 상당하는 가치였다 개발 스테이션 4곳×매달 2,500달러×24개월. 영원히 감사해야 할 엄청난 호의인 것이다.

제품이 완성 단계에 접어들고 재정적인 압박이 더욱 커지던 1984년 국방부의 협조문은 행정 절차의 문제로 여전히 진전이 없었다. 우리는 절박한 심정으로 재정적인 지원을 제공할 파트너를 구했다. 첫 번째 파트너 갈리아 스트라이커가 같은 해 5월 합류했다. 7개월이 지난 다음에야 그녀와 형식적인 계약서에 서명하면서 회사 구조를 개편해야 했다. 에이나브 시스템스는 에이나브 컴퓨터 시스템스를 통해 더 포스 디멘션의 지분 50퍼센트를 보유했다. 갈리아가 파트너로 합류하면서 더 포스 디멘션의 지분은 메이어 아르논, 에이나브 시스템스, 갈리아, 그리고 내가 나누어 가지게 되었다 갈리아는 모티 글레이저와는 달리 파트너십에 대한 대가를 지불했다. 그녀는 이스라엘과 미국을 빈번하게 오갔는데 이것이 장차 회사에 도움되기를 희망했다.

앞서 언급했듯이 메이어 아르논은 공동 소유한 회사에서 더 이상 일하지 않았지만 지분은 계속 보유한 상태라 이따금 돈을 가져갔다. 메이어가 떠난 후 우리는 더 포스 디멘션의 새로운 파트너를 물색했으며 용케 ATL을 찾아냈다. ATL은 이스라엘의 초창기 소프트웨어 회사 중 하나로 테크니온 시절부터 친구였던 예체즈켈 자이라가 운영하고 있었다. CA와 리젠트Legent 같은 해외 대기업의 소프트웨어 제품을 판매하는 회사였다.

우리는 예체즈켈과 빈틈없는 마케터였던 ATL의 또 다른 고위 경영자 아모스 마고르에게 머지않아 완성될 우리 제품에 대해 자세히 설명했다.

세심하게 귀 기울여 듣던 두 사람은 베니의 전문가다운 모습과 모든 사람의 높은 의욕에 깊은 인상을 받은 것이 분명했다. 예체즈켈은 이렇게 표현했다.

"우리는 당신들이 우리 경쟁자가 되기 전에 합류하기로 결정했습니다."

그들의 계산에 따르면 4D의 가치는 약 10만 달러였다. ATL은 우리에게 한 달 보수가 3,000달러 정도 되는 프로그래머를 제공하겠다고 제의했다. 나는 예체즈켈에게 베니도 그만한 가치가 있는 인재이며 앞으로 개발 스테이션 두 군데를 이용하겠다고 밝혔다. ATL은 매달 6,000달러를 송금하기로 동의했다. 우리는 이 자금을 기술 문서 작성, 사용 설명서 인쇄, 전화, 텔렉스, 팩스, 에이나브 시스템스 사무실 관리, 약간의 비서 업무를 처리하는 데 활용했다.

이런 진전이 있었음에도 위협적인 그림자가 여전히 뒤편에 도사리고 있었다. 프로젝트를 승인하는 국방부의 협조문이 도착하지 않은 것이다. ATL과 파트너십을 맺을 무렵에도 협조문은 여전히 행정 단계의 늪에 빠져 있었다. 파트너에게 길어야 한두 달이면 문제가 해결될 것이라고 장담한 터라 우리는 면책 조항에 동의할 수밖에 없었다.

ATL은 육군과 거래하는 대기업이었다. 반면 이스라엘은 시골동네 같은 작은 나라였다. 육군의 누군가가 ATL에 어떤 말을 전했고, 그 결과 예체즈켈 자이라는 그의 변호사로부터 경고를 받았다. 나는 승인이 단순히 형식적인 절차일 뿐이고 육군이 발을 빼기에는 너무 늦었다며 재차 예체즈켈을 안심시켰다. 그러나 대기업에는 나름대로 행정 규칙이 존재했기 때문에 예체즈켈은 그 규칙에 따라야 했다.

베니가 내게 그들이 보낸 '이혼' 서류를 가져왔다. ATL은 미안한 어조로 우리가 정해진 기간 내에 승인을 얻지 못하면 앞서 언급한 계약 조항에 따라 우리와 관계를 끊겠다, 다시 말해 파트너십에서 빠지겠다고 통보했다. 그러면서 한편으로 컨트롤 M의 개발이 완료된다면 비록 그 제품이 불법이기는 하지만 판매하는 일에는 관심이 있다고 밝혔다. 두 마리 토끼를 모두 잡고 싶었던 것이다. 베니는 몹시 흥분했다.

"그들이 자금을 제공하지 않으면 이 일을 어떻게 진행할 겁니까?"

나는 믿을 만한 내 직관을 잠시 살핀 후에 다음과 같이 말했다.

"이건 당신이 받을 수 있는 최고의 편지입니다. 답장하지 마세요. 재고하라는 부탁조차 하지 마십시오……그냥 가만히 앉아서 아무것도 하지 마세요."

ATL은 1985년 우리와의 파트너십을 종결했다. 단 6개월 동안 지속된 파트너십이었다. 우리는 그들이 보유하고 있던 지분 50퍼센트를 돌려받았고 그들의 편지는 4D 전설의 일부가 되었다.

협조문을 향한 내 노력은 계속되었다. 나는 적어도 한 달에 한 번 국방부에 있는 에즈라 코헨Ezra Cohen의 집무실에 들러 청원했다. 그는 이와 비슷한 상황을 경험한 적이 없었던 터라 어찌할 바를 몰랐다. 결국 소모전이 우리의 구세주가 되었다. 1985년 10월 22일 2년 동안 나를 이곳저곳으로 보내며 고생시킨 끝에 마침내 에즈라가 두 손을 들었다. 다음은 그가 내게 건넨 협조문이다.

발신 : 이스라엘, 국방부
      취득 및 생산부
      공군
수신 : 미스터 로니 A. 에이나브
제목 : 컨트롤 M 제품에 관하여

이 문서에 의하여 우리는 귀하가 접수한 추천서에 근거해 적합하고 합당하다고 생각하는 상기 제품의 사용을 승인하는 바입니다.

에즈라 코헨

군부 행정주의의 안개가 마침내 걷히고 서광이 비쳤다. 우리는 이제 시장에 진출해 우리의 노력이 그만한 가치가 있었는지 확인할 자유를 얻었다.

10 마법사들

❖ Nordau to NASDAQ

중대 사건인 컨트롤 M의 첫 판매에 대해 설명하기에 앞서 회사의 개척자들, 다시 말해 이론을 실제로, 꿈을 현실로 바꾼 사람들에게 한 장을 할애하고 싶다.

모든 부서에서 일하는 직원이 저마다 일류였으나 제품 개발팀원들은 특히 남달랐다. 그들은 특히 유능한 컴퓨터 마법사들이었다. 그들 덕분에 4D는 재미있게 일하는 독특한 기업이라는 평판을 얻고 도전을 즐기는 흥미로운 인재들을 유치할 수 있었다. 초창기에 합류한 사람들은 수입이 많은 요직에 올랐다.

우리는 신입 사원들을 성공적으로 유치한 데 대한 보상으로 직원들에게 회사에서 모든 경비를 대는 주말 단합대회를 열어 주었다. 베니와 갈리아, 나는 직원들이 추천하는 후보자 중에서 신입 사원을 선발한다는 방침을 마련하기로 동의했다. 개발팀은 직원들이 공유하는 동지 의식 덕분에 상호 신뢰를 토대로 협력하고 공동의 목표를 성취하는 유기적인 집단이 되었다.

전 직원의 30퍼센트는 여직원이었다. 처음 몇 년 동안 여직원들은 하나같이 회사에 충성하며 회사를 떠나지 않았다. 다른 직원과 회사, 성공을 향한 그들의 결단은 바위처럼 확고했다.

처음에는 직원들을 팀으로 나누지 않았다. 전 직원이 다양한 업무를 처리했다. 문제가 생기면 곧바로 대처했다. 아침 10시부터 밤 8시까지 아무

때나 출퇴근했다. 직원들은 출퇴근 카드를 찍지 않았고 우리도 근무시간을 재지 않았다.

아비 코헨과 아리엘 고든은 개발 프로그램을 완성했다. 이 과정에서 모든 사람이 자신에게 맡겨진 업무를 수행할 책임을 졌다. 흔히 있는 일이었으나 다급하게 처리해야 할 업무가 생기면 그 업무를 끝낼 때까지 아무도 퇴근하지 않았다. 허기를 느끼면 맛있는 음식으로 가득 채워진 냉장고를 열면 그만이었다. 피곤하면 매점에서 한숨 자고 워크스테이션으로 돌아왔다. 팀원들에게 책임을 균등하게 배분했다. 끊임없는 발전을 최우선 목표로 삼았기 때문에 결근하는 직원의 업무는 동료 직원이 맡아 계속 진행했다.

우리의 업무 모델이 성공하려면 전 직원이 현재 진행 중인 업무를 대부분 파악하고 필요하다면 주저 없이 팀 동료들의 도움을 받아야 했다. 그들은 개인의 야망과 경쟁력을 팀워크를 위해 발휘했다. 개발 책임자였던 베니가 대부분의 지원자들을 면담했는데 좀 더 자세한 질문이 필요한 지원자는 내가 맡았다. 드물기는 했지만 어떤 경우에는 갈리아가 나섰다. 그녀가 처음으로 면담한 직원은 에얄 디스킨이었다.

에얄의 첫 번째 이야기

1989년 나는 군복무를 마치고 해외여행을 떠났다. 돌아온 후 3일 만에 곧바로 예비역이 되어 예전에 복무했던 해군 컴퓨터 부대에 다시 합류했다. 그곳에서 일하는 한 달 동안 다른 일자리를 찾아야 했다. 부대에서 함께 복무했던 한 친구가 신중한 회사인 더 포스 디멘션에서 신입 사원을 모집하고 있다고 알려 주었다. 회사에 연락하니 면접을 보러 오라고 했다. 갈리아 스트라이커라는 사람이 자신을 관리자라고 소개하고 면접을 했다. 그런 다음 개발부의 아비 코헨을 불렀고 코헨은 전문가로서 내 자격에 관해 몇 가지 간단한 질문을 했다. 질문이 끝났을 때 갈리아와 아비는 5분 동안 의논하고는 이렇게 말했다.

"채용하겠습니다. 보수는 얼마쯤 예상하십니까?"

와우! 나는 지속 능력 테스트가 줄줄이 이어질 것이라고 예상했는데 그런 테스트는 전혀 없었다. 나는 기억을 더듬어 소개해 준 사람이 받고 있다는 수입을 떠올리고는 아무렇게나 숫자를 말했다. 갈리아는 이렇게 대답했다.

"좋습니다. 내일부터 출근하시죠."

아직 예비역으로 복무하는 중이라는 내 말에 그녀는 다시 이렇게 대답했다.

"괜찮습니다. 그럼 일요일부터 출근하시죠."

나는 이곳이 평범한 직장이 아니라고 판단했다. 이 사실을 기뻐해야 할지 아니면 걱정해야 할지는 오직 시간만이 말해 줄 것이다. 일요일 아침 8시에 출근했을 때 사무실에는 아무도 없었다. 들리는 소리라고는 밖에서 지저귀는 새소리와 뒤섞인 진공청소기의 웽웽거림뿐이었다. 나는 자리에 앉아 거의 정오까지 기다렸다. 정오 무렵 개발팀의 누군가가 와서 자신을 소개한 다음 컴퓨터를 켜고는 내가 알아야 할 정보를 알려 주었다. 그리고 내가 이미 발견한 사실도 설명했다. 직원들은 아침형 인간인 나와는 달리 야행성이라는 사실이었다.

에얄은 똑똑하고 책임감과 붙임성이 있는 젊은이였다. 그는 단시간에 개발부의 고위직으로 승진했다. 처음에는 아비 코헨이 교육시키다가 나중에 베니가 보살폈다.

에얄의 두 번째 이야기

나는 아비와 일하는 것이 좋았다. 아비는 속도는 빠르지 않았지만 상당히 철저하게 일을 진행했다. 그 시절 개발부와 기술 지원부의 직원들은 대부분 텔렉스를 이용해서 일했다. 고객들은 소프트웨어를 이용하면서 발생한 문제에 대해 텔렉스로 설명해서 발송했다. 우리는 보고서를 작성한 다음 업무상 실수를 바로잡는 담당자에게 전달했다. 이런 시스템에서는 혼란이 일어나기 쉬웠는데 결국 순서를 좋아하는 아비가 버그에 번호를 붙이는 방법을 개발했다. 아비 덕분에 우리는 실시간으로 고객의 문제를 해결하고 같은 일을 되풀이하지 않을 수 있었다.

베니는 상당히 다른 타입이었다. 그는 재기와 카리스마가 넘치고 동기를 부여하는 데 능했다. 하지만 그런 한편 기분파였고 예측하기 어려웠다. 이따금 몰래 뒤로 다가와 "지금 무얼 망치고 있나요?"라는 특유의 말로써 사람들을 화들짝 놀라게 만들곤 했다. 베니는 또한 약간 오지랖이 넓은 편이어서 사람들이 원치 않는 일에도 끼어들었다. 내 컴퓨터를 차지하고 앉았다가 일어나 자리를 떠나며 이렇게 투덜거렸다.

"계속하세요. 뭘 기다리는 겁니까?"

그와 일하던 첫 해에는 신경이 몹시 거슬렸다. 스트레스를 견뎌 내는 내 능력을 세계 평화 사절단이라 할 수 있는 로니에 버금갈 정도로 키워야 했다. 로니는 베니가 자리에서 일어날 때까지 기다렸다가 다가와 부드러운 목소리로 격려의 말을 건네곤 했다.

우리 회사가 특이한 성격을 얻게 된 것은 다채로운 집단의 사람들이 모인 덕분이었다. 우선 에얄 같은 사람들이 있었다. 그는 육군 첩보 부대 같은 정예부대에서 스트레스를 받으며 일한 경험이 풍부한 사람이었다. 그런가 하면 앵글로색슨 국가에서 온 이주민들도 있었다. 그들은 훌륭한 영어 구사력소프트웨어 분야에서는 필수조건이다과 본국의 문화적 배경, 그리고 마케팅 지식을 갖추고 있었다. 이는 햇병아리나 다름없는 우리 회사에 무척 도움이 되었다. 어떤 사람들은 독실한 신자였다. 그래서 우리가 키르야트 아티딤Kiryat Atidim으로 사무실을 이전했을 때 그들을 위해 특별히 임시 회당을 짓기도 했다.

용광로와 같은 더 포스 디멘션에서 이스라엘 사람들은 오스트레일리아와 미국 출신의 프로그래머, 남아메리카 출신의 기술 문서 작가, 그리고 미국 변호사를 만났다. 우리 회사의 기술 문서 작가는 뛰어난 언어학자였다. 그는 기술 사용설명서를 써서 생계를 유지했으나 여가 시간에는 영어의 근원에 대해 연구했다. 히브리어에서 유래한 1,700개 단어를 찾아낸 장본인이다.

이 밖에도 우리 회사에는 1970년대 이스라엘로 이주한 러시아인 두 명이 있었다. 신참들은 히브리어를 배우는 일부터 예민한 이스라엘 사람들의 성격에 적응하는 일까지 다양한 어려움을 겪었다. 그들은 우리의 솔직함이 잔인함에 가까우며 우리의 창의성은 혼란스럽기 짝이 없다고 여겼다. 우리 회사 직원들은 예의 바른 사람과 퉁명스러운 사람, 냉철한 사람과 충동적인 사람, 외국인과 내국인 등 온갖 유형의 사람들이 만화경처럼 뒤섞인 매력적인 팀이었다.

훗날 해외 배급업체들 또한 우리 회사의 사회적 유대감을 함유하게 되었다. 이 유대가 사업 관계에 크게 도움이 되었다. 암스테르담이나 마드리드에 문제가 발생하면 그들은 조금도 망설이지 않고 에얄이나 타미르의 집 전화로 전화를 걸었다휴대폰이 등장하지 않은 시절이었다. 유럽 사람들은 어떤 질문이라도 기꺼이 수용하며 신속하고 훌륭하게 대처하는 우리 회사의 태도를 상당히 높이 평가했다.

스트레스를 받으며 쉴 새 없이 일해야 하는 우리 회사에서는 개발자 가운데 한 사람인 엘리 마시아는 이런 모습을 '건설적인 혼돈'이라고 표현했다 직원들의 충성심이 재능에 못지않게 중요하다.

제1차 걸프 전쟁Gulf War이 끝난 후 판매할 예정이었던 컨트롤 M의 새로운 버전 개발이 예정보다 늦어졌다. 우리는 예정대로 프로젝트를 완수하기 위해 에얄 디스킨에게 예정된 미국 여행을 연기해 달라고 부탁했다. 그는 일말의 망설임도 없이 휴가의 일정을 두 번이나 바꾸었다. 그리고 신제품이 출시될 예정이던 날 새벽 4시까지 전 직원이 쉴 틈도 없이 일했다.

엘리 마시아는 군에 복무하는 동안 데이터 보안 프로그램을 전문적으로 개발했다. 우리 회사에서 그가 맡은 역할은 제품의 인터페이스를 개발해 이미 출시된 데이터 보안 프로그램과 충돌하지 않고 작동하도록 만드는 일이었다. 그러려면 인터페이스로 접속해야 할 제품이 이미 장치된 곳, 다시 말해 고객의 사무실에서 작업을 해야 했다. 그는 고객의 사무실을 순방하면서 다양한 시험을 했는데 이 때문에 이따금 고객의 컴퓨터가 고장나곤 했다. 엘리의 인지도가 급작스럽게 곤두박질쳤다. 그러자 그는 데이터 보안 프로그램의 이미테이션을 직접 개발하겠다는 제의를 했고 그래서 내근을 하게 되었다. 언제나 현실적이었던 아비가 얼마나 걸리겠냐고 묻자 엘리는 "2주"라고 대답했다. 아비는 그것이 어림없는 목표라고 생각했다. 그는 결코 동화를 믿지 않는 사람이지만 그럼에도 자신이 신뢰하는 사람에 대한 믿음은 버리지 않았다.

엘리의 이야기

그아비가 내게 이미테이션 프로그램을 개발해 보라고 승낙하고 3주의 기간을 주었다. 나흘 동안 열심히 노력한 끝에 4D는 당시 시장에 출시된 데이터 보안 프로그램과 연결된 모든 인터페이스를 개발하고 버그를 제거할 능력을 갖추게 되었다. 내가 이렇게 열심히 노력한 것은 내가 맡은 임무이기도 했지만 한번 마음먹으면 불가능한 일이라도 성취할 수 있다는 사실을 증명하고픈 욕구가 있었기 때문이다. 그 보안 API 스터브에는 원래 보안 프로그램에 속한 한 서브세트만 포함되어 있었으나 그 제품에 필요한 지원 프로그램을 개발하기에는 충분했다. 더 포스 디멘션의 관리 방식에는 사람들에게 내재된 최고의 자질을 끌어내어 능력을 초월한 일을 성취하도록 노력하게 만드는 무언가가 있었다.

6개월이 채 지나지 않아 우리 회사 제품과 데이터베이스 프로그램의 인터페이스는 모든 경쟁 회사보다 우수해졌고 그 결과 시장 경쟁력이 크게 향상되었다.

몇 년 후 엘리가 자신의 회사 멤코Memco를 설립했을 때 나는 그와 그의 파트너 이스라엘 마진Israel Mazin에게 우리 회사 컴퓨터로 제품을 개발하도록 흔쾌히 허락했다. 내가 남달리 뛰어난 직원을 보유하기 위해 혼신의 힘을 다한 것은 한두 번이 아니다. 요시 알로니Yossi Aloni도 그런 직원 가운데 한 명이었다. 북부 이스라엘의 작은 마을에 살았던 그에게는 매일 텔 아비브로 출퇴근하는 일이 선뜻 내키지 않았다. 그래서 나는 우리 고객인 하이파 정유회사Haifa Oil Refinery와 특별 거래를 체결했다. 요시가 하이파 정유회사의 사무실에서 근무하며 우리가 개발한 프로그램의 새로운 버전을 그곳의 컴퓨터로 시험하는 동시에 우리에게서 매입한 소프트웨어의 기술 지원을 제공한다는 계약이었다. 정유회사는 이 계약에 몹시 만족스러워했다. 아이러니하게도 요시는 훗날 캘리포니아에 있는 우리 회사의 미국 지사로 기꺼이 전근을 갔다. 캘리포니아를 텔 아비브만큼 먼 곳이라고 생각지 않은 것이다.

1991년 구소련에서 이주 물결이 시작된 이후 지금껏 우리가 만난 어떤 사람과도 비슷하지 않은 탁월한 교육을 받은 새로운 유형의 사람들이 이스라엘로 몰려들었다. 하지만 새로운 환경에 적응하는 일이 만만하지 않았기에 그들은 단지 생존하기 위해 비천한 일에 만족할 수밖에 없었다. 재수가 좋았던 몇몇 사람만이 용케도 이스라엘의 첨단 산업에 합류했다. 더 포스 디멘션은 이들 가운데 알렉스 골드블라트Alex Goldblatt와 레오니드 니쉬타트Leonid Nishtat를 영입했다. 노련한 프로그래머인 알렉스는 코카콜라에서 특별한 기술이 필요하지 않은 노동자로 근무했다. 나와 면접을 하는 동안 자신이 선택한 직업에 종사할 수 있다면 월급이 500달러일지언정 만족할 것이라고 말했다. 나는 그가 우리 회사에 고용된다면 초급은 회사의 다른 신입 사원과 같은 수준그가 언급한 월급의 일곱 배이 될 것이라고 대답했다. 알렉스는 초급으로 3,500달러를 받는 조건으로 고용되었고 7년 동안 훌륭한 성과를 거두며 근무했다.

레오니드의 이야기는 진짜 신데렐라 스토리이다. 나는 누군가로부터 추천을 받아 한번 얘기나 나누자며 레오니드를 초대했다. 이스라엘에 온 지 얼마 되지 않은 그는 아크레Acre에 거주했고 엉터리 영어로 의사소통을 했다. 나는 그를 시험하고자 우리가 고전하고 있던 컨트롤 R에 대해 이야기했다. 컨트롤 R의 목적은 가능한 최선의 방식으로 특정한 프로그램의 버그에 대처하는 것이었다. 이 프로젝트가 독창적인 이유는 업무의 초기단계로 돌아갈 필요가 없이 최단 거리만 되돌아가서 프로그램의 기능 불량이 시작된 지점에서 버그를 고치고 프로그램을 다시 시작하는 데 있었다. 안타깝게도 컨트롤 R의 개발은 우리가 바라던 만큼 빠른 속도로 진행되지 않았다.

내가 간단한 영어로 이 사실을 모두 설명하자 레오니드는 미소를 짓기 시작하더니 이내 큰 소리를 내며 웃었다. 내 사무실에 앉아 나를 비웃고 있는 것이다. 나는 참 경솔한 행동이라고 생각했다. 내 심기가 불편해졌다는 사실을 눈치챈 그는 곧바로 사과를 하고는 자신이 어떤 사람이며 무슨 일을 했는지 설명했다. 그는 다름 아닌 소련 철도 네트워크의 전산화 발권 시스템의 관리자였다. 시스템이 붕괴되면 그 거대한 시스템을 최대한 짧은 시간 내에 정상화시켜 기차표 판매가 중단되는 일이 없도록 방지하는 것이 레오니드와 팀원들의 임무였다. 레오니드의 팀원들은 소프트웨어와 애플리케이션은 물론이고 하드웨어, 운영 시스템, 프로그램 아키텍처, 심지어 기술자의 업무에까지 전문가가 되어야 했다. 우리는 흔쾌히 레오니드를 고용하면서 그와 비슷한 인재들을 어디에서 찾을 수 있느냐고 단도직입적으로 물었다. 그의 대답은 이러했다.

"모스크바에서."

이후 2년 만에 그와 같이 일했던 팀원 전원이 이스라엘에 도착해 우리 회사에 합류했다.

탁월한 인재들이 일하는 곳에서는 다른 탁월한 인재들을 이끈다. 국제 기준으로 평가했을 때 베니 바인베르거의 팀이 성취한 결과는 세계 제일이었다. 그처럼 다양한 배경에서 온 인재들이 협력한 결과 창의력이 배가되었다. 이 분야에서 얻은 피드백에 따르면 우리가 개발한 제품들은 기준을 훨씬 능가하는 우수한 품질이었다. 고객들은 품질이 우수할 뿐만 아니라 호스트 컴퓨터 리소스 가운데 일부분만 이용하기 때문에 우리 제품을 선호한다고 했다. 우리는 이런 사실을 몰랐으며 어쩌면 영원히 몰랐을지도 모른다. 이런 결과를 얻은 원동력은 물론 우리의 우수한 개발팀원들이었다.

　나는 두 가지 방법으로 감사의 마음을 표현했다. 첫째 나의 마법사들은 세계 일류의 업무 환경을 만끽했다. 모든 사람이 바라는 모든 것으로 가득한 냉장고가 있고 집을 떠났지만 진짜 집 같은 곳에서 일하는 것이다. 아울러 전 세계에서 열리는 회의, 만찬, 파티, 그리고 즐거운 휴가를 즐길 여행의 기회도 만끽했다. 나는 손으로 쓴 메모에다 유대교의 대제일을 표시해서 모든 직원에게 보냈다. 적어도 1년에 한 번은 직원 개개인과 만나서 임금 인상에 대해 의논했다. 그들은 경영진에서 먼저 임금 인상을 제안했다는 사실에 고마워했다. 아울러 보너스, 스톡옵션, 다른 부가급여 등 모든 종류의 인센티브를 제시했다. 우리는 드림팀을 양성하고 존중했으며 그 결과 마침내 전 세계에서 승리자로 인정받게 되었다. 우리에게 그런 팀이 있으니 어떤 도전이 닥치더라도 당당히 맞설 수 있으며 우리가 옳았다는 사실을 시간이 증명할 것이라고 믿었다.

11 미국 진출

❖ Nordau to NASDAQ

ATL은 1985년 3월 우리가 컨트롤 M을 개발할 국방부의 승인서를 받지 못했다는 이유로 우리와 '이혼했다'. 우리는 바로 6개월 후에 승인서를 받았고 그 사이에 컨트롤 M 개발을 끝냈다. 사용 가능한 최초의 완제품과 소중한 승인서를 손에 넣은 것이다. 우리는 아량을 베풀어 다른 누구도 아닌 전 파트너 ATL에게 완제품을 제시했다. ATL은 우리의 제안을 수락하고 모회사인 타디란에게 즉시 완제품을 판매했다. 아마도 우리와 파트너십을 끝낸 자신들의 결정을 후회했을 것이다. 나는 묻지 않았다. 내 관심은 오로지 새로운 제품을 판매하는 일에만 쏠려 있었다.

4D의 경력은 지금껏 두 번의 실패와 한 번도 하지 못한 성공이 전부였다. 2년 동안 우리는 우리의 소유로 공식적인 인정을 받지 못한 제품을 개발하는 데 미친 듯이 매달렸다. 국방부는 확실한 언질을 주지 않았지만 우리는 그 제품에 전부를 걸고 전진했다. 이제 마침내 공인을 받은 합법적인 제품, 즉 4D의 처녀 소프트웨어 패키지의 판매를 목전에 두고 있었다. 감동적인 드라마가 아닐 수 없었다.

시간이 흐르면서 우리의 판매량이 증가했으며 증가하는 순간들이 오히려 일상이 되었다. 그러나 첫 번째 판매를 성사시킨 1986년 1월은 결정적인 순간이었으며 그때 우리의 흥분은 극에 달했다.

베니와 드림팀은 아무리 우수한 소프트웨어라도 개선할 점이 있다는 점을 명심하고 전력을 기울여 개발 업무에 박차를 가했다. 타디란과 성공적으로 거래를 맺으면서 용기를 얻고 그것이 앞으로 닥칠 일의 전조가 되기를 기도했다. 사실 메히쉬Mehish : 미즈라히 은행(Bank Mizrahi)의 컴퓨터 서비스 지부, 하포알림 은행, 베제크Bezek, 엘알ElAl, 이스라엘 항공 우주 산업Israel Aerospace Industries, 이스라엘 공군과 같은 새로운 잠재 고객이 하나같이 관심을 보였다.

아리엘의 이야기

컨트롤 M을 매입하고 싶었던 메히쉬는 베니에게 그것이 '시작된 작업started task'을 지원하느냐고 물었다. 베니는 그렇다고 대답하고 이틀 안에 시범을 보여 주겠다고 약속했다. 그러고는 곧장 회사로 달려와 내게 '시작된 작업'이 무엇이며 그것을 프로그램하려면 얼마나 걸리는지 물었다. 나는 적어도 한 달이 걸린다고 대답했지만 그를 위해서 이틀 안에 완성해야 했다. 우리는 48시간 동안 논스톱으로 일해서 필요한 특징을 갖춘 컨트롤 M의 개선된 버전을 생산한 다음 고객에게 시범을 보였다. 이와 비슷한 상황이 라파엘Raphael : 첨단 방어 시스템(Advanced Defense Systems)에게도 일어났다. 다시 한 번 우리는 실제로 보유하지 않은 특징을 제공하겠다고 약속하고 그들만을 위한 맞춤 프로그래밍을 실시했다. 이것이 우리의 업무 방식이었다. 우리가 가진 비장의 카드는 융통성이었다.

비투아 레우미Bituah Leumi : 이스라엘의 사회보장국에 이어 재무부까지 이스라엘에서의 우리의 고객은 점점 증가했다. 갈리아는 미국 시장을 타진해 보았다. 그곳에서는 우리가 고용한 빌 드루즈Bill Drews라는 한 미국인이 컨트롤 M의 기술 마케팅 매뉴얼을 근사하게 작성했다. 이스라엘에서는 적지 않은 에이나브 시스템스의 직원과 4D팀베니, 도리트 도르(Dorit

Dor), 그리고 이따금 프로그래머들이 계속해서 데레크 하샬롬Derech Hashalom 7번지의 협소한 공간으로 비집고 들어왔다.

모티는 4D 업무에 충분히 참여하지 못하고 있으며 아무도 그에게 조언을 구하지 않는다고 투덜댔다. 하지만 그러다가도 누군가 조언을 구하면 득이 될 게 없는 경우에는 언제나 변함없이 관심이 없다고 말하곤 했다. 베니가 전기나 종이, 혹은 다른 사소한 물건들을 낭비한다는 그의 불평은 그칠 줄을 몰랐다. 베니는 왜 임대료를 내지 않느냐, 언제 냈느냐, 왜 더 내지 않느냐 등 모티는 단 하루도 근거 없는 주장을 펼치지 않는 날이 없었다. 어쩌면 이런 불평 아래에 더 심각한 우려가 숨겨져 있었는지도 모른다. 베니와 내 관계가 날로 가까워지는 사실에 질투가 났을지도 모른다. 나는 모티에게 진정하라고 말했다. 가능한 한 빨리 우리가 나가면 4D가 그의 신경을 거스르는 일이 없을 것이다. 그러니 그때까지만 제발 노력하고 예의를 지키자. 나는 좀 있다가 둘째 아들 바르 미츠바에 가야 하는데 내 기분을 망쳐서 좋을 게 뭐냐?

1986년 11월 우리는 미국으로 진출해 처음으로 판매를 시작했다. 안타깝게도 빌 드루즈의 엄청난 기술 매뉴얼은 사용하지 못했다. 미국에 도착한 책자의 대부분이 물에 잠겨 버렸기 때문이다. 특별 운송으로 책자를 보낼 여유가 없었던 터라 배편으로 운송했더니 도중에 컨테이너가 심하게 손상되었다.

나는 모티와의 약속을 지켰다. 이스라엘과 유럽 고객들로부터 약간의 돈이 들어오자마자 4D의 새 사무실을 찾아 나섰다. 갈리아가 그녀 아버지의 친구 한 분에게 연락했는데 우연찮게도 그에게 키르야트 아티딤에 300제곱미터에 이르는 임대 공간이 있었다. 우리에게 필요한 공간은 180제곱미터뿐이었다. 그래서 한 층 전체를 쓰면서도 우리가 이용하는 공간에 대한 임대료만 지불하기로 합의했다. 우리는 몇 가지 들고 갈 수 있는 소지품을 챙겨서 에이나브 시스템즈와 나누어 쓰던 초만원의 8제곱미터를 떠나 키르야트 아티딤에 있는 우리만의 공간 180제곱미터로 옮겼다. 얼마나 대단한 호사인지! 4D 역사상 최초로 우리에게 숨 쉴 공간이 생긴 것이다.

사업의 모든 발전 과정에는 나름의 리듬이 있으며 사업가는 이 리듬에 주의를 기울여야 한다. 새 사무실로의 이전은 모티와 나 사이의 시시한 말다툼에서 시작된 일일 뿐만 아니라 자연스럽고 불가피한 결별 과정의 신호이기도 했다. 4D는 이제 에이나브 시스템즈의 후원에 기댈 필요가 없었다.

그런데 그 무렵 무료로 이용하던 시텍스의 컴퓨터에도 문제가 발생했다. 시텍스에서 개발 스테이션 네 곳을 이용하는 대가로 1만 달러를 요구한 것이다. 우리는 새로운 상황을 검토한 끝에 이 돈을 지불하기보다는 회사 컴퓨터를 직접 구매하기로 결론을 내렸다. 데이비드 루빈David Rubin과 내 테니스 파트너인 바루크 팔라이Baruch Palai가 소유한 2D라는 회사가 터무니없을 정도로 저렴한 가격에 중고 컴퓨터를 판매하고 있었다. 유일한 문제가 있다면 그 시절에는 중고 장비를 거래하는 관행이 없었다는 점이었다. 당시 이스라엘에서는 메인프레임 구입은 육군, 은행, 혹은 테크니온 같은 대규모 조직에만 제한되었다. 그들은 제조업체로부터 정해진 가격에 장비를 직접 구입했다. 반면 기업에서는 제조업체로부터 구입하는 일을 걱정스러워했고 나 역시 마찬가지였다.

우리의 전문가 아비 코헨과 아리엘 고든은 내게 중고 장비를 구입하기 전에 만족스러운 상태인지 쉽게 점검해 볼 수 있으니 걱정할 필요가 없다고 말했다. 4D는 주요 부품을 철저하게 조사하고 나의 두려움을 가라앉힌 다음에 제조업체 가격의 10분의 1로 2D로부터 컴퓨터를 구입했다.

이제 값비싼 멀티 버추얼 스토리지 Multi Virtual Storage : MVS 프로그램의 독점권을 소유하고 있는 IBM으로부터 운영 시스템을 구입하는 일만 남았다. 그 무렵의 사용료는 한 달에 약 2만 달러에 달했다. 우리는 당연히 실제로 사용할 때까지 이 요금을 지불하고 싶지 않았다. 협상 과정에서 나는 실제 상황이 어떻든 간에 1989년 1월부터 지불을 시작하겠다고 제안한 적이 있었고 그 당시에는 그것에 대해 아무도 이의를 제기하지 않았다. 그런데 갑작스럽게 그 상호 합의가 무시되고 있었다. 나는 계약서를 다시 읽다가 뜻밖에도 IBM이 12월 31일 계약서에 서명했다는 사실을 발견하고 기뻤다. 그렇다 해도 그 블루 자이언트와 분쟁을 시작할 명청이는 거의 없을 것이다. 4D는 그동안 지불하지 않았던 부채를 소액 할부로 장기 상환하는 데 합의하고 휴전했다.

새로운 중고 컴퓨터가 키르야트 아티딤으로 운반되었다. 운영 시스템은 이미 설치되어 쾌음을 내기 시작했다. 운영 시스템의 크기가 크다 보니 어쩔 수 없이 사무실 한가운데에 놓고 개발팀의 자리를 그 둘레에 배치해야 했다. 이런 즉흥적인 방법으로 한 가지 문제는 해결되었으나 다른 문제들이 발생했다. 기온이 38도까지 올라가면 사전 경고도 없이 고장이 나는 이 거대한 장치가 주로 발단이었다. 우리는 시스템이 과열되지 않도록 예방하기 위해 생각해 낼 수 있는 온갖 방법을 동원했다. 바로 앞에다 에어컨을 틀고 사무실 네 모퉁이에 선풍기를 놓고서 마치 아픈 아기를 돌보듯이 두 시간마다 기온을 확인했다. 돌이켜 보면 재미있는 추억이지만 당시에는 그렇게 재미나지만은 않았다. 이처럼 이따금 골칫거리가 생기긴 했으나 우리는 우리가 가진 것에 만족했다.

4D에서 내가 가장 중요시했던 한 가지 원칙은 고객이 원하는 목적

이 무엇이든 상관없이 우리 프로그램이 다른 것보다 우수하다고 장담할 수 있다는 점이었다. 컨트롤 M은 성능이 더 우수하고 더 빨라 사실상 사람이 관리할 필요가 없었다. 우리가 판매하는 프로그램은 오토메이션 automation, 다시 말해 자동화된 생산 관리 시스템이었다. 로봇이 없는 로봇 공학인 것이다. 우리 프로그램만 있으면 컴퓨터의 성능이 두 배로 향상되었다.

이에 못지않게 중요한 두 번째 원칙은 우리가 아직 비교적 작은 회사일지언정 거물처럼 행동하고 일한다는 점이었다. 이 원칙은 고객 서비스까지 확대되었다. 처음부터 우리는 하루 24시간 연중무휴로 운영하는 지원 센터를 세웠다. 국내외 고객들은 배급업체에서 해결하지 못하는 문제를 우리와 정기적으로 상의했다. 고객이 텔렉스와 전화이후에는 팩스로 연락하면 담당 직원이 그야말로 몸으로 움직여서 지원 팀에 문의사항을 전달했다.

하지만 우리는 기하급수적인 속도로 성장했으며 작은 더미로 시작했던 서류가 그야말로 산더미가 되었다. 아비는 수동식 체계로는 부족하다고 판단하고 더 효과적인 방법을 모색했다. 그러다 장애를 관리하는 기본 프로그램을 수립하자는 야곱 스테인미츠Jacob Steinmitz의 제안을 흔쾌히 수용했다. 재빠른 한 프로그래머가 이 프로그램을 단 나흘 만에 완성했다. 지원팀은 새 프로그램을 이용함으로써 문의를 접수하고 날짜, 제품, 고객과 배급업체의 이름, 그리고 문제의 심각성에 따라 분류하고 번호를 매길 수 있었다. 24시간 이내에 등록 확인서가 발급되었다. 이전에 동일한 문제가 발생해서 이미 마련된 해결책이 있다면 고객에게 즉시 전달했다. 그렇지 않은 경우는 신속하게 대처했다.

토요일과 유대교 휴일에는 당직 직원이 항상 해외 고객의 문의를 받았다. 종교가 있는 직원들은 관리자들에게 허락받지 않고 무교인 직원과 당직을 바꿀 수 있었다. 당직 직원들은 집에서 문의를 받고 필요하면 사무실 컴퓨터를 이용했다. 아리엘 고든만은 예외였다. 그는 모든 코드라인을 암기하고 있었기 때문에 기억력을 발휘해 완벽한 답변을 제시할 수 있었다. 해외 고객들은 당연히 그가 컴퓨터 앞에 앉아 있다고 생각했다. 아비는 매달 말에 고객이 실행해 입증한, 업데이트된 보수 디스크를 모아서 우리 회사의 모든 배급업체에 발송했다. 물론 버그를 처리한 다음 계속 작동하다 보니 입증하지 못한 디스크도 있었다. 아비는 이 문제에 대해서도 실용적인 해결책을 찾아냈다. 바로 검증이었다. 석 달이 지나면 특정한 해결책을 고객의 입증 여부와 상관없이 검증된 것으로 간주했다. 결국 우리는 슈퍼맨, 어떤 문제가 발생하든 해결할 수 있는 팀이라는 평판을 얻었다.

그렇다고 이 이야기를 우리가 컨트롤 M의 황금빛 미래를 확신했다는 뜻으로 오해하는 일은 없기를 바란다. 물론 컨트롤 M은 필요를 충족시키는 훌륭한 제품이었다. 하지만 당시 4D는 전도유망하기는 했어도 그저 자회사에 지나지 않았다. 나는 갈수록 에이나브 시스템스에서 서서히 멀어지고 4D에 더 많은 시간을 투자했다. 컨트롤 M이 성공적으로 개발되고 엄청난 판매고를 기록하고 있었음에도 나의 일상은 배당금이 아니라 여전히 어려움의 연속이었다. 그 무렵 몇 년 동안 나와 모티 글레이저의 불화는 줄곧 계속되었다. 그는 소프트웨어 개발이 위험하고 멍청한 사업이며 에이나브 시스템스가 컴퓨터 서비스 제공에 초점을 맞추어야 한다고 주장했다. 더구나 나를 배제하고 여러 가지 새로운 계획을 발표하는 그에게 나는 격분하지 않을 수 없었다. 서로의 불만이 점점 쌓여 가던 중 결국 1988년 나는 더 이상 참을 수 없다고 결정했다.

12 빠져나오기 어려운 파트너십

 친구들과 동업하는 것은 현명한 선택이 아닐지 모른다. 그러나 그 유혹에 이끌리지 않을 사람이 있겠는가? 이스라엘 사람들, 특히 나와 같은 세대의 이스라엘 사람들은 지구촌에서 성장한 이후 세대들보다 친구들과 동업하는 경향이 더 높았다. 우리는 시골 동네와 같은 작은 신생 국가에서 성장했다. 유치원부터 시작해 군대를 거쳐 대학까지 함께 다녔고 심지어 친구들끼리 결혼했다. 작은 이스라엘의 정부와 기업은 악수를 통해 운영되었다. 나 같은 풋내기가 약 30년 전 파트너가 필요하다고 해서 신문에 광고를 내거나 낯선 사람과 면담을 했겠는가? 결코 그러지 않았다. 나는 관심사가 비슷한 친구나 지인들에게 의사를 타진했다. 엘리베이터에서 항상 마주쳤던 쾌활한 이웃라고 예외였겠는가? 얼마 전 일을 그만두었다는 이웃의 말에 나는 함께 일하자고 제안했다. 그렇게 간단했다. 그런데 그 일이 복잡해졌다.
 앞에서 설명했듯이 모티와 내가 처음으로 심각한 갈등을 겪은 것은 메이어 아르논 때문이었다. 그는 메이어 아르논과 맺은 계약을 지키지 않으려 했다. 나는 메이어와 단둘이 파트너십을 맺고 에이나브 컴퓨터 시스템스를 설립함으로써 충돌을 피했다. 자회사의 파트너가 되어 모티가 거절한 프로젝트를 진행할 수 있다는 생각에 내심 흐뭇했다. 1987년이 다가올 무렵에 불화는 더욱 심화되었으며 사실상 우리는 따로 일하고 있었다. 어긋나는 결혼생활에서 흔히 그렇듯이 두 사람 모두 불행했고 결별하게

될까 봐 조심스러웠다. 나는 '어쩌면 난관을 극복할 수 있을 것이다. 어느 한 쪽이 자기의 실수를 깨닫게 될 것이다'라고 생각했다. 고객과 평판, 재정적 안정에 해를 끼친 사건이 일어나지 않는 한 회사와 파트너십을 해체하기는 그리 쉽지 않다. 우리는 계속 파트너십을 유지했으나 내막에는 결별의 과정이 그나마 남은 동맹 관계를 침식시키고 있었다.

1987년 한 해 동안 에이나브 시스템스는 재정적으로 심각한 어려움을 겪었다. 중요한 거래가 취소되는 바람에 회사는 개점휴업 상태나 마찬가지였다. 경기가 하락하면서 예산 적자가 심각한 지경에 이르렀다. 대출을 받아야 했으나 은행에서는 담보를 요구했다. 모티는 개인적인 담보를 제공하지 않으려 했다. 그는 지금이나 앞으로나 부채는 모두 내 책임이라고 생각했다. 이런 재정적인 문제로 말미암아 이미 흔들리고 있던 우리 관계가 더욱 위태로워졌다. 여러 차례 괴로운 논의를 한 끝에 자회사 리라즈의 지분을 매각해 적자를 메우기로 합의했다. 에이나브 시스템스는 위기를 넘기지 못하고 비교적 낮은 가격으로 주식을 매각함으로써 리라즈를 포기했다. 리라즈는 훌륭한 투자 대상이었기에 사업의 관점에서 볼 때 이 결정은 큰 실수였다. 계속 번창하던 회사였고 주식을 상장하면서 회사 가치는 더욱 상승했다. 그러나 그 무렵 우리 상황에서는 리라즈의 장래성을 고려할 수 없었다. 당장 숨 쉴 공간이 필요했다.

이 힘든 시기에 든든한 버팀목이 되어 준 사람은 동생 암논이었다. 나는 매일 엎어지면 코 닿을 곳에 살았던 동생을 찾아가 하소연을 했다. 그는 언제나 끈기 있고 지혜롭게 그리고 깊은 애정을 담아 용기를 북돋워 주었다. 이따금 어린 시절 다녔던 학교 근처에서 만났다. 한때는 모티의 아내 루티 글레이저Ruthie Glazer가 우리들의 아이 여섯 명동생과 나의 아이들 각각 세 명을 모두 가르쳤다. 존경스럽게도 그녀는 껄끄러운 관계를 알고 있으면서도 나나 우리 아이들에게 조금도 내색하지 않았다.

'불운은 한꺼번에 닥친다'는 속담은 우리의 경우에 안타깝게도 자명한 진리였다. 에이나브 시스템스가 적자를 면치 못하던 때와 거의 동시에 4D도 곤경에 빠졌다. 유럽 배급업체는 날로 발전했지만 수입은 그만큼 빨리 들어오지 않았다. 설상가상으로 우리가 개발한 또 다른 제품 컨트롤 D를 둘러싼 분쟁이 일어나는 바람에 그나마 수입이 완전히 없어지고 말았다. 뿐만 아니라 같은 제품을 놓고 미국 배급업체와도 불화가 생겼다. 그래서 4D는 다양한 유망 제품들을 개발하는 중이었음에도 작업을 완수할 자금을 확보하지 못했다. 나는 여러 사업가에게 우리 회사에 투자하라고 제안했으나 오랜 친구 메론Meron을 제외한 모든 이들이 내 제안을 외면했다. 메론은 우정을 생각해 대출해 주기로 승낙했지만 4D의 주식을 담보로 받는 것은 거절했다. 나는 모티가 도와주기를 바랐다. 그러나 그는 모든 계획이 재정적인 자살행위나 다름없다면서 관여하기를 원치 않았다.

4D에게 1983년부터 1987년까지는 시행착오의 시기였다. 그 동안 우리는 여러 차례 모험을 하고, 이따금 주춤거리기도 하고, 실패도 맛보았다. 모티는 행여 불똥이 튀길까 거리를 두며 소프트웨어라는 불투명한 것에 어떤 형태의 재정적인 담보도 제공하지 않았다. 니쿠브 소프트웨어Nikuv Software를 창립했던 그의 친구가 크게 실패해 회사를 잃고 빚더미에 앉았던 것도 모티의 이런 태도에 한몫했다. 더 이상 물러설 곳이 없었던 갈리아와 베니, 나는 4D를 살리기 위해 은행에 개인 담보를 맡기기로 결정했다.

모티와 나는 대놓고 싸우지는 않았다. 적어도 나는 그랬다고 생각한다. 그러나 우리는 사업상 중대한 시기에 근본적인 문제에 뜻이 달랐다. 이런 문제가 조금씩 진행되는 결별 과정에 더해져 결국 파트너십을 해체하는 발단이 되었다. 에이나브 시스템스와 4D의 위기는 표면상 관계가 없지만 두 회사에 같은 사람들이 참여하고 있다는 점이었다.

골칫거리는 언제나 3인조로 온다고 한다. 우리가 두 가지 문제 때문에 고심하고 있을 때 세 번째 문제가 모습을 드러냈다. 에이나브 컴퓨터 시스템스의 파트너 메이어 아르논이 사업을 그만두고 자기 몫의 주식을 매각하기로 결정한 것이다. 그렇지 않아도 조금씩 진행되던 일이었다. 메이어가 떠나기 전에 우리는 그가 공부하는 동안 미리 합의한 조건에 따라 그의 몫인 회사 자금을 양도하기로 합의했다. 당시 메이어는 해외에서 회사 업무를 계속할 참이었다. 그런데 1984년 5월 상황은 2단계로 접어들었다. 메이어가 독자적으로 몇 가지 계획들을 추진하기로 마음먹고 회사 지분의 일부를 매각하겠다고 제의한 것이다. 모티는 화를 내면서 어쩔 수 없이 새로운 구조를 승낙했다.

3단계는 1987년 12월에 시작되었다. 학업이 끝나자 완전히 새로운 방향을 선택한 메이어는 에이나브 컴퓨터 시스템스의 남은 주식을 매각하기로 결정했다. 갈리아와 나는 이 주식을 30일 이내에 매입할 수 있었다. 메이어는 일단 제안서를 손으로 작성했다가 나중에 정식 계약서에 서명했다. 나는 갈리아와 함께 남은 주식을 매입했으며 메이어는 에이나브 컴퓨터 시스템스를 영원히 떠났다. 이제 갈리아와 나는 각각 주식의 40퍼센트와 44퍼센트를 보유하는 한편 에이나브 시스템스는 이미 보유한 16퍼센트를 그대로 유지했다. 갈리아와 내게서 그의 몫의 자금을 받은 메이어는 안녕을 고했다. 그가 건넨 마지막 영수증에는 '진정한 우정으로'라고 적혀 있었다.

하지만 모티 글레이저의 경우는 달랐다. 고전을 면치 못했던 1987년이 우리 두 사람에게 고비였다. 모티는 자신의 개인 문제에 더 관심을 쏟은 반면 나는 아무런 보상도 없이 4D를 위해 일하며 내 시간의 절반을 투자했다. 나는 우리가 계속 파트너 관계를 유지하려면 적어도 새 계약서에서 이런 사실을 언급해야 한다고 생각했다. 본래 파트너십 계약서는 우리가 개인 사업에 참여하지 못하도록 규정하고 있었다.

1988년 7월 우리는 '이해 각서'를 손으로 작성해 각자의 의무를 다시 정의하고 두 사람이 각자 개인 사업을 할 수 있는 권한이 있다는 조항을 추가했다. 아울러 모티의 주장에 따라 회사 이름을 바꾸기로 동의했다. 모티가 온갖 다양한 이름을 제안했는데 결국 '에이나브 M. G. 시스템스 Einav M. G. Systems'로 결정되었다. 나는 예전에 그랬듯이 새로운 회사명을 포함해 손으로 쓴 계약서를 작성하자고 제안했으나 모티는 변호사에게 맡기기로 결정했다. 그래서 1989년 4월 그의 법정 대리인이 계약서의 초안을 작성했다.

막 서명하려는 순간 모티가 뻔뻔스럽게도 '에이나브 컴퓨터 시스템스-4D'의 지분을 요구했다. 나는 그에게 갈리아와 내가 우리 지분에 합당한 대가를 치렀다고 말했다. 물론 모티는 현금이나 재정 담보를 제공할 뜻이 없었다. 상황이 이렇게 되자 나는 모티가 먼저 관련 사실을 완전히 인식하고 있다는 선언서에 서명해야 새 계약을 체결하겠다고 밝혔다. 그가 나중에 내게 와서 자신이 모르는 사실이 있었다거나 자신은 원치 않는 식으로 결정되었다고 말할 수 없도록 못을 박고 싶었다.

그렇게 해서 다음과 같이 선언서를 작성했다.

'이 문서에 의하여 당사자들은 회사나 파트너십의 관리에 관해 더 이상의 이견이나 미해결의 주장, 불만도 없다고 선언한다…… 아울러 미해결의 이견이 발생할 경우 양측은 그런 불만이나 주장을 철회한다고 선언한

다.'

우리는 언젠가 파트너십을 해제할 상황과 관련된 조항을 추가했다. 뿐만 아니라 파트너십을 해제하게 된다면 양측이 인정한 중재자가 해제 과정을 감독한다는 데 동의했다. 그럴 경우 모티가 중재자를 선택하고 그의 절친한 친구 대니 아바르바넬Danny Abarbanel이 중재자를 맡기로 했다. 나는 이의가 없었다. 그래서 우리는 계약서에 서명했다. 이제부터는 상대방을 완전히 이해하며 마음이 시키는 대로 따를 여유가 생길 터였다.

표면상으로 우리는 새로운 페이지를 넘겼다. 문서를 재정비했고 모든 핵심 문제에 합의했다. 하지만 이 계약은 상황을 바로잡은 것이 아니라 우리의 불화에 공식적인 승인 도장을 받은 것에 지나지 않았다. 사업상의 파트너십은 결혼과 한 가지 점에서 무척 닮았다. 시작하기는 쉽지만 빠져나오기는 어렵다는 점이다. 사실 우리는 가까스로 관계를 유지했다. 우리 사이의 커뮤니케이션은 훗날 모티가 에이나브 시스템스의 이사로 임명하는 중재자 대니 아바르바넬을 통해 이루어졌다. 나는 소강상태, 비교적 평온한 기간을 기대했다. 그러나 문제는 여전히 해결되지 않았다. 자기 몫에 언제나 불만이었던 모티도 마찬가지였다.

13

사업에
내재된
역설

❖ Nordau to NASDAQ

　1984년 텔 아비브와 캘리포니아를 가로막은 것은 비단 바다만이 아니었다. 심리적인 거리가 이 두 곳을 갈라놓고 있었다. 바다와 대륙을 건너는 것이 아니라 두려움과 불안의 깊은 골을 메우는 것이 문제였다. 사실 이는 우리에게 무척 힘든 일이었다. 그럴 만한 수단이나 수단을 협상할 노하우가 전혀 없었다. 그래서 우리는 텔 아비브에 앉아 꿈만 꾸었다. 미국이 우리에게 다가온다면 얼마나 좋을까? 터무니없는 꿈이었지만 그토록 절실했던 꿈이 마침내 현실이 되었다. 꿈을 실현한 장본인은 갈리아였다.

　갈리아 스트라이커는 이스라엘 공군IAF에서 프로그래머로 근무하다가 잠시 IBM에서 일한 경험이 있었기 때문에 이 분야에 대해 잘 알고 있었다. 그녀는 미국에 있던 남편과 떨어져 지내는 동안 남편은 UCIC에 근무했다 이스라엘과 미국을 자주 오갔다. 1983년 미국의 몇몇 소프트웨어 프로그램을 판매하는 문제로 나를 만나러 왔을 때 나는 그녀에게 협조하기로 동의했다. 그리고 나로서는 대서양 건너편의 거점이 필요했던 터라 프로그래밍 전문가였던 그녀에게 파트너십을 제안했다. 1984년 5월 1만 3,000달러를 받고 갈리아에게 에이나브 컴퓨터 시스템스의 주식 26퍼센트 4D 주식 13퍼센트를 팔았다. 나는 지금도 그 액수를 기억한다. 1만 3,000달러가 4D의 은행계좌로 송금되었다. 당시 4D의 가치가 10만 달러에 불과했던 사실을 감안하면 상당히 큰 거래였다.

갈리아는 경쟁 정보 최고 책임자competitive intelligence officer이자 우리 회사의 미국 대리인이었다. 우리에게는 미국에 있는 그녀에게 보낼 돈이 없었다. 그래서 그녀는 가족 사업을 계속 진행했고 그러는 동안에도 우리가 공유한 미국 정복의 꿈을 잊지 않았다. 사람들은 대부분 우리의 꿈을 불가능한 목표라고 생각했다.

그렇다면 스스로 생각하는 우리의 모습은 어땠을까? 객관적으로 말해 우리 회사 프로그램은 거대 기업의 프로그램에 비해 효율성이 더 높았다. 더 다양하게 활용할 수 있었으며 프로그램이 관리하는 호스트 컴퓨터에 요구하는 자원도 더 적었다. 우리 회사의 인적 자본 또한 탁월했다. 우리는 개인으로나 팀으로나 경쟁업체보다 훨씬 유능했다. 그리고 무엇보다 시장에서 경쟁하면서 확실히 깨달은 한 가지 사실은 우리가 대기업보다 더 결단력이 강하고 근면하며 기꺼이 모험하겠다는 자세도 더 확고하다는 점이었다.

오만함인가? 꼭 그렇지는 않다. 스스로의 능력에 대한 근거 없는 자신감일까? 확실히 그렇다. 그런데 미국을 정복하기 위해 우리에게 필요한 것은 바로 이것이었다. 물론 약간의 행운과 갈리아도 필요했다.

알고 보니 어빈Irvine에 거주하는 갈리아의 이웃 중에 톤 소프트웨어Tone Software라는 가족 소프트웨어 회사의 소유주들이 있었다. 애너하임Anaheim에 본사를 둔 톤 소프트웨어의 전문 분야는 우리와 마찬가지로 자동화였다. 그들이 개발한 프로그램은 특별히 뛰어나지는 않았으나 중간 규모나 대규모 조직에는 안성맞춤이었다. 뿐만 아니라 이 회사는 소프트웨어 분야를 보충하는 제품의 마케팅에도 참여했으며 미국, 유럽, 세계 다른 지역에서 이들이 확보한 고객만 해도 수백 군데에 이르렀다. 갈리아가 톤 소프트웨어의 소유주 돈과 바바라 해리슨Don and Barbara Harrison을 만날 무렵 그들은 자사의 시장 영향력을 향상시키고 그들이 설립한 인프라스트럭처를 더욱 효과적으로 활용할 보완 업데이트 프로그램을 찾고 있었다.

1986년 여름 어느 주말, 갈리아는 그들을 바비큐 파티에 초대하고 4D를 칭찬하기 시작했다. 해리슨 부부는 즉시 관심을 보였고 그들의 대화는 다음 날까지 계속되었다. 갈리아는 다른 약속을 모두 취소하면서 그 주말 내내 그들과 우리 회사에 대해 이야기를 나누었다. 월요일 저녁이스라엘 시간으로는 화요일 내게 전화를 걸어 톤 소프트웨어가 우리 회사의 소프트웨어를 판매하는 일에 관심이 무척 많으니 되도록 빠른 시일 내에 만나서 조건을 의논하자고 말했다. 검토할 가치가 충분한 아이디어임이 분명했다.

돈 해리슨은 프로그래머로, 자사의 소프트웨어 제품을 개발한 노련한 전문가였다. 부동산 분야에서 일했던 바바라는 프로그램에 대해서는 문외한이었다. 그녀는 아무것도 몰랐던 탓에 사사건건 참견하다 일을 모조리 망치곤 했다. 갈리아는 그 부부를 좋아했지만 나는 그다지 마음에 들지 않았다. 나는 대체로 가족 기업을 좋아하지 않는다. 그들은 전혀 관계없는 문제를 계속 끄집어낸다. 확실히 나와는 맞지 않는 타입이다.

곤란하게도 해리슨 부부는 우리가 무척 마음에 든 모양이었다. 4D에 흥미를 느끼고 우리와 협상하기를 원했다. 나는 우리 파트너들이 그토록 확신하는 이 기회를 시험해 보기로 결정했다. 베니가 미국으로 건너가 갈리아와 함께 협상을 진행했고 나는 마티아와 스페인으로 여행을 떠나 멀리서 미팅을 예의주시했다. 미팅은 답답할 정도로 진전이 없었다.

한편 마티아와 떠난 여행은 근사했다. 그라나다Granada의 알람브라 왕궁Alhambra Royal Palace에 머물며 유명한 두 자매의 방Hall of the Two

Sisters(Sala de Dos Hermanas)에서 사진을 찍던 도중 우리는 암논의 아내가 쌍둥이를 낳았다는 소식을 받았다. 여행을 마치고 공항에 도착하자마자 일단 새로 태어난 아기들을 보러 곧장 동생네 집으로 향했다. 그런 다음에야 비로소 사무실에 전화를 걸어 캘리포니아의 상황을 물었다.

"서명할 서류라도 보냈나? 지금쯤이면 그곳 상황도 희소식으로 끝나야 하는데."

사무실의 답변은 이러했다.

"아직 없습니다."

동생네 쌍둥이가 태어난 지 두 달쯤 지났을 무렵에도 갈리아와 베니는 여전히 톤 소프트웨어의 부부에게 매달려 있었다. 미국 시장에 진출하려는 시도에 내가 처음에 의혹을 품어서인지 벌을 받는 느낌이었다. 잠시 물러나 기다리는 것이 최선일까?

그러던 중 1986년 마침내 베니와 갈리아가 해리슨 부부와 계약을 체결했고 덕분에 나는 망설임을 잠시 접어 두었다. 톤은 즉시 제품 홍보에 들어갔으며 우리는 컨트롤 M을 타디란에 처음으로 판매한 이후 10개월 만에 미국에서 같은 제품을 판매하는 데 성공했다. 미국에서 인쇄된 홍보 자료를 보는 순간 나는 전율을 느꼈다. 그렇다고 해서 내 우려가 사라진 것은 아니었다.

미국 진출이라는 우리 꿈이 현실로 변하던 순간부터 갈리아는 일선에서 물러나고 베니가 주도권을 잡았다. 이야기를 전하는 사람에 따라 어쩌면 '물러날 수밖에 없었다'고 표현할 수도 있을 것이다. 배급업체를 찾고 그들과 계약을 맺는 과정에서 중대한 공헌을 한 갈리아는 이후 사실상 배제되었다. 간간히 회의에 참석하는 일 이외에 그녀가 할 일은 거의 없었다. 우리에 대한 톤의 불만을 전달하는 통로에 지나지 않았다. 그리 홍

미진진한 일이라고 할 수 없었다. 그러나 갈리아는 자기 몫을 톡톡히 해냈다. 우리 회사의 한 여성이 바다를 건너가 미국 사업을 위한 발판을 마련한 것이다.

톤이 찾아낸 컨트롤 M의 첫 고객은 벌링턴 에어 익스프레스Burlington Air Express : BAX라는 회사였다. 배급 계약을 맺을 때마다 우리는 즉시 선금으로 2만 5,000달러를 받았다. 지루하게 흥정한 끝에 할부로 지불하는 이스라엘 사람들과 협상하는 데 익숙했던 우리에게 이는 뜻밖의 횡재였다. 알고 보니 BAX는 첫 고객으로서 참으로 근사한 회사였다. 국제 화물 선적 회사로서 전 세계 100여 개국에서 500개의 터미널을 운영하며 화물을 운송하고, 관세와 물품세, 물류 문제를 처리하고 있었다. 1986년 11월 베니 바인베르거의 감독 하에 톤의 직원들이 BAX 컴퓨터 시스템에 컨트롤 M을 설치했다. 미국에서의 판매와 마케팅은 여러모로 성공적이었다.

베니가 프로그램이 설치되었다는 소식을 알려 온 그날 IDF가 거의 20년 동안 계속된 전쟁을 끝내고 남부 레바논에서 철수했다. 나는 마침내 우리의 아들들이 고국으로 돌아온다는 사실에 무척 기뻤지만 내 마음은 바다 반대편에 건너가 있었다. 과연 컨트롤 M이 우리에게 영광을 안길 것인가 아니면 수치를 안길 것인가? BAX의 트럭이 정확한 목적지에 도착할 것인가? 댈러스로 향하던 비행기가 사우디아라비아에 착륙하는 일은 없을까? 바로 얼마 전 프로그램 오류로 인해 미국의 한 위성이 사라지는 사건이 일어난 터였다. 우리라고 예외일 수는 없지 않은가? 첫 번째 고객에게서 성공적인 결과를 얻는다면 결국 승리한 것이다. 하지만 그러지 못한다면 원점으로 돌아가야 한다.

그 주가 끝날 무렵 이스라엘 시각으로 새벽 다섯 시에 전화가 울렸다. 나는 화들짝 놀라 잠에서 깼다. 바로 그 순간 하늘에서는 그 계절의 첫 번째 비가 내려서 다른 가족을 깨웠다. 갈리아의 전화였다. 쉼표나 마침표에 잠시 멈추거나 숨을 쉬지도 않은 채 그녀는 내게 이사회의 반응이 긍정적이고 고무적이라는 소식을 전했다. 모든 일이 시계처럼 진행되었다. 프로그램이 순조롭게 움직였다. BAX의 트럭들이 정확한 터미널에서 출발하고 도착했다. 비행기와 선박도 마찬가지였다. 모든 것이 더할 나위 없이 완벽했다.

나는 마티아를 바라보며 이스라엘 사람답게 자제력을 최대한 끌어모아 다음과 같이 전했다.

"우리 회사의 첫 번째 미국 고객이 만족한다는군. 매우, 매우 만족한다는군."

나도 모르게 기쁨에 겨운 눈물이 터져 나왔다. 우리는 다시 잠자리에 들지 못했다. 마티아는 아이들을 살피러 갔다. 나는 자리에서 일어나 평소보다 일찍 출근했다. 베니에게 전화를 걸어 자세한 소식을 들었다. 베니는 만족스럽지만 극도로 피곤한 목소리로 갈리아가 내게 한 말이 사실임을 확인시켜 주었다.

우리는 대화를 나누는 중에 다시 현실로 돌아와 너무 일찍 샴페인을 터트리며 운명을 시험하는 일은 없어야 한다며 스스로 다독였다. 어쩌면 이것은 초심자의 행운일지도 모른다. 그렇지 않다는 사실을 증명하려면 다른 고객이 필요했다. 톤이 찾은 두 번째 고객은 로마 린다Loma Linda라는 작은 도시의 한 대학 병원이었다. 교회 소유의 그 큰 병원에서는 매년 약 3만 명의 환자를 진찰했으며 연 수입은 약 20억 달러에 달했다. 뜻밖에도 베니와 갈리아로부터 병원 행정관이 우리 덕분에 병원 생활이 대단히 향상되었다고 말했다는 소식을 전해 듣고 매우 기뻤다. 그렇게 우리는 갑작스럽게 유명해졌다.

뭇사람들은 뛰어난 사업가에게는 특별한 무언가가 있다고 생각할 것이다. 거금이 오가는 거래를 성사시키는 사람들을 보면 '그야말로 산을 움직이는구나'라는 생각이 더욱 굳어질 것이다. 그러나 사업가는 꿈을 가진 평범한 사람들일 뿐이다. 비즈니스 세계는 역동적이고 혼란스러우며 기회가 주도하는 세계이다. 사업가에게 필요한 첫 번째 특성은 꿈에 대한 믿음이요, 두 번째는 즉흥적으로 움직일 수 있는 용기이며, 세 번째는 기꺼이 잃겠다는 마음이다. 첫발을 내디딜 이상적인 상황을 기다리는 사람은 결코 첫발을 내딛지 못한다. 이런 사람은 잃지도 않겠지만 얻지도 못할 것이다.

사업을 하다 보면 의심과 꿈의 균형이라는 문제가 되풀이해서 등장한다. 자신을 보호하려는 보편적인 충동은 회의주의로 이어진다. 베니와 갈리아도 그렇듯이 나는 대개 발길이 뜸한 길을 택하고 꿈을 좇았다.

우리의 아메리칸 드림이 실현되던 단계는 그곳에 진출하기 위한 악전고투에 비하면 허무했다. 우리와 해리슨 부부가 맺은 재정 계약에 따르면 해리슨 부부가 고객의 최종 지불금 가운데 70퍼센트를 가져가고 우리가 나머지를 받기로 되어 있었다. 언뜻 보면 불공평한 것 같다. 사실 아들 자크의 바르 미츠바 파티에서 이 조건에 대한 친한 동료들의 생각을 확인할 수 있었다. 그 가운데 몇몇은 내게 축하 인사를 건넨 후에 나더러 멍청이라고 똑 부러지게 말했다. 나는 초기 협력 단계에서 톤 소프트웨어가 우리 제품과 기술 지원, 마케팅팀을 전적으로 처리하는 시스템을 수립하기 위해 자금을 투자했다고 설명했다. 그들이 받는 70퍼센트는 이 비용을 충당하는 동시에 수익을 제공하는 자금이었다.

우리의 선한 친구들은 배급업체가 돈을 벌지 못하면 우리도 벌지 못한다는 사실을 이해하지 못했다. 우리 회사 소프트웨어는 탁월했지만 미국에서는 미지의 존재였다. 우리가 톤에게 거금을 지급한다는 사실은 의심의 여지가 없지만 그들은 우리에게 그만한 가치를 돌려주었다. 우리는 더 많이 판매하도록 격려했고 그들은 워싱턴, 시카고, 댈러스, 그리고 토론토에 지사를 열면서 열렬히 보답했다. 우리는 수요를 충족시키기 위해 사업을 확장했다. 우리 가운데 우리 회사의 완벽한 잠재력을 깨달은 사람은 아무도 없었다.

톤 소프트웨어는 1986년부터 걸프 전쟁이 막 끝난 1991년까지 우리 회사의 북아메리카 지역 대리인이었다. 그들이 계속 투자하고 우리 회사도 비교적 성공을 거두었지만 두 회사 사이에는 언제나 긴장감이 돌았다. 출발이 순조로웠다고 해도 배급업체와 소프트웨어 회사의 관계가 화목한 경우는 드물다. 배급업자는 언제나 제품이 성공을 거둔 것은 자기 덕이기 때문에 더 많은 돈을 받아야 마땅하다고 생각한다. 제품의 소유자는 배급업자가 자기를 속이지는 않는지 의심하거나 배급업자가 그에게 맡겨진 탁월한 제품에 걸맞는 노력을 하지 않는다고 생각한다. 그것이 인간의 본성이다.

우리 측의 파트너 3명 가운데 톤에게 항상 불만이었던 사람은 베니였다. 그는 마치 딸을 맹목적으로 사랑한 나머지 딸의 약혼자에게 결코 만족할 수 없는 아버지와 같았다. 톤 소프트웨어는 수정을 요구하며 베니를 못살게 굴었고 자신들이 주문한 대로 포장과 기술 지원이 이루어져야 한다며 끊임없이 잔소리를 해 댔다.

톤의 입장은 여러모로 정당했다. 그들은 미국 시장에서 사업하는 올바른 방식을 알려 주었다. 이스라엘 고객과 판이하게 다른 미국에 맞게 제품을 포장하는 방법을 가르쳤다. 가령 이스라엘의 어떤 회사가 1급 소프트웨어를 판매하고 있는데 어쩌다 서류 하나가 누락되었다면 이는 대수롭지 않은 일이다. 고객에게 자초지종을 설명하고 다른 곳에서 비슷한 서류를 빌리면 그만이다. 종이 한 장 때문에 판매를 미루지 않는다.

하지만 미국의 사정은 다르다. 만일 미국의 판매원이나 고객에게 프로그램을 설치하고 가동시키기 위한 사용설명서를 완벽하게 전달하지 않는다면 거래는 무산된다. 톤은 이런 문제에 관한 한 우리에게 무척 엄격했다. 비록 베니는 그들의 공을 인정하지 않겠지만 그럼에도 우리가 국제기업으로서의 기업 운영 방식을 배운 것은 모두 해리슨 부부 덕분이다.

우리는 그들에게 우리 측의 요구를 전달했다. 미국인들이 우리 회사 브랜드를 알 수 있도록 광고 자료에 우리 회사명을 실어야 한다고 주장했다. 이 요구가 항상 받아들여지지는 않았다. 배급업체는 이따금 따돌림 당하는 일이 없도록 자사를 보호하거나 자사의 시장 이미지를 향상시키기 위한 목적으로 자사의 이름을 싣는 것을 선호한다.

처음에 우리는 미국에 처음 진출한 회사라는 이유를 내세워 우리 회사명을 실어야 한다고 주장했다. 그러나 미국의 반유대주의에 부딪칠 가능성이 적지 않다는 생각에 때때로 입장을 철회했다. 1990년대에 접어들어 이스라엘이 첨단 분야에서 국제적인 명성을 얻은 이후에야 비로소 우리는 어디에서나 대문자로 우리 이름을 실어 달라고 줄기차게 요구했다. 그 무렵에 이르러 톤은 흔쾌히 우리의 요구에 따랐다.

B&BE와 그 회사의 탁월한 관리자 한 브루겔링에 대해 한 페이지를 할애해 설명했으니 여기에서는 몇 마디만 덧붙이고자 한다. 현금이 부족하다 보니 우리는 배급업체를 철저하게 조사하지 않았다. 이런 종류의 조사에는 자원과 시간, 대안 등 MBA 프로그램에서 가르치지만 실제로 의사를 결정하는 순간에는 부족한 모든 것이 필요하다. 배급업체의 관점에서 보면 그들은 서류상 4D의 미래가 장밋빛으로 보였기 때문에 우리에

게 관심을 가졌다. 그러나 그들과 계약을 맺는 순간 우리의 텅 빈 은행 계좌에 즉시 돈이 들어오지는 않았다. 배급 계약서에 서명하는 순간부터 몇 달이 지나야 배급업체가 비로소 판매할 준비를 마친다. 이를테면 우리는 B&BE와 3월에 계약을 체결했으나 그들이 유럽에서 우리 제품을 판매하기 시작한 것은 10월이었다. 전속력으로 움직였지만 처음 돈 구경을 한 것은 12월이었다.

성공을 거두고 한편으로는 웃음을 지었다. 미국과 유럽에 각각 배급업체가 생긴 데다 여러 고객이 곧 있으면 우리 제품을 구매할 터였다. 다른 한편으로는 모든 일이 우리 회사 경비로 진행되어야 했기 때문에 걱정스러웠다. 만일 고객이 구매하지 않는다면 어떻게 될까? 그리 가능성이 없는 일도 아니었다. 우리는 이제 막 성장하려는 단계이고 첫 번째 성공의 꽃봉오리가 수줍게 모습을 드러내려는 바로 그 시기에 우리는 빈털터리로 오랜 시간을 견뎌야 한다. 그것은 사업에 내재된 역설이었다.

14 모순의 1987년

❖ Nordau to NASDAQ

    1987년 12월, 첫 번째 시민 저항 운동이 일어났다. 그것은 우리가 개인적으로는 물론 국가적으로도 품기 시작했던 평화에 대한 희망 및 침착성과 확신을 부숴 버렸다. 나는 아이들을 유대인 정착지로부터 학교로, 또 각종 과외 활동 장소로 데려다 주면서, 곧 웨스트뱅크에서 예비 복무를 하라는 호출을 받게 될 것임을 알았다. 고위 관리자인 내가 왜 긴급 상황도 아닌 때에 나라의 경제는 내버려 둔 채 징집되어야만 하는지를 우리의 국제적인 고객들에게 어떻게 설명해야만 할까.
    나는 유니폼을 그리고 내 모든 걱정들을 챙겼고, 걱정스러워하는 해외 영업직원들의 두려움을 달래 주었다.
    "걱정 말아요. 이스라엘은 끝나지 않아요. 늘 그렇잖아요."
    나는 소총을 받았고, 아이들을 데리러 갔다. 언덕 위의 정착지로부터 농구, 음악, 발레, 가라데, 그리고 공작 수업들로 이동했다. 나머지 시간 동안에는 전 세계의 판매업자들에게 연락하여 같은 말을 반복했다.
    "걱정 마세요……영업은 정상입니다."
    나는 스트레스를 받았고, 피곤했고, 그래서 좀 정신이 없었다.
    하루는, 점심을 먹고 난 후 임무 수행을 위해 30킬로미터 남짓 길을 가고 있었는데, 문득 식당에 소총을 두고 왔다는 것을 알게 되었다. 그래서 동료들은 보내고 나는 길가에 내려서 다른 차를 얻어 타고 돌아갔다. 나를 태운 이주민들은 내 이야기를 듣고는 소총을 찾아 주기 위해 식당에 연락했다. 그런데 군인이 그 대화를 엿들었다. 그는 위협적인 목소리로 "누가 소총을 놓고 갔습니까?"라고 물었다. 이주민들은 멋쩍은 웃음과 함께 침묵했다.

　식당에서 나는 소총을 받았으나, 라디오 전파의 소음이 들려오는 가운데 심문은 계속되었다. 일단 비난이 가해졌고, 내가 우려했던 바대로 군법회의 회부에 대한 이야기가 들려 왔다. 하지만 그때 '거룩한 바보들의 수호자'가 나를 구하러 왔다. 내가 깜박했던 그 무기가 내 것이 아니었음이 밝혀졌던 것이다. 그것은 지오라Giora라는 사람의 것이었고, 그가 실수로 내 총을 가져갔던 것이다. 그래서 지오라는 강력한 반대 심문을 받았고, 나는 전혀 심문을 받지 않았다. 하지만 우리는 모두, 결국 경호원이 포기하고 모든 것을 내려놓을 때까지 조용히 하는 것이 최상이라고 동의했다. 다행히도, 그 무기로 인해서 어떠한 범죄나 테러 행위도 일어나지 않았다. 만일 그렇지 않았더라면 우리의 행동은 훨씬 마음에 부담이 되었을 것이다.

　나는 그 기간 동안에는 내내 밤에 눈도 제대로 못 붙였고, 낮에도 졸았다. 나는 잔뜩 후회하면서 잠자는 아이들을 바라보았고, 도대체 내가 그들에게 무슨 일을 하고 있는지를 스스로에게 물었다. 라마트 일란에 마련한 우리의 두 번째 아파트에서 아이들은 각자 자기 방을 가졌다. 마티아는 서재를 가졌고, 9층에서 바라다보이는 경치는 눈이 닿을 수 있는 저먼 곳까지 활짝 열려 있었다. 만일, 다음 날 내가 직원들의 월급을 주기 위해 아파트를 팔든지 4D를 모두 접든지 둘 중에 하나를 선택해야 한다면 무슨 일이 일어날까. 아이들의 미래와 회사의 미래가 서로 경합하고 있었다.

　갈리아와 베니와 나는 무역 보험 협회Society of Foreign Trade Risk

Insurance Ltd.에 가서 100만 달러가 넘는 개인 보증을 서야 했다. 그 회사는, 이른바 문제 국가에 수출을 하는 이스라엘 기업에게 보험을 제공하기 위해 세워진 곳이었다. 그곳의 한 부서는 신용이 필요한 회사에게 은행 대출을 보증해 주었다. 우리 셋은 그것에 서명했고, 그들은 은행의 보증인이 되었으며, 은행은 그래야만 우리가 필요로 하는 돈을 빌려 주었다.

오늘날에는 제정신이라면 그럴 사람이 없겠지만, 당시에는 다른 대안이 없었다. 벤처 캐피털 펀드 및 최근 몇 년 사이에 뻗어 나온 그것의 각종 파생물들은 아직 존재하지 않았다. 우리는 회사의 성공을 바라보며 우리 자신, 우리 돈, 우리 가족들을 건 도박을 하고 있었다. 도박이 잘못되면 우리는 모든 것을 잃을 수밖에 없었다. 은행은 실패할 경우 보험 회사로부터 돈을 돌려받았으나, 우리 보증인들은 서명한 전액을 갚아야 했다. 그들은 우리를 쏘지는 않겠지만 이후로도 오랫동안 우리의 주머니를 바닥까지 훑을 것이며 무덤까지 쫓아 올 것이 분명했다. 남들에게는 일어났던 일이다.

1987년은 내가 아는 한 가장 어려운 해였다. 유럽에 대한 투자는, 판매 계약은 3월에 이루어졌지만 연말이 되어서야 성과가 나타나기 시작했다. 그 사이의 기간에 모티와 나는 직원들의 월급을 주기 위해 리라즈의 주식을 팔아야 했다. 나는 계속하여 내 소유의 4D 주식은 물론 회사 소유의 에이나브 시스템스의 주식도 담보로 내놓아야 했다. 모티는 본인의 불간섭 방침을 유지했기 때문에, 내 개인적인 어려움에는 조금도 관여하지 않았다.

내부적인 모순은 그 기간 동안에 명백해졌고, 이것이 나를 거의 미치게 했다. 정확히 우리가 성공을 눈앞에 두고 있었을 때, 우리는 에이나브 시스템스와 4D의 사정이 불확실성 속에 빠져 있음을 깨달았다. 나는 우리가 시작한 모든 것이 결실을 맺기를 바랐지만, 확신할 수는 없었다. 최선의 노력에도 불구하고 성공하지 못할, 여전히 남아 있는 빚을 갚지 못할 가능성은 항상 존재했다. 게다가 우리는 신용과 장래의 고객을 잃을까 봐 우리에게 현금 문제가 있다는 것을 누설하지도 못했다. 사업을 하면 위기 때문에 신경이 소모되고 에너지가 누출된다. 모티는 우리의 곤경을 빌미로 4D에 대한 회의주의를 정당화했고, 자신의 거리를 유지했다.

그러는 동안에 4D에서는 컨트롤 D라는 두 번째 제품을 개발했는데, 그것은 프린트 작업을 관리하기 위한 프로그램이었다. 우리는 해리슨 부부를 이스라엘로 초청하여 확인하게 했다. 그들은 1987년 6월에 그들의 수석 엔지니어 개리 쿠퍼Garry Cooper와 함께 우리 앞에 나타났는데, 방문이 예정보다 일렀기 때문에 우리는 스트레스를 많이 받았다. 제품은 아직 개발 초기 단계에 있었고, 아직 연결되지도 않았기 때문이다. 그 프로그램의 작동 여부가 매우 불분명했다. 책임자였던 아리엘 고든은 중요 구성요소들의 완성에 전력을 다하고 있다고 말했고, 주어진 시간이 많지 않으니 프로그램을 돌려 보는 것이 좋겠다고 말했다.

나는 간식과 잡담으로 손님들을 가능한 한 오래 사무실에 머물게 했고, 그런 다음 그들을 택시에 태워 헤르즐리아Herzliya에 있는 시텍스로 보냈다. 개리 쿠퍼가 문을 열기 바로 전, 제품이 응답하기 시작했다. 손님들이 컴퓨터 앞에 앉자 우리의 신제품은 멋진 성능을 보여 주었다.

"진짜인가요 아니면 그냥 보여 주기인가요?"

지쳐 있던 베니가 아리엘에게 속삭였다. "진짜예요"라고 아리엘이 대답했다. 베니는 싱긋 웃었다.

"그럼 내일은 이걸 레우미 은행에 설치하겠군요."

컨트롤 D의 엄청난 잠재력은 눈 달린 사람이라면 누구에게나 명백했다. 하지만 개리와 해리슨 부부의 반응은 우리가 바랐던 것보다 덜했다. 우리는 그들을 예루살렘의 필수 코스로 데리고 다니며 완벽한 접대를 했다. 보통 중요한 손님은 내가 에스코트했지만 이번에는 사양했다.

방문의 마지막 날, 우리는 그들에게 컨트롤 D에 대한 미국 판매권을 주었고, 그들은 돌아갔다. 우리는 B&BE와 유럽 판매 계약을 하면 된다는 계획이었다. 그러나 1987년 12월에 우리가 두 계약을 체결할 준비를 하고 있을 때, 톤에서 통지를 했다. 자신들이 보고서 배포 시스템RDS이라는 컨트롤 D와 유사한 제품을 개발했으며, 또한 B&BE가 유럽에서의 독점 판매를 대가로 자신들과 방금 계약을 완료했다는 것이다. 컨트롤 D와 RDS는 라이벌 제품이었기 때문에, B&BE가 우리와 판매 계약을 하려 했을 때 톤은 B&BE로 하여금 경쟁 제품을 판매하지 못하게 하는 계약 조항을 만들었다. 그 결과, 톤은 컨트롤 D의 유럽 판매를 막을 수 있었다.

우리의 제품이 의심의 여지없이 더 우월했기에 이것은 날벼락이었다. 그리고 톤이 미국에서 성공적인 마케팅을 하리라는 것은 확실했다. 그곳의 90퍼센트나 되는 잠재 고객은 결코 경쟁 제품을 고려하지 않을 것이기 때문이다. 그들은 이미 컨트롤 M을 사용하고 있었고, 자연히 컨트롤 D는 그것의 연장이었다.

톤에서 B&BE의 유럽 판매를 막는 한편 컨트롤 D의 미국 판매에 정말로 관심을 갖고 있다는 사실이 금세 분명해졌다. 내 느낌에 그들은 우리를 방문하는 동안에 그들의 제품이 우리 제품보다 못하다는 것을 알고서 교활하게도 한 브루겔링을 움직여 자기들과 계약하게 했던 것 같다. 우리는 모두 화가 났지만, 감정과 사업은 분리되어야 한다. 이러한 상황은 누구에게도 이익이 될 수 없는 것이었다. 우리는 이 난국을 빠져나갈 방법을 찾아야 했고, 차분함을 통해 모범을 보여야 했다. 나는 한Han을 설득하여 당사자들을 중립적인 장소에 초대하기로 했고, 1988년 1월 뒤셀도르프에서의 만남이 이루어졌다.

톤은 해리슨 부부와 개리 쿠퍼가 대표했고, 우리 쪽은 미국 출신의 갈리아와 이스라엘 출신인 내가 맡았다. 다혈질인 베니는 섬세한 상황에는 적합하지 않기에 텔 아비브에 남겨졌다. 나는 한이 중재자 역할을 해 줄 것으로 확신했지만, 완전히 놀랍게도 그는 단지 우리에게 자신의 사무실을 내주고는 사라져 버렸다. 애초에 우리를 곤경에 빠뜨린 것에 대해 책임을 느낀 모양이었다.

우리는 한 호텔에 머물렀고, 톤 일행은 또 다른 호텔에 머물렀다. 우리는 매일 아침 한의 사무실에서 만나 밤늦게까지 이야기했다. 우리의 만남은 마치 두 적이 억지로 평화 협정을 맺으려는 것 같았다. 바바라는 평소대로 부정적이고 공격적이었으며, 돈은 그녀를 따라 했고, 개리는 그 입씨름에 걸려들지 않으려고 최선을 다했다. 시간이 절대로 중요했기 때문에 우리는 자리를 뜨지 않았고, 바람을 쐬러 나가지도 않았다. 우리는 음식을 주문하여 침묵 속에서 먹었다. 그곳에 있는 동안에 나는 평균 3시간을 잤다.

마침내, 나는 곤경을 벗어나는 방법을 찾아냈다. 컨트롤 D의 유럽 판매는 B&BE에게 맡기고, 북아메리카는 톤에 맡기되 대신 톤에게 유럽 시장 판매에 대한 보상을 해 주는 방안을 제시했다. 일을 원활히 하기 위해서, 나는 B&BE를 통한 컨트롤 D의 유럽 판매에 대해 톤이 반대하지 않는다면 커미션을 지불하겠다고 제안했다. 이는 물론 비싸고 예외적인 해결책이었지만, 교착상태를 깨뜨릴 수 있었다. 몇 시간 뒤, 나는 집으로 돌아가고 있었다. 이륙과 착륙 사이에는 잠만 잤다. 그리고 금요일 저녁에 집에 도착했고, 다음 날에는 모든 가족이 내 친구 슈미엘 라흐만Shmuel Lahman

아들의 성인식에 갔다. 모두가 내게 활력이 넘쳐 보인다고 말했고, 나는 모든 것이 행복하고 자랑스러웠다.

1988년에는 유럽에서도 성과를 보기 시작했으며, 연말에는 4D만의 사무실을 마련하기로 결정했다. 우리는 키르야트 아티딤에 있는 사무실로 옮겼고, 모티 글레이저를 해임시켰다. 갈리아는, 우리에게 할당된 공간만 쓰겠다고 건물주에게 약속했지만 우리는 그 약속을 지키기가 어렵다는 것을 알게 되었고, 점점 300제곱미터의 나머지 부속건물을 잠식하기 시작했다.

1989년 말에는 B&BE를 통한 컨트롤 D의 유럽 판매가 톤의 미국 판매를 훨씬 앞서게 되었다. 톤은 그해의 성과를 알게 되자 두 명의 전문 회계사를 보내 텔 아비브에 있는 우리 장부를 확인하게 했다. 모든 것이 잘 정리되어 있음이 확인되었고, 이에 톤은 회계 감사 비용을 지불함은 물론 우리에게 잘해 보자며 '계약금으로' 10만 달러를 보내 주었다. 베니는 만족하지 못했다. 그는 우리가 그 돈을 받는 것이 양보나 타협으로 해석될 수도 있다고 우려했다.

이라크의 스커드 미사일이 정전된 텔 아비브에 떨어지고 첫 번째 걸프전이 시작되었다, 이스라엘 사람들이 밀폐된 공간 안에 걱정스럽게 앉아 있는 동안에도 우리의 사업은 거의 정상으로 돌아가고 있었다. 특히, 톤이 우리에게 지불해야 할 돈을 매일 청구했는데, 그들은 이를 이상하고도 놀라운 변명들을 통해 회피하고 있었다.

한 달 뒤, 걸프전은 끝났고 이스라엘은 작은 피해만을 입은 채 일어섰다. 샤미르(Shamir) 총리의 제한조치 덕분이었다. 한편, 톤과의 전쟁은 이제 한층 고조되었다. 우리는 그들의 변명에 신물이 나 있었고, 결국 정면대응으로 그들과의 관계를 끝내기로 결정했다. 베니와 갈리아와 나는 그 결정에 모두 찬성했다. 판매 계약상 분쟁 해결을 위한 장소는 런던으로 되어 있었다. 1991년 3월에 우리는 톤과의 계약을 끝내기 위해 런던 고등 법원에 소장을 제출했다. 우리는 소장을 개인적으로 피고에게 송달해야 했다. 캘리포니아의 법에 따르면, '당신은 소장을 받았습니다You have been served'라는 절차의 통지가 피고인에게 전달되기 전까지는 소장의 법적 효력이 없기 때문이었다.

해리슨 부부는 이를 알고는 곧 소장을 피하기 위한 한심한 숨바꼭질을 하기 시작했다. 우리는 미국의 친구들과 상의했고, 교활한 고객들을 뒤쫓아 꼼짝없이 그들에게 소장을 전해 주는 사람들이 있음을 알게 되었다. 우리는 아놀드 슈워제네거Arnold Schwarzenegger와 비슷하게 생긴 사람을 한 명 고용했다. 검은색 가죽 재킷을 입고 어두운 선글라스를 쓴 이 사람은, 놀랍고 기쁘게도 매너가 좋았고 법적 용어도 잘 알고 있었다. 그는 미꾸라지 같은 부부를 잡기 위해 자신의 할리 데이비슨을 타고 그들의 집 밖에서 잠복했다. 그들이 차에 오르는 순간, 그는 그들의 곁으로 달려 나가 욕을 내뱉으며 그들의 차에 소장을 붙여 주었다. 그들은 진짜로 소장을 받은 것이다. 그리고 그게 다였다. 메시지는 전달되었으니까.

끝이냐고? 그렇기도 하고 아니기도 하다. 우리는 톤과의 관계를 끝냈고 법적 절차를 밟았지만, 실질적으로는 관계가 끝나지 않았다. 톤은 시간을 끌면서, 4D의 미국 판매권이 자신들에게 있으므로 우리에게는 그들의 나라에서 일할 권리가 없다고 주장했다. 우리는 거대한 위기의 그림자 속에서 사업을 해 나가야 했다. 우리는 재판 절차를 그냥 보고 있을 수만은 없었다. 왜냐하면, 송장이 전달된 순간부터 우리는 소프트웨어를 판매하고 기존 고객들에게 기술 지원을 하는 등 사업이 실질적으로 '정상'임을 증명해야 했기 때문이다. 조금이라도 공백의 낌새가 보이면 고객을 잃을 수 있었다. 우리는 톤의 의도적인 지연작전이 정말로 그러한 결과로 이어지지나 않을까 걱정했다. 그래서 법원의 결정을 앉아서 기다리기보다는, 위기가 여전히 최고조일 때 우리 자신만의 판매 조직을 설립했다.

큰 문제는, 우리에게 뜻대로 사용할 수 있는 숙련된 인력이 없었다는 것이다. 그들은 여전히 톤을 위해 일하고 있었다. 하지만 우리는 일을 진행하여 캘리포니아에 사무실을 열었다. 베니 바인베르거는 급히 자신의 가족보다 먼저 그곳으로 옮겼고, 갈리아와 그녀의 아들지금은 우리와 함께 일하고 있다에게 합류했다.

이스라엘로부터는 3명이 지원군으로 왔는데, 그중에서 에얄 디스킨은 당시 미국으로 가는 도중에 우리의 긴급 요청에 응해 주었다. 3명은 우리가 필요로 했던 절대 최소한이었고, 당시에 우리가 할당할 수 있는 최대한이었다. 우리는 미국으로 신고 갈 수 있는 여분의 전문가가 텔 아비브에 10명도 없었다. 우리에게는 톤의 숙련된 직원이 절실하게 필요했다.

만일, 해리슨 부부가 상식에 근거한 해결책을 제시하는 것이 아니라 더욱더 보복적으로 나온다면 어쩔 것인가. 우리 자신의 조직을 세움으로써 톤과의 계약이 해제되었다는 인상을 주기는 했지만, 우리는 부부를 설득하여 최소한 몇 명의 직원이라도 되찾아 올 방법을 계속 찾고 있었다.

그 과도기에 존재했었던 이상한 부분은, 4D가 비록 미국 전체에 고객을 갖고 있기는 했지만 어떤 식의 재정적 근거도 갖고 있지 않았다는 사실이다. 신용 기록도 없었고, 사무실을 빌렸다든지 전화를 주문했다든지 하는 작은 거래조차도 없었다. 우리는 갈리아의 개인 신용카드로 모든 것을 처리했던 것이다.

톤은 미동도 없었고 우리는 교착상태에 빠졌다. 1991년 4월, 나는 감정에 얽매이기보다는 합의를 해야 한다고 결론 내렸다. 우리는, 모두가 런던 법정으로 갈 게 아니라 양쪽 편 모두에게 겨우 두 시간 거리인 로스앤젤레스에서 협상을 벌이자고 제안했다. 만남은 톤의 변호사 배리 로렌스Barry Lawrence의 사무실에서 있었다. 나는 이스라엘에 머물렀고, 변호사 미키 슈피겔만이 우리 쪽 대표인 갈리아와 베니에게 합세했다. 그들은 돌아오자, 참을 수 없는 긴장 속에서 이루어진 매우 불쾌한 만남이었다고 말했다. 베니는, 당시에 말라깽이였던 바바라 해리슨이 자살하겠다고 위협하는 가운데 혈관을 찾고 있었고, 슈피겔만은 "마음대로 해요"라면서 창문을 열어 주었다고 한다. 정말로 연속극 같은 장면이었다.

톤은 명백히 돈이 없었지만, 우리는 돌아갈 수가 없는 지점에 와 있었다. 해리슨 부부는 선택을 해야 했다. 우리 때문에 회사를 무너뜨리고 미국에 쌓아 놓은 모든 것을 파괴하든지 아니면 우리와 타협하든지. 우리는 그들의 고객 기반 및 지원 메커니즘이 파괴되는 것을 정말로 원치 않았다. 원했던 건 그 반대였다. 그리고 그들은 줄 끝에 매달려 생명을 구걸하고 있음이 분명했다.

그래서 우리는 체면을 유지할 수 있는 방안을 내놓았다. 우리는 그들에게 100만 달러의 현금바닥까지 긁어모은 및 3년 이상 기존 고객의 유지보수 작업을 통해 나오는 이익의 50퍼센트를 지불하기로 했다. 그 대신에 우리는 우리가 원하는 직원을 선택하기로 했고, 또 톤의 고객목록, 기술지원, 회계, 임박한 판매분, 그리고 국방부 등록증을 받기로 했다. 4일이 지나자 우리는 계약을 맺었고 2주 후에는 최종 서명을 했다.

계약에 서명한 후, 우리는 즉시 그들의 가장 유능한 직원들 중에서 15명을 뽑아 우리의 이스라엘 출신 3인방에 합류시켰다. 우리는 레우미 은행 로스앤젤레스 지점에 사업용 계좌를 개설했고 상당한 액수를 예치했다. 우리는 매우 안도했고, 이제는 4D가 북아메리카에서 스스로를 대표한다고 공개적으로 발표했다. 새로운 조직에서 베니는 CEO가 되었고, 갈리아는 부사장이자 미국 회사의 사장이 되었으며, 그녀의 아들은 경영부서의 총괄매니저가 되었다. 나는 이스라엘에서 베니가 했던 4D의 일상적 경영 업무를 3월부터 맡았고, 이사장의 역할을 계속했다. 그 이후로 베니의 사무실은 캘리포니아에 있었고, 내 사무실은 키르야트 아티딤에 있었다.

시간을 내어 회계장부를 감사하게 했을 때, 우리는 수년에 걸쳐 톤이 우리가 그들에게서 받았던 것보다 더 많은 돈을 받아 갔음을 알게 되었다. 하지만 후회는 없었다. 그들은 미국 시장에 우리의 제품을 출시했고 B&BE에 우리를 소개함으로써 그들의 역할을 했을 뿐이다. 절교우리의 자유의 대가 또한 컸지만, 우리는 그들로부터 독립한 것이 그만한 가치가 있으리라고 믿었다.

독립의 서두에는 유지비가 한 달에 10만과 20만 달러 사이에서 지출되었다. 이는 과도기에 미국에서 4D를 운영하는 데 필요한 액수였다. 우리의 모든 보유고는 이러한 목적으로 쓰였고, 누가 우리를 도와 우리의 독립 사업에 자금을 대줄 것인지는 분명하지 않았다. 두 번째로 불분명한 것은 우리가 조직화되고, 판매를 시작하고, 흑자를 내고, 이익을 낼 때까지 얼마나 오래 걸리겠느냐였다. 세 번째로 불분명한, 그리고 가장 중요한 것은 우리가 이러한 목표들을 성취할 수 있겠느냐였다.

우리는 1991년 초에 미국 사업에 대한 청사진을 그려 놓긴 했지만, 실제 계획은 어떠한 자금 지원도 없이 개발되었다. 앞선 계획과 더 보수적인 접근법이 있었다면 그러한 위험한 진행은 피했을 테지만, 뒤돌아보면 우리가 한 일이 옳았다. 우리는 정박할 곳을 찾을 때까지 떠 있을 수 있기를 바라며 깊은 물로 뛰어들었다. 내가 첫 번째로 해야 할 일은 이스라엘에서 그러한 정박할 곳을 찾는 것이었다. 돈, 일종의 임시 자금이 필요했다.

톤의 업무와 관련된 회사의 모든 결정은 베니와 갈리아와 내가 만장일치로 결정했다. 우리는 조화롭게 함께 일하는 잘 통합된 팀이었다. 4D의 성공은 우리 셋의 재능의 결합 덕분이었다고, 나는 그때도 말했고 지금도 말하고 있다. 베니의 전문가주의와 야심, 갈리아의 기민함과 인맥, 그리고 나의 경영 능력이 결합되어 환상적인 결과를 만들어 냈다. 우리는 미국을 정복할 꿈을 꾸었고, 정말로 해냈다.

15 독립의 고통

❖ Nordau to NASDAQ

　우리는 톤으로부터의 독립을 축하했다. 하지만 기쁨은 걱정으로 희석되었고, 미래만이 우리의 행동이 현명했는지를 말해 줄 것이었다. 그리고 그러는 동안에 우리는 100만 달러를 토해 내야 했다. 뿐만 아니라 또한 4D의 미국 사업을 위한 자금도 구해야 했다. 미국 사업부를 용감하게 시작했지만, 우리의 매우 제한된 현금 보유고는 기껏해야 몇 달을 버틸 수 있는 정도밖에 되지 않았다. 우리의 불안한 재정 상황은 경영진이 숨기고 있는 가장 깊은 비밀이었다.

　하지만 이제는 진실을 밝힐 수 있다. 우리는 그날 벌어 그날 살았다는 것을. 우리의 금고는 비어 있었고 우리는 의지할 데가 없었다. 1991년 상반기에는 현금이 마이너스가 되었다. 그때조차도 우리는 이마에 땀을 흘리며 어떻게든 10만 달러를 모았는데, 이스라엘의 성가신 외환 규제로 인해 미국의 4D에는 보낼 수가 없었고, 관료주의의 산을 넘는다는 것도 얼마나 걸릴지 알 수 없었다.

　우리는 숨이 막혔다. 우리가 시도하는 모든 일들이 복잡하게만 꼬여갔다. 우리와 수년간 거래했던 하포알림 은행에서도 자금줄을 조여 댔다. 그들은 1990년에만 해도 우리에게 100만 달러까지 대출을 약속했었다. 그러니까 미국에서의 독립 계획은 그것에 근거하고 있었다. 하지만 우리가 1991년 4월에 톤과의 분쟁 및 일시적인 판매 중단을 겪고 나서 그들을 찾아갔을 때, 은행은 25만 달러만 제공할 의향이 있었다. 18개월 후에는 4D의 가치가 1억 2,000만 달러가 되었으나, 1991년의 봄과 여름에는 붕괴 직전에 있었던 탓이었다. 미국에서는 베니와 갈리아가 전력을 다해 노력하고 있었고, 이스라엘에서는 내가 이곳저곳으로 자금을 구하러 다녔다. 나는 겨우 우리를 믿어 줄 누군가를 확실히 찾아낼 수 있었다.

나는 내 오랜 친구 루루에게 의지했다. 그는 흥미를 보이며 그 문제를 진지하게 살펴봐야겠다고 말했다. 그는 우리 모두의 친구인 시무엘 라하만에게 연락했고, 그가 말하길, IBM에서 스톡홀름의 한 대규모 팀에게 고품질의 경쟁 제품을 개발하게 했다는 것이었다. 루루는 돌아섰다. 그는 나를 좋아하기는 했지만 우리처럼 작은 회사가 IBM과 경쟁할 수 있다고는 믿지 않았다. 그러나 그의 주장은 논리적이면서도 틀렸다. IBM의 개발팀들은 서로 분리되어 있었고, 그들의 제품들은 호환되어 있지 않았기 때문이다. 반면에 우리는 IOA라는 시스템을 개발했는데, 그것은 우리의 모든 소프트웨어를 전체적으로 하나의 조화로운 시스템으로 만들어 주었다. 이것이 우리의 마케팅 경쟁력임과 동시에 큰 회사들에게 도전할 수 있게 하는 능력이었다.

루루가 변심한 뒤, 내 머릿속에는 레우미 은행의 알렉스 엘더라는 이름이 갑자기 떠올랐다. 나는 1988년 은행에 컨트롤 D를 설치했을 때 그를 처음으로 알게 되었다. 당시에 노동자 위원회에서는 그 프로그램이 일자리를 감축시키고, 업무 시간을 단축시키며, 경영진을 줄일 것이라면서 반대했었다. 위원회는 있는 힘을 다해 컨트롤 D와 싸웠고, 노동자들은 파업했다. 하지만 알렉스는 똑똑한 캠페인을 벌여서 성공했다. 나보다는 약간 어렸지만 그는 나와 마찬가지로 산업 엔지니어였고, 은행 컴퓨터 센터의 관리자였다. 그는 금융 과정을 공부하여 결국에는 30여개 지점을 관리하는 자리에까지 올라갔다. 1991년에는 임원이 되었다.

"하포알림 은행에서 얼마나 나를 엿 먹이고 있는지만 봐줘."

나는 그의 어깨에 기대 울었다. 알렉스는 공감해 주었고, 도울 수 있는 것이면 무엇이든지 해 주었다. 그는 나와 함께 은행의 관련 위원회들을 찾아가기도 하였다. 하지만 아무리 사정하고 협박해도 모두 거절당하고 말았다. 그들은 내 능력으로는 해 줄 수가 없는 담보를 고집했다. 컴퓨터 프로그램은 무형의 상품이고, 소프트웨어 회사에는 아무런 물질적 자산이 없지 않은가. 나에게는 저당 잡힐 건물도 없었고 기계도 없었다. 정보, 기술, 그리고 집단의 가능성인적 자본 또한 담보가 될 수 없었다.

내가 이렇게 돌아다니고 있을 때, 미국에 있는 갈리아가 전화해 더 이상은 기다릴 수가 없다고 말했다. 다음 날에는 월급을 줘야 하는데 그녀에게는 돈이 없었다. 우리의 새 미국 벤처는 하루아침에 세워졌고, 여러 지점들에서는 이제 막 제품의 마케팅과 서비스를 시작하였다. 그래서 아직은 이렇다 할 수입이 없었다. 우리 제품 같은 경우에는 판매 주기가 수개월이나 때로는 1년이 되기도 하는데, 회사는 미국의 은행에서 대출받기에는 신용이 충분하지 않았다. 나는 깐깐한 투자자들과 완고한 은행가들을 찾아다녔던 내 고난의 길을 갈리아에게 말하지 않기로 했다. 그녀를 낙담시킬 이유가 무엇인가. 그녀는 미국의 일을 계속 진행해야 했다. 나는 그녀에게 내가 처리하겠다고 말했다.

"계속 일하세요. 다 잘될 거예요. 월급은 곧 마련됩니다. 날 믿으세요."

나는 다시 한 번 헤르즐리야에 있는 레우미 은행으로 찾아갔고, 본심을 숨기기 위해 최고의 포커페이스를 유지했다. 나는 알렉스에게, 더 이상은 찾아갈 곳이 없으니 그리로 가겠다고 말했다.

"얼마나 필요하신데요?"

그가 물었다.

"제가 해결해 드릴게요."

"지금 10만 달러가 필요해요."

"담보는요?"

"또요?"

나는 화가 났다.

"저한테 필요한 게 아니라 은행에 필요해서요. 꼭 필요하거든요."

그가 정말로 내 편으로 건너왔고 나를 위해 위험을 감수할 준비가 되어 있다고 믿었기 때문에, 나는 그에게 6주 만기의 10만 셰켈NIS : 이스라엘의 화폐 단위로, 2013년 현재 환율로 1셰켈은 약 310원짜리 개인 수표를 내놓았다.

"그럼, 이걸 받으세요."

그러자 그가 고개를 끄덕였다. 그가 받았다! 나는 그에게 수표를 주었고 그는 나에게 돈을 주었다. 이렇게 해서 10만 달러는 미국으로 가게 되었다. 갈리아는 월급을 지급했고 회사는 계속 운영되었다.

우리의 개인적인 보증에도 불구하고, 베니와 갈리아와 나는 심연의 가장자리에서 간당간당하게 서 있었다. 베니는 50퍼센트, 갈리아는 20퍼센트, 나는 30퍼센트의 보증을 책임지고 있었다. 합산하면 우리의 개인적 담보는 거의 200만 달러에 이르렀다. 끔찍했다. 물론 모든 보증이 은행에 걸려 있는 것이 아니라 일부는 무역 보험 회사에 걸려 있었는데, 우리는 그들에게 보증했고 그들은 은행에 보증했으므로 위험은 보험 회사와 우리가 나눠 갖고 있는 셈이었다. 하지만 나에게는 어린 아이들이 있었고, 그들의 미래는 위험에 처해 있었다. 또 다른 진정한 위험은, 우리의 일생이 걸린 일미국의 조직들과 은행, 대기업에 우리의 혁신적인 소프트웨어를 파는 근사한 계획들이 우리가 파산했다는 소문이 나는 순간, 전부 연기처럼 사라질 것이라는 데 있었다.

사실상 우리는 움직일 수 없었다. 머리로는 위험을 감수하려 하지 않았고, 가슴으로는 믿음을 가지려고 했던 것이다. 세상에 대해서는, 사업 제안을 하고 판촉 활동을 하면서 유능한 기업가라는 인상을 계속적으로 주었다. 내부적으로는, 마치 곡예사처럼 느껴졌다. 공중에 공을 던져 놓고 받는 것은 몇 개뿐이고 떨어뜨리는 것은 많은 그런 곡예사.

레우미 은행의 알렉스로부터 10만 달러를 받은 후에는 더 이상 찾아갈 은행이 없었다. 월급 문제를 일시적으로 해결하긴 했지만, 여전히 우리는 가느다란 실 끝에 매달려 있었다. 나는 다른 개인 투자자를 찾아갔고, 회색 시장비정규 시장—옮긴이의 문을 두드렸다. 모든 이들의 반응이 부정적이었다. 회사는 붕괴될 것 같았고, 판매는 올라가지 않았다. 누구도 우리에게 투자하려고 하지 않았다. 1991년 3월, 나는 4D의 이스라엘 지점을 우선시하여 그것을 24시간 체제로 운영하기로 결정했다. 미국에 4D를 세우며 고통 중에 있을 때, 그리고 그 절차의 길고 긴 산고를 겪고 있을 때, 내게 이런 생각이 떠올랐기 때문이다. 나는 특별히 4D를 위해 밤낮으로 일을 해야 한다고. 그리고 그러기 위해서는 에이나브 시스템스에 휴가를 내야 했다.

1991년 6월에는, 역시 심각한 유동성 문제를 갖고 있던 에이나브 시스템스에서 긴급 이사회를 열었다. 우리는 비용 절감 및 효율성 제고에 동의했으나 기다려 봐도 아무런 개선이 없었다. 이미 틀어져 버린 모티와 나의 관계는 더욱 악화되었다. 두 번째 긴급회의가 열렸을 때, 나는 이사회에 더 이상은 그와 함께 일할 수 없다고 분명한 어조로 말했다. 나는 분리 및 에이나브 시스템스의 운영 동결을 제안했다. 모티는 그 생각에 반대했다. 그는 우리와 영원히 결별함은 물론 회사를 자기가 독차지하고 싶어 했다. 나는 '너를 영원히 안 본다면야'라고 생각하면서 동의했다. 그것은 나의 회사였지만, 나는 깊게 금이 간 로맨스에 완전히 흥미를 잃어버렸다. 모티는 자필로 문서를 꾸며서 우리에게 두 달 안에 떠날 수 있는 선택권을 주었다. 우리는 각자 서명했다. 그리고 모티의 친구인 대니 아바르바넬도 서명했다. 그는 과거에 우리의 차이를 좁혀 주려고 노력했었고, 이번에도 다시 중재자 노릇을 하고 있었다.

일주일도 채 지나지 않아 모티는 선택권을 실행하기로 결정했다. 그가 무엇을 확인해 보기는 했는지 나는 모르겠다. 우리는 1991년 3월에 에이나브 시스템스를 동결하여 자회사들에 있던 우리 모두의 주식을 그 시점 그대로 보유할 수도 있었지만, 파트너십을 끝내는 협상을 시작했을 때, 만일 내가 나간다면 나는 그에게 50만 셰켈을 빚진다는 것을 알게 되었다. 그리고 그는 그 수표를 탐냈다. 그는 에이나브 컴퓨터 시스템스-4D뿐만 아니라 내 자회사들 주식 전체를 요구했고, 싸움도 없이 가져갔다. 물론 이것은 우리가 동의한 선택권에 포함되어 있지도 않았다. 나는 길의 끝에 다다랐다. 그리고 그를 영원히 없애 버릴 수만 있다면, 얼마나 많은 돈을 잃느냐는 상관없었다.

1991년 8월에 미키 슈피겔만의 사무실에서 만남이 이루어졌다. 분리 계약을 준비한 그는, 4D 소프트웨어에 있는 에이나브 컴퓨터 시스템스의 주식 가치에 대해 질문을 했다. 슈피겔만은, 만일 미국에 독립적인 회사를 세우는 일이 실패한다면 주식 가치는 제로가 될 것이라고 말했다. 그리고 만일 성공한다면, 회사는 수백만 달러의 가치를 가질 것이라고 말했다. 이는 지난 번 회의 때 그가 이미 모티에게 말해 주었던 바였다. 모티는 그때 자신이 4D에 대해 속고 있는 것이 아니냐고 물었었다. 그러면서 이렇게 말했다.

"4D에는 관심 없어요. 그건 로니나 좋아하지."

그는 회사가 상장될 경우 어떠한 세금 부담도 지고 싶어 하지 않았다. 내가 부과될 모든 세금을 내기로 하자, 그는 안심했다.

우리는 파트너십 종결 계약에 서명했고, 분리 계약을 이행하는 동안에 분쟁이 일어날 경우를 대비하여 중재자를 조정자로 바꾸었다. 슈피겔만은 상세한 문서를 준비하기 시작했고, 나는 안도의 한숨을 내쉬었다.

그날 저녁, 나는 마티아에게 이렇게 말했다.

"내가 옳은 일을 하고 있는 건지 전혀 모르겠어. 한편으로는 모티에게 내가 줄 수 있는 최대한의 돈을 지불하고 있고, 다른 한편으로는 모든 계란을 한 바구니에 넣고 있어. 갈리아조차도 그 일부가 되는 것에 대해 주저하고 있고. 모티가 가 버리면 확실히 난 더 오래 살겠지. 하지만 사업적 관점에서 본다면 누가 알겠어, 이게 잘한 건지 못한 건지."

마티아는 끝까지 들어 주었고, 아무런 의견 없이 그냥 나를 지지해 주었다.

"결정했으면 된 거죠. 난 당신 편이에요."

나를 사랑해 주고 믿어 주는 누군가로부터 강력한 지지를 받는다는 것은 좋은 일이다. 자랑스럽게도, 그녀는 수년 전부터 이미 모티 글레이저를 이상한 놈으로 보고 있었다.

미국에서의 독립, 재정적 곤란, 그리고 모티와의 파트너십 종결. 이 모든 것은 한꺼번에 일어났다. 그리고 톤과 4D에 돈을 대느라 은행들을 돌아다녔을 때처럼 이제는 모티에게 50만 셰켈을 자비로 지불해야 했다. 나는 내 소유의 두 번째 아파트를 저당 잡혀서 돈을 구했고, 또 다른 대출을 얻었고, 돈을 갚았다.

한순간도 안심할 수가 없었다. 미국에서는 톤과의 분쟁이 계속되고 있었고, 이스라엘에서는 모티 글레이저와의 말다툼이 계속되고 있었다. 파트너십 종결 계약에 서명한 지 얼마 지나지 않아, 그는 다시 나타나서 다시 한 번 조정을 요구했다.

"내가 받을 돈이 더 있던데요. 당신은 내게 에이나브 시스템스의 상태에 대해 전부 다 말해 주지 않았어요."

그는 빚이 수만 셰켈에 이른다는 것을 '발견했다'. 나는 냉정을 유지하려고 매우 힘들게 노력했지만, 혈압은 위험한 수준까지 높이 치솟았다. 1991년 11월에는 또 다른 신경 쓰이는 조정이 있은 후에 조정자가 부분적인 조정안을 내놓았다. 그리고 12월에는 모티가 추가로 수만 셰켈을 가져갔고, 에이나브 시스템스 및 자회사들의 내 모든 주식을 가져갔다. 그는 대신에 에이나브 컴퓨터 시스템스-4D의 자기 주식을 나에게 이전했다. 각자가 상대방에게 계약에 정해 놓은 것을 주었다. 나는 그에게 추가로 금액을 지불하기 위해 은행에서 두 번째 대출을 받았고, 마티아는 깊은 숨을 들이쉬며 우리의 아파트를 담보로 내놓는 데 서명했다.

1992년 4월 21에 조정자 대니 아바르바넬은 다음과 같은 최종 조정안을 냈다.

"이 조정의 목적은 양자를 친밀하게 하거나 화해시키려는 것이 아니라 양립할 수 없는 차이를 끝내려는 것이다."

특히 이 부분이 중요하다.

"로니와 모티는 변호사 미키 슈피겔만이 제시하는 모든 필요한 문서에 서명함으로써 파트너십의 종결 절차를 끝낼 것이다. 이는 조정안 발행 후 30일 내에 이행되어야 한다."

일련의 문서가 서명을 받기 위해 모티에게 보내졌다. 이번에는 정말로 모든 일이 끝났다. 종말의 시작도 아니었고 시작의 종말도 아니었다. 드디어 마침내 다 끝난 것이다. 조정자의 최종 조정안은 판사의 최종 판결과 같다. 어찌나 안심이 되었던지. 나는 이제 정신적으로도 감정적으로도 자유로워졌고, 마티아와 함께 우리 아들 잭을 징병 센터에 데려다 주었다. 나는 아들이 정보 부대에 들어가게 된 것을 기뻐했고, 내가 그랬던 것처럼 흥미롭고 생산적으로 복무해 주기를 바랐다.

1991년은 격동의 해였다. 나는 3월에 4D를 위해 50퍼센트 초과 근무를 했다. 4월에는 톤과의 분리가 있었고, 미국 4D의 설립이 있었다. 공식적으로 에이나브 시스템스에서 물러난 것은 6월이었다. 모티로부터의 분리는 6월부터 8월까지 지연되었다. 10월에는 우리의 독립적인 미국 기업이 안정되기 시작했다. 그리고 국제적으로는, 우리의 일본 판매자인 코이치 상의 판매 성과가 계속해서 좋아졌고, 오스트레일리아와 유럽에서도 마찬가지였다. 4D는 브라질, 아르헨티나, 베네수엘라, 칠레를 비롯한 30개국에 판매 조직이 있었다. 우리는 또한 한국, 남아프리카, 싱가포르와도 거래했다. 터널 끝에는 빛이 있었지만, 아직은 재정적 곤란이 계속되어 우리의 희망에 어두운 그림자를 드리웠다. 그해는 저주와 축복이 끊이지 않은 해였다.

16 유럽인
친구

　사업과 즐거움을 혼동하지 말라. 이는 모두가 아는 말이다. 하지만 모든 법칙에는 예외가 있듯이 4D의 역사에서 유럽인에 대한 페이지는 정말로 예외적이었다. 여기서는 사업이면서 또한 즐거움이었던, 우정에 관한 이야기를 해 보겠다.

　1986년 10월 쯤, 4D는 톤 소프트웨어를 통해 미국에서 제품을 판매하기 시작했다. 그러나 우리의 재정 상태는 재앙에 가까웠으며, 추가적인 유통 채널을 찾기 위해 매우 스트레스를 받았다. 미국에서 수익을 내려면 시간이 좀 걸리겠다는 것을 알았기 때문에, 우리는 모든 계란을 한 바구니에 담는 것은 위험하다고 판단하여 브라질에서는 판매자를 발견해 냈고 유럽에서는 적합한 인맥을 급히 찾아보았다. 마침 유대인 소유의 프랑스 그룹이 컨트롤 M의 판매에 관심을 보이면서 이익의 45퍼센트를 지급하기로 했다. 이는 우리가 미국에서 받고 있었던 것보다 많아서 베니조차도 감명받았을 정도였다.

　프랑스에서는 거래가 성사된 것으로 간주해 기자 회견을 열어 계약을 발표했다. 계약은 아직 서명되지 않았으나 협상은 거의 완료되어 유럽 판매는 1987년 1월에 시작하게 되었다. 그런데 그 즈음에 벨기에 회사 돌만Dolman이 우리를 발견했다. 돌만은 큰 슈퍼마켓 체인의 소유주였는데, 4D의 투자 기회를 날려 버린 루루가 발견해 준 것이었다. 우리가 그에게 유럽에서의 판매자를 찾고 있다고 말하자 그는 즉시 자신이 가진 최고의 인맥을 내놓았던 것이다.

그해 3월에 우리 가족은 마티아의 40번째 생일을 축하하기 위해 서프라이즈 파티를 준비하기 시작했다. 다만, 그녀는 텔 아비브 메트로폴리스의 교통 감독 고위직에 임명되어 업무량이 증가했기 때문에 우리는 그녀 없이 파티를 준비하기로 결정했다. 그러나 안타깝게도, 나는 베니와 함께 브라질로 가야 했기 때문에 많이 도와줄 수가 없었다. 바통은 아이들에게 넘어갔고, 나는 기쁜 행사를 맞아 시간 안에 돌아오도록 출장 스케줄을 조정했다.

브라질행은 중요했다. 거기서 우리는 4D의 첫 번째 판매자인 쏘닉스 인포마티카Thornix Informatica를 도와 회사를 설립하고, 직원을 고용하고, 전시회에 참여하고, 프레젠테이션을 준비했다. 그런데 공항으로 가기 위해 리오의 호텔을 떠나기 몇 분 전에 이스라엘의 사무실에서 전화가 왔다. 벨기에 회사에서 나에게 집으로 가지 말아 달라는 요청을 했다는 것이다. 우리는 계약 체결을 해야 했다.

벨기에인들과의 계약은 내가 처리했지만, 이런 식의 갑작스러운 요청은 나의 빡빡한 스케줄과는 맞지 않았다. 물론, 유럽 일을 진행하는 것이 긴급한 문제였기에 어떻게든 나는 브뤼셀에서 짧은 만남을 갖기로 했다.

벨기에인들에게는 내가 개인적인 이유로 매우 시간이 없다는 이야기는 하지 않았다. 협상을 할 때 바쁘다고 말하는 것은 좋은 생각이 아니기 때문에 나는 차분함을 유지했다. 다행히도 계약서 초안이 그 한 번의 짧은 만남으로 서명되었고, 봉해졌고, 송달되었다. 하지만 나는 그들의 저녁 식사는 공손하게 거절했으며, 이를 그들의 사무실에서 축하의 건배를 드는 것으로써 갈음했다.

나는 유럽의 판매 주기가 미국보다는 약간 짧다는 말을 듣고 기뻐했다.

그것은 이번 생애에 은행에 들어온 돈을 볼 수 있다는 의미였기 때문이다. 그날 밤에 집으로 가는 비행기를 탈 수 있다는 것도 나를 더욱 기쁘게 했다. 나는 텔 아비브의 사무실에 팩스를 보내 계약에 서명한 일을 알렸고, 짐을 싸기 위해 호텔로 돌아왔다. 그런데 문을 열기도 전에 전화가 왔다. 텔 아비브였다. 또 다른 유럽의 판매자이자 톤의 판매자인 유럽 소프트웨어 컴퍼니The European Software Company : TESC가 우리에 관한 이야기를 들었다고 하는 것이었다. 그들은 내게 잠깐 암스테르담으로 올 수 있겠느냐고 했다. 평소 같으면 그 기회를 덥석 물었겠지만 이번에는 단호하게 거절해야 했다. 그들이 진지하다면, 내가 사무실에 돌아와서 그들에게 연락할 때까지 기다려 줄 것이 아닌가.

나는 시간에 딱 맞춰서 집으로 돌아왔고, 파티를 위한 마지막 장식에 참여했다. 그리고 내 가장 친한 친구인 댄 로젠스트라움의 펜트하우스에서 행복하게 생일을 축하했다. 가족의 품 안에서 생일 파티를 하는 것과 가까운 친구들의 사랑은, 치열한 경쟁에 처해 있는 내게 귀중한 휴식임은 물론 인생의 우선순위가 무엇인지를 알려 주는 것이었다.

캘리포니아에 있는 소프트웨어 회사 불 앤 배비지 유에스에이Boole & Babbage USA에 의해 인수된 후 이름을 바꾼 TESC-B&BE는 진지했음이 밝혀졌다. 사업 제안에서 단 하나 곤란했던 것은 37.5퍼센트의 커미션뿐이었다. 이는 프랑스에서 제안했던 것보다는 낮았다. 하지만 전화를 건 사람은 인상이 좋았다. 우리는 이익과 손해를 저울질해 본 다음, 갈리아에게 뉴욕으로 돌아가는 길에 암스테르담에 들러서 TESC-B&BE에 컨트롤 M의 복사본을 주어 확인하게 하라고 결정했다. 그렇게 하면 돈이 전혀 들지 않을 것이고, 우리는 그들의 반응에 따라 어떻게 진행할지를 결정하면 되었다.

판매자들의 관심은, 하나의 물방울로 시작되었던 것이 이제는 점점 더 강력해지는 하나의 물줄기가 되었다. 갈리아를 컨트롤 M과 함께 보낼 때, 우리는 시류를 타고 있었고 아낌없이 베푸는 입장이었다. 갈리아는 암스테르담에 내려서 B&BE의 관리자들 중 한 명인 잰 오프슈르Jan Ofschoor를 만났고, 그에게 컨트롤 M의 테이프를 건네주었다. 당시는 USB 이전의, 무거운 자기 테이프의 시대였기 때문에 갈리아는 스타일이 구겨진다면서 불평했다.

프로그램을 확인하기 위해 B&BE에서 요청했던 몇 주일이 지나는 동안, 우리는 벨기에인들과 프랑스인들을 기다리게 하려고 노력했다. 그리고 3월 말에 B&BE에서 연락이 왔다. 컨트롤 M의 시험을 끝낸 그들은, 열광한 것 같았다. 그것이 딱 맞는 순간에 그들의 손에 들어갔던 것이다. 왜냐하면 그들은 당시에 또 다른 소프트웨어 프로그램에 대한 판매권을 잃은 상태였고, 컨트롤 M은 그들의 유럽 마케팅 수단으로서 완벽한 제품이었기 때문이다. 이는 그들의 기회임과 동시에 우리의 기회인 것 같았다. 우리는 기본적인 조건을 논의했다. 이어서 그들은 그 대화를 요약하여 편지를 보냈고, 후속 논의를 위한 20가지 문제를 내놓았다. 우리는 10개에는 즉시 승낙했고, 다른 5개에는 좀 더 시간이 걸렸으며, 나머지 5개에는 동의할 수 없었다.

우리는 팩스가 없었기 때문에 미키 슈피겔만의 사무실을 통해 전화와 팩스로 B&BE와 매일 협상하기 시작했다. 그리고 기본적인 원칙들이 합의에 이르자 전화 회의를 준비했다. 그들의 편에는 스스로를 한 브루겔링이라고 소개한 남자가 있었고, 한의 오른팔인 이안 화이트Ian White도 연결되어 있었다. 그들이 말하길, 갈리아가 컨트롤 M을 건네주었던 잰 오프슈르에 따르면, 회사에서는 그 제품을 감당할 만하다고 생각하고 있으며 유럽 판매의 가능성을 매우 크게 보고 있다는 것이다. 그들은 진지하고, 잘 이해했으며 흥미롭게 느끼는 것 같았다. 그리고 대화를 계속하기 위해, 한이 가까운 시일 안에 이스라엘로 오기로 했다.

베니와 나는 한을 만나러 공항으로 갔다. 스스로를 우리에게 소개한 사람은 머리가 희끗한 잘생긴 신사였으며 엄청나게 아름다운, 이름이 조안 Joan이라는 검은 피부의 여성을 대동하고 있었다. 그는 자기의 비서인 그녀의 34번째 생일을 축하해 주기 위해 함께 데려온 것이었다. 우리는 조안을 힐튼 호텔에 내려 주고 곧장 사무실로 갔다. 우리가 자리에 앉자 그는 이렇게 말했다.

"나는 유럽이고, 당신은 나에게 판매하는 겁니다. 그러니 사실상 16개국에 판매하는 거지요."

우리가 그 의미를 이해하는 데는 시간이 좀 걸렸다.

TESC-B&BE는 컨트롤 M의 프랜차이즈를 매년 12개씩 내고 최소한 19만 6,000달러를 지불하겠다고 약속했다. 그것은 우리에게 엄청난 액수였다. 한 브루겔링은 이 모든 것을 방문의 첫째 날, 데레크 하샬롬 7번지에 있는 나의 비좁은 사무실에서 우리에게 설명했다. 그는 조용하고 공손한, 약간의 네덜란드 악센트가 있는 목소리로 말했다.

우리는 당연히 그 거래를 덥석 물었다. 우리는 그들이 무슨 일을 하는 누구인지 좀 더 알아볼 돈도 없었고, 그것을 개의치도 않았다. 우리는 그 남자에게 매료되었던 것이다. 그와의 의사소통은 더할 나위 없이 훌륭했으며, 그와 나는 아주 처음부터도 '마음이 통했다'. 그러다 보니 우리의 비서들 중 한 명은 이런 농담을 할 정도였다.

"조심해요, 로니. 당신은 꼭 사랑에 빠진 사람 같아요……."

나는 베니에게 말했다.

"우리가 보물을 발견했나 봐. 난 그런 느낌이 들어. 우리 축하하자. 네덜란드인은 기독교를 믿으니까 한을 예루살렘으로 데려오자고."

우리는 낙관적으로 생각했고 손님들의 마음도 기쁘게 해 주고 싶었다.

저녁에 우리는 야파항에 있는 브라질 레스토랑에서 조안을 위한 생일 파티를 준비했다. 나는 마티아를, 베니 바인베르거는 그의 아내를 데려왔는데, 유럽인들은 우리의 편안한 스타일과 개방성, 그리고 즐거운 매너를 놀란 눈으로 보았다. 한편 그와 조안이 매우 즐거워했으므로 그들을 보는 우리도 즐거웠다. 그리고 저녁이 끝나갈 무렵이 되자 한은 자리를 바꿔 내 옆에 앉았고, 내게 자기가 좋아하는 와인을 주문해도 되겠느냐고 물었다. 그는 정말로 섬세하게 와인을 골랐는데, 나는 그런 와인들이 존재한다는 것조차도 몰랐다. 그는 라벨을 읽고 있는 나를 보더니 "와인에 관심 있으시면 뒤셀도르프로 오시죠"라고 말했다. 나는 그것이 특별한 우정의 시작이라는 것을 알 수 있었다.

다음 날에는 계약의 한 구절을 두고 논쟁이 일어났고, 우리는 그 난관을 극복하기 위해 엄청나게 노력했다. 그런데 우리가 그 문제를 논의하고 있을 때, 내 첫째 아들 리란에게서 전화가 왔다. 축구를 하다가 다리가 부러졌다는 전화였다. 나는 양해를 구하며 아들을 응급실로 급히 데려가야 한다고 말했다. 한이 말했다.

"아들에게 가 보세요. 그리고 걱정 마시구요. 우리가 계약을 성사시킬게요."

나는 그가 진심으로 계약을 성사시키려 한다는 것을 알 수 있었다.

나는 리란을 셰바Sheba 종합병원으로 데려갔고, 오른쪽 다리에 깁스를 시킨 다음 집으로 데려갔다. 다음으로 할 일은 사무실에 전화해서 일이 어떻게 되었는지를 물어본 것이었는데, 한이 정말로 모든 문제를 해결해 주어 계약은 순조롭게 체결되었다. 그는 이스라엘을 떠나기 전에 전화로 리란의 안부를 물어보기도 했다. 나는 그에 대한 나의 생각이 옳았음을 알았다. 이제 문제는, 우리가 계약을 체결한 다른 유럽의 판매자들을 어떻게 해야 하는가가 되었다.

벨기에와 체결한 계약은 이미 실행 중에 있었지만 프랑스와는 아직 아니었다. B&BE와 전화로 협상할 때 우리는 다른 계약들에 대해 그들에게 말했었다. 그들은 프랑스가 판매 계약에 포함되지 않는다면 계약은 없던 걸로 하자고 했다. 프랑스, 영국, 독일은 각각 약 25퍼센트의 시장을 갖고 있었다. 또한 스페인은 약 8퍼센트, 이탈리아는 약 6퍼센트, 스웨덴은 약 2퍼센트, 벨기에는 약 2퍼센트였다. 때문에 B&BE가 프랑스를 포기할 수 없다는 것은 분명했다.

우리는 사정이 변했으므로 계약할 수 없다고 프랑스에 알렸다. 하지만 벨기에인들과는 이미 판매 계약을 체결했기 때문에 더 힘들었는데, 그들은 크게 화내면서 법적 조치를 취하겠다고 으름장까지 놓았던 것이다. 그러나 결국 그렇게는 하지 않았고 우리는 절충안을 내놓았다. 그들은 컨트롤 M을 벨기에서는 판매하되 룩셈부르크에서는 안 팔기로 했다. B&BE는 이에 동의했고 계약은 체결되었다. 이제 우리가 할 수 있는 일은 잘되기를 비는 일뿐이었다.

한에게는 우리의 재정적 곤란을 노출하지 않았다. 새로운 사업 관계를 만들려고 할 때 약하거나 궁한 모습을 보이는 것은 좋은 방법이 아니기 때문이다. 하지만 이러한 곤란은 1987년 한 해 내내 장막 뒤에서 우리를 압박하고 있었다. 특히 걱정스러웠던 것은 에이나브 시스템스의 적자였는데, 이 때문에 결국 리라즈가 매각되었고 모티와 나 사이의 분열이 심화되었다.

일은 내 자신의 중요한 일부이기는 했지만, 언제나 우선은 가족이었다. 그래서 기분이 우울했음에도 불구하고, 1987년 7월 나는 마티아, 리란, 자크를 데리고 계획한 대로 유럽으로 여름휴가를 갔다. 간 김에 B&BE의 사무실을 방문하기로 했다. 마티아는 그들의 우스운 이름이 두 명의 매우 저명한 인물들을 기념하기 위한 것임을 이미 내게 설명해 주었다. 그들은 불 대수Boolean algebra의 창시자인 조지 불George Boole과 컴퓨터의 발명자인 찰스 배비지Charles Babbage였다.

우리는 뒤셀도르프에서 따뜻하게 환영받았고, 내 모든 문의는 답을 얻었다. 그야말로 VIP 대접을 받았다. 그 방문은 좋은 인생으로 가는 시작이었고, 새로운 네덜란드인 친구가 나의 안내자가 되어 주는 즐거운 항해의 시작이었다. 그는 내게 음식, 와인, 그리고 내가 듣도 보도 못한 각종 즐거움들에 대해 전문가처럼 가르쳐 주었다. 우리는 뒤셀도르프를 떠나 파리로 갔고, 거기서도 B&BE의 사무실을 방문했다. 나는 그들 시스템의 구조와 절차를 이해하기 시작했다. 그리고 이 모든 것을 보고, 이번에는 우리가 실수하지 않았다고 결론 내렸다. 서두른 구애였음에도 불구하고 신부는 진짜배기로 나타났던 것이다.

그해 10월 B&BE는 알렉산드리아에서 열리는 그들의 국제적인 출범에 우리를 초청했다. 그러나 우리는 여전히 아무런 수익이 없었기 때문에 그다지 사람들과 어울릴 기분이 아니었다. 그래서 우리의 고위직 임원인 아비 코헨과 아리엘 고든을 대신 보내 B&BE의 판매 사원들을 상대로 우리 회사 제품들의 첫 프레젠테이션을 진행하였다. 갈리아 또한 미국에서 이스라엘로 돌아오는 길에 그곳을 들렀다. 하지만 베니와 내가 가기에는 어려움이 많았다. 우리의 새 친구들은 우리가 갈 수 없다는 것을 알고는 이집트로 가는 길에 이스라엘에 있는 우리를 방문해 주었다. 그때 우리는 세 번째 파트너인 에드워드 윌리엄슨Edward Williamson을 알게 되었다. 그는 교양 있고 재미있는 사람이었는데, 이번 4/4분기 판매에 높은 기대를 갖고 있다면서 우리의 기를 다소 세워 주었다.

1988년 1월인가 2월에 드디어 마침내 첫 번째 판매 대금을 받게 되었고, 그때서야 우리는 길었던 어둠의 터널에서 빠져나올 수가 있었다. 그 이후로 우리의 판매는 안정되었다. B&BE는 어지러울 정도의 속도로, 그것도 톤보다 상당히 더 많이 우리의 제품을 팔았고 대금도 제때에 지불했다.

이때는 4D에게 창조적이고도 흥미진진한 시대였다. 우리가 한 입찰 중에서 평균적으로 60퍼센트가 수용되었으니, 꽤 자랑스러워할 만한 성취였던 것이다. 물론 B&BE와의 관계에서 장애물도 있었고 해결해야 할 견해 차이도 있었지만, 한과의 좋은 관계 덕분에 대부분의 문제는 쉽게 해결되었다. 컨트롤 D의 유럽 판매를 막는 톤과의 계약에 있어 몇 가지 심각한 문제도 있었는데, 나는 이것이 한Han 쪽의 경솔함이 아니었을까 의심했지만, 그것은 속임수라기보다는 실수라고 믿었다. 하지만 우리는 피해를 입고 있었다. 1989년에는 우리가 할당량 초과 판매에 대한 추가적인 인센티브로 그들에게 보너스를 지급하려고 결정했던 때도 있었지만, 그 외에는 판매가 사실상 합의된 최소한에만 머물렀다. 한의 계산에 따르면 그들이 목표량을 초과했으므로 25만 네덜란드 플로린Dutch florins : 네덜란드 화폐 단위을 받아야 한다고 했지만 베니는 말도 안 된다고 항변했다. 어쨌든 나는 스스로 계산을 해 보고 절충을 했다.

우리의 군건한 사업 관계 외에도 한과 나는 좋은 친구가 되었다. 나는 그를 개인적인 행사에 초대하기 시작했고, 그 또한 마조르카Majorca에 있는 자신의 엄청난 집으로 나를 초대했다. 거기서 나는 그의 훌륭한 취향을 알게 되었다. 어떤 와인이 어떤 코스에 어울리고, 어떤 것을 차게 하고 어떤 것을 차게 하지 않는지를 말이다. 그리고 인생의 다른 즐거움들도 몇 가지 가르쳐 주었다. 나는 그의 인생에 대한 특별한 접근법이 어디에서 비롯되었는지가 궁금했고, 사소한 것을 회피하는 일관적인 태도와 언제나 명료한 해결책을 찾는 능력에 대해서도 궁금했기에 그에게 물어보았다. 그의 대답은 놀라웠다.

"20살에 죽을 뻔했다가 살아나면 무엇이 중요하고 무엇이 중요하지 않은지를 알게 되지요."

1965년에 한은 네덜란드 군대에서 복무하다가 결핵에 걸려서 입원했다. 의사는 가망이 없다고 하였지만, 그는 회복해 모두를 놀라게 했다. 건강을 회복하자, 그의 성격과 인생관이 확 바뀌었다.

"병에 걸리기 전에는 시간이 중요하지 않았어요."

그는 말했다.

"병에 걸린 후에는 시간이야말로 우리가 가진 것들 중에서 가장 소중한 것임을 알게 되었지요. 나는 내게 적합한 것들만을 추구해야 한다는 것을 알게 되었고, 무엇을 받아들이고 무엇을 받아들일 수 없는지에 대해서는 내 내면의 소리에만 의지하기로 했어요."

그래서 그는 고용인이 아닌, 사장이 되기로 결정했다. 그는 자신의 독창성과 좋은 인간관계와 다국어 능력을 통해 B&BE를 성공시켰다.

한 번은 뒤셀도르프에 전화를 했었는데 그가 아프다는 것이었다. 일주일이 지날 때까지도 연락이 없었기 때문에 나는 걱정이 되기 시작했다. 하지만 유럽에서는 남의 사생활에 대해 그렇게까지 간섭하면 매너가 없다고 여겨지기 때문에 꾹 참고 물어보지 않았다. 그래서 다시 일주일이 지난 후에 전화해 보았다. 그때 전화는 이안이 받았다. 나는 조심성 있게 사장의 건강이 어떤지를 물었고 언제 그가 회사로 복귀하는지를 물었다. 이안은 한의 머리에서 혈전이 발견되어 수술 후 회복중이기 때문에 빠르지는 않을 것이라고 대답했다. 그러고는 심각한 상처는 입지 않았지만 정상으로 돌아오려면 몇 달은 걸릴 것이라고 말했다. 그럼에도 그의 상태는 좋다고 하면서 나를 안심시켰다. 한은 주위 사람들에게는 자신의 병에 대해 말하지 않았지만, 나에게는 이안을 통해 알려 주었다.

B&BE와의 밀월이 절정에 달했을 때, 그들은 우리 수익의 60~70퍼센트를 차지했다. 1988년 초에는 그 비율이 훨씬 더 커졌다. 그들의 입장에서는, 우리 제품이 유럽 판매의 약 35퍼센트를 차지하고 있었다. 한편, B&BE의 모회사인 B&B가 미국에서 만든 소프트웨어는 유럽 판매의 약 30퍼센트를 차지하거나 때로는 그보다 적어서 B&B의 재정 관리자들과 그곳의 경영이사인 폴 뉴턴을 자주 화나게 했다. 반면에 톤은 B&BE의 유럽 사업에서 겨우 7퍼센트 정도를 차지했다. 우리 제품과 비교했을 때 확실히 그들의 제품은 전혀 뛰어나지 못했다. 그리고 놀랍고 놀랍게도, 한과 이안, 에드워드 또한 바바라와 돈 해리슨을 그리 좋아하지 않았다.

우리는 내 친구 한의 적극적인 지원에 힘입어 유럽에서 급속도로 성공했고, B&BE 그룹 전체와 우호적인 관계를 구축했다. 그들은 우리로부터 많은 돈을 벌었고, 총매출액의 약 60퍼센트를 가져갔다. 미국 판매자들은 70~75퍼센트를 가져갔다. 우리는 유럽에서 40퍼센트, 미국에서는 30퍼센트나 때로는 그보다 적게 가져가기도 했다. 사람들은 소프트웨어 제조자인 나보다 판매자들이 두 배 이상을 가져가는 것을 바보같이 여겼다. 나는 그 이유에 대해 이렇게 설명하곤 했다. 내 관심은 판매자들이 얼마나 많이 벌고 있느냐가 아니라 우리가 충분한 수입을 확보하고 있느냐라고. 마케팅의 힘은 성공의 열쇠였다. 그리고 그 힘은 판매자들이 노력할 만하다고 생각할 때만 유지될 수 있었다. 이익은 인간의 동기를 자극한다. 그것이 사실 아닌가.

우리는 유럽과 미국에서뿐만 아니라 B&BE 덕분에 다른 45개국에서도 곧 제품을 판매하게 되었다. 그들은 오스트레일리아, 뉴질랜드, 일본에 우리 제품을 소개했으며, 또한 그런 방식으로 우리는 아르헨티나와 멕시코에도 들어갔다. 그리고 남아프리카, 싱가포르, 홍콩, 한국에는 우리의 창조력 및 각종 판촉 기술을 통해 자력으로 들어갔다. 중요한 것은 우리가 세계적인 위상을 구축했다는 것이다.

한 브루겔링은, 유럽에서 올린 성과가 캘리포니아에 있는 B&BE의 사장들에게 매우 깊은 인상을 줘서 모회사의 관리자로 자리를 옮겼다. 1988년에 그는 미국에 도착했고 1991년까지 그곳에서 일했다. 그때 에드워드 윌리엄슨이 유럽 사업의 운영을 승계했다.

한이 미국으로 전출을 갔지만 그와 우리의 관계가 끝난 것이 아니었다. 그가 새롭게 맡게 된 업무가 B&BE를 포함한 자회사들의 활동을 감독하는 것이었기 때문이다. 당시 B&B는 우리에게 합병을 제의하고자 했다. 인수 가능성을 탐지하기 위해 B&B는 회계사인 데이비드 듀리David Dury를 보냈다. 나는 우선 미키 슈피겔만의 사무실에서 그를 만나 B&B의 속셈이 뭔지를 알아본 후 우리 사무실로 데려올지 말지를 결정하자고 제안했다. 듀리와 한 시간을 보내고 나자, 실질적으로 할 이야기가 아무것도 없음이 분명해졌다.

아리엘 고든은 한이 뒤에서 데이비드 듀리를 지원하고 있다는 사실에 대해 걱정스러워했다. 아리엘의 추론에 의하면, 한이 우리와 톤 사이에 일어난 어려움들에 대해 정확히 알고 있고, B&B의 경영 이사로서 그 자신이 4D의 인수에 관심을 갖고 있다는 것이었다. 사실이 어떻든지 간에,

한은 우리가 미국에 독립적인 회사를 세웠다는 것을 알고는 든든한 우리 편이 되었다.

4D에게 결정적인 시기였던 1991년 말에는 미국에 있던 한이 정말로 우리를 구해 주었다. 1987년에서 1991년까지 B&BE와 맺었던 계약이 만료되어 가고 있었는데, 우리는 베니와 갈리아가 캘리포니아에서 영향력을 발휘하여 어려움 없이 계약을 갱신할 것이라고 생각하고 있었다. 하지만 그 시기가 공교롭게도 톤으로부터 분리하기로 결정한 때였기에 위기에 봉착했던 것이다. 다행히도 한이 곁에 있었기에 그의 개인적인 도움을 받아 1991년 10월 유럽에서의 판매 계약을 3년간 연장할 수 있었다. 미국에서의 위치는 약화되었지만, 유럽에서는 계약이 연장된 덕분에 안정을 찾을 수 있었다.

우리는 톤과의 분리 결정을 한에게 말하지 않은 채 계약을 연장했다. 그것은 이야기가 진행되는 동안에는 말할 수 없는 것이었지만, 말해야 한다는 부담감이 나를 짓눌렀다. 몇 달 전, 나는 파리에 머무는 동안에 한을 만났는데, 그에게 톤과의 일을 말할 수는 없었지만 그렇다고 거짓말을 하고 싶지도 않았다. 그래서 그에게 곧 큰 변화가 있을 것이지만 자세히는 말해 줄 수가 없다고 했다. 그는 며칠 후면 알게 될 것이었다. 나는 소장이 곧 런던 법원에 제출되리라는 것을 알고 있었다.

그 이후로 우리의 재정적 어려움은 더욱 가중되었다. 톤과의 분쟁 때문에도 그랬고, 이스라엘의 은행들이 우리에게 융자를 거절했기 때문이기도 했다. 나는 한에게 의지하면서 그에게 톤으로부터의 분리와 재정적 어려움에 대해 알려 주었다. 그러자 대인大人이었던 그는 실망시키지 않고 우리에게 구명줄을 내려 주었다. 1991년 10월에 연장된 판매 계약의 일환으로, 매분기 80만 달러의 담보 신용장을 써 주었던 것이다. 이에 근거하여 레우미 은행의 내 친구 알렉스는 100만 달러의 신용 한도를 제공했고, 이는 우리의 압박을 충분히 경감시켜 주었다. 우리는 결국 유동성을 확보했고, 독립했으며, 우리가 세운 회사의 100퍼센트 소유주가 되었다. 해방된 4D는 미국에서 자유롭게 항해하게 되었다.

17

장애물 제거하기

❖ Nordau to NASDAQ

4D를 설립했을 때 아무리 투자자를 모으려고 해도 모두가 우리에게 퇴짜를 놓았다. 일련의 위기와 침체, 성공을 맛본 후 1992년 우리의 운이 달라졌을 때도 그들은 이전과 마찬가지로 퇴짜를 놓았다. 더군다나 외부로부터의 도움도 전혀 없었다. 따라서 오늘날에는 개발이라고 부르는 모든 도박을 우리는 자비로 해야 했다. 소프트웨어가 생존 가능한, 수익성 있는 사업이라고 여겨지지 않았을 때 우리는 인프라스트럭처 소프트웨어를 개발했던 것이다.

그 이후로는 사정이 변해 이스라엘은 첨단 산업의 세계에서 중요 주자가 되었다. 이곳에서 주최된 많은 회의들 중 하나에서는 우리를 '황야 세대wilderness generation'라고 묘사했는데, 그것은 스스로 길을 닦았다는 뜻이다. 우리 앞에는 이 산업의 창시자인 우지아 갈릴Uziah Galil과 그의 친구들이 주도한 '공룡 세대dinosaur generation'가 있었다. 우리의 다음에는 '거품 세대bubble generation'와 '평화 세대peace generation'가 이어졌다. 그들의 이름이 그렇게 붙은 이유는, 이스라엘이 이 분야의 중심이 된 것이 그 사이의 기간 동안에 일어난 정치적·국제적 발전과 연관되었기 때문이다.

1980년대의 황야 세대에게는 투자하려고 하는 사람이 아무도 없었다. 우리는 가끔씩 잠재적 투자자를 찾아 나섰지만 번번이 허사였다. 어떤 좋은 사람들은 사무실에서 와인과 식사를 대접하고 또 이야기를 주의 깊게 들어주기도 했지만, 마지막에는 아무것도 제안하지 않았다. 우리는 프레드 아들러Fred Adler의 아테나Athena 펀드를 찾아갔고, 댄 호텔 체인의 소유주이자 아론 벳 할라미Aharon Bet Halami 투자 펀드의 소유주인 미키 페더만Mickey Federmann에게 의지했다. 또한 개인적으로 아는 사람들에게도 호소했다. 하지만 두드릴 수 있는 문이 많지 않았고, 들어간다 해도 아무것도 없었다. 우리는 우물을 파면 돌만 나오는, 황야의 유목민과도 같았다.

벤처 캐피털리즘venture capitalism이라는 개념은 1990년대까지는 이스라엘에 존재하지 않았고, 미국에서의 판매는 지역 판매자들에게 일임한 채 우리가 통제하지 않았기 때문에 투자자들은 우리를 거절했다. 미국 판매자들과의 모든 연결고리를 끊고 우리 스스로 판매를 시작한 후에야 우리는 독립적인 미국 기업으로 스스로 나설 수 있었고 지역 자금을 모을 수 있었다.

시간이 흘러 결국 우리가 미국에 직접 우리 자신의 회사를 세웠을 때, B&BE 판매로부터의 수익은 그 비율이 점차 줄어들었다. 여기에는 두 가지 이유가 있었다. 첫째는 우리가 미국에서 잘했다는 것이고, 둘째는 톤 소프트웨어로부터 받았던 30퍼센트 정도의 로열티 대신에 모든 판매 수익의 100퍼센트를 우리가 가져왔기 때문이다. 게다가 다른 외국 고객들은 미국에 있는 그들의 사무실에 우리와 직접적으로 연락하도록 자주 요청하였다. 우리의 전반적인 위상이 바뀐 것이다.

새로운 판매에 관해서는 유럽의 고객 수가 미국의 두 배이긴 했지만 B&BE의 중요성은 점점 줄어들었다. 한편, 미국 고객은 대기업들이었다. 이를테면 마스터카드MasterCard, H. 로스 페롯Ross Perot이 설립한 일렉트로닉 데이터 시스템즈, AT&T가 있었는데 우리는 이들과 대규모로 거래했다. 톤도 그렇게 높이까지는 도달하지 못했었다. 하지만 우리의 베니는 큰 용기를 가졌다.

"AT&T가 거인이라고? 좋아, 해보자. AT&T로 가자!"

그는 이렇게 말했고, 우리는 그를 뒤따랐다. 스스로에 대한 자신감과 신념은 미국에서뿐만 아니라 스위스에서도 우리를 급속히 발전시켰다. 세계적 규모의 은행 중 하나인 크레딧 스위스Credit Suisse가 우리 고객이 되었고, 프랑스에서는 명망 있는 크레딧 아그리콜Credit Agricole과 계약을 체결했다. 우리는 이러한 거대한 고객들 앞에서 주눅 들지 않았다. 그들은 단지 우리 제품의 개발을 촉진시켰을 뿐이다. 말할 나위도 없이, 우리는 레우미 은행에서 크레딧 스위스로 또는 타디란에서 AT&T로 곧바로 간 것이 아니었다. 그 상승은 가팔랐던 것만큼 단계적이었다. 우리는 정거장들을 만들었다. 제품은 시간을 두고 개량되었고, 모습을 갖추었고, 완성되었다. 그리고 미국에서는 미국인들처럼, 스위스에서는 스위스인들처럼 운영하는 법을 배웠다.

1992년 초에 우리는 거의 곤경을 빠져나왔다. 베니는 "그동안 개인적으로 투자자들을 찾아다니느라 무척 힘들었는데, 이제는 회사를 상장시켜 보는 것이 어떨까?"라고 말했다. 왜 안 되겠는가. 그와 갈리아는 각종 금융 기관에 가서 예비 상담을 받아 보았다. 그들은 확인해 보더니 우리에겐 아직 시기상조라고 말했다. 우리가 잘해 나가고 있기는 했지만, 주식 공모를 하려면 4D가 미국에서 바라던 결과를 낼 때까지 기다려야 했다.

1992년에는 우리의 노력을 배가시켰다. 그해 여름에 베니는 자신의 친구인 뉴욕 출신 변호사 암논 쇼함Amnon Shoham을 캘리포니아에 있는 우리 사무실로 초대했다. 나스닥의 투자자들이 관심을 가질 만한지 어떤지

평가해 보기 위해서였다. 만일 긍정적이라면, 우리는 필요한 돈을 사람들로부터 모을 수 있을 것이고 은행이나 투자자들의 변덕스러운 방식에 대한 의존을 줄일 수 있을 것이었다.

거래소에 상장하려는 데는 재정적인 목적이 있다. 한 기업의 누적 부채는 그것이 로펌이든 소프트웨어 회사이든 5~6개월분 월급에까지도 이를 수 있다. 유리 형에게서 들었던 것인데 키부츠를 예로 들자면, 부채의 합계가 3년 치 운영비와 맞먹는다고 한다. 하지만 우리는 키부츠가 아니었다. 정상적인 조건이라면 우리는 재정적으로 5개월을 버틸 수가 있었다. 우리는 회사에 날개를 달아 줄 수 있을 정도의 많은 현금을 가져 본 일이 없었다. 만일 그런 돈이 있었다면, 뻔뻔해지는 것은 필수가 아닌 선택의 문제였을 것이다. 우리는 기업 공개를 해 보기로 결정했고, 베니는 암논 쇼함에게 시작 단계를 도와 달라고 부탁했다. 그는 유명 로펌인 스캐든 압스Skadden, Arps & Co.에서 일했었기 때문에, 미국 증권회사에 제출할 첫 번째 초안을 그에게 작성토록 했다. 상장 회사가 된다는 것이 실제로 무엇을 의미하는지 제대로 질문해 보지도 않은 채, 갈리아와 나는 우리의 경영 사정을 조사하는 데 전적으로 찬성했다.

기업 평가서는 쇼함이 알고 있던 세 군데 증권회사 리먼 브러더스 Lehman Brothers, 키더 피바디Kidder Peabody & Co., 오펜하이머Oppenheimer & Co.로 보내졌다. 여름이 되자 모두가 관심을 보이며 이야기를 나누고자 했고, 드디어 우리 쪽 변호사인 데이비드 폭스David Fox와 그들의 변호사들 사이에 뉴욕에서의 만남이 이루어졌다. 세 증권회사의 변호사들이 내린 결론은, 그들은 우리를 믿으므로 함께 만나서 노력해 보자는 것이었다. 나는 이러한 지지의 중요성을 과장할 수가 없다. 그 회사들은 잘 알려진 수백 개의 기업을 성공적으로 상장시킨 명성을 갖고 있었고, 지금은 상대적으로 덜 알려진 이스라엘의 회사인 우리에게 자신들의 이름을 빌려 주려 하고 있었다. 만일 상장이 실패하면 우리를 책임져야 하므로 그들은 상당한 위험을 지고 있었던 셈이다. 우리는 그들이 우리를 투자자들에게 특히 미국의 투자자들에게 투자할 만한 기업으로 보여 줄 수 있도록 가능한 한 많은 정보를 제공했다.

잠시 데이비드 폭스에 대한 이야기를 해야겠다. 나는 1990년 7월에 톤과의 분리를 협상하기 위해 미키 슈피겔만과 함께 미국으로 갔을 때 이미 그를 만났다. 실수를 피하기 위해 우리는 미국 변호사를 원했고, 암논 쇼함은 그의 상사이자 예루살렘에 있는 히브리 대학교에서 법을 공부한 이스라엘계 미국인인 데이비드를 추천해 주었다.

놀라운 일은 아니지만, 우리는 첫 만남에서부터 우리가 공통적으로 알고 있는 사람이 많다는 것을 발견했다. 이스라엘에서 어린 시절을 보낸 그는 우리 회사의 마케팅 매니저 이타이 벤 도르Itai Ben Dor와 동급생이었다. 어떤 기준으로 보아도 인상적인 인물인 데이비드는 약 2,000명의 변호사를 거느리고 있던 세계 최대의 로펌 스캐든 압스의 이사였다. 그는 미국의 가장 뛰어난 기업 변호사들 중 하나로 평가받았으며, 오라는 데가 많은 위기관리의 전문가였다. 그는 또한 시간을 내서 팔레스타인의 이사야 마을 개발 프로젝트에서 자원 봉사를 했고, 이스라엘의 불우한 어린이들을 교육하는 데에도 기여했다.

우리가 처음 만났을 때, 데이비드는 톤과 관련하여 미국에서의 우리 법적 지위에 대해 설명했다. 그리고 그 어려운 상황이 대대적인 위기로 전개되자, 그는 분리를 위한 법적 절차를 계획했다. 사실상 데이비드는 미국에서 우리의 변호사가 되었다. 그가 일을 주도했던 것이다.

1992년 7월에 증권회사의 대표들이 텔 아비브에 도착했고, 우리는 그들에게 정식 프레젠테이션을 했다. 대표자들 중 가장 두드러지는 두 명은 리먼 브러더스의 론 루바시Ron Lubbash 밑에서 일하는 아디 라비브Adi Raviv와 오펜하이머의 스탠리 스턴Stanley Stern이었다. 스탠리는 특히 절차를 진행하는 데 주도적인 역할을 했다. 그 그룹은 프레젠테이션 다음에는 키르야트 아티딤에 있는 우리의 사무실을 방문했고, 처음으로 그들이 미국의 투자자들에게 팔리는 것이 무엇인지를 보았다. 하지만 이것이 그들에게는 처음이자 마지막 방문이었다. 우리의 소프트웨어가 실제로 어떻게 임무를 수행하는지는 그들의 관심거리가 전혀 아니었기 때문이다. 그들의 원칙적인 목표는 우리의 사업 제안이 건실한지, 그리고 서류 작업이 주식 공모의 규제와 부합하는지를 확인하는 일이었다.

 회사의 입장은 좋아 보였다. 정말로 우리 자신이 당시에 알고 있었던 것보다 상당히 더 좋았다. 우리는 그들의 추정과 재무적 계산에 근거하여, 객관적인 외부 평가자의 판단으로는 우리의 가치가 얼마나 되는지를 이해하려고 했다. 그들의 관점에서 볼 때 우리는 다양한 하이테크 제품을 갖고 있는 전문적인 이스라엘의 회사였으며, 훨씬 더 크고 잘 알려진 회사들과 비교해 봐도 손색없을 정도의 큰 수요와 경쟁력을 갖고 있었다.

 미국에서 우리의 두 주요 경쟁자였던 CA와 IBM은 오늘날 세계에서 가장 큰 소프트웨어 제조사들에 속하며 매출이 수십억 달러에 이른다. 플래티넘은 미국에서의 또 다른 큰 경쟁자였다. 당시에 중간 크기의 경쟁자들도 있었는데, 그들은 뉴욕의 모비우스Mobius 및 베를린에 본부를 둔 베타 시스템Beta Systems과 같은 좀 더 한정된 종류의 제품을 만드는 회사들이었다. 이들도 역시 수년 뒤에는 유명한 상장 회사가 되었다. 세 증권회사는 우리의 실적을 경쟁사들과 비교했고, 결과에 만족하여 상장 준비를 계속했다. 절차는 두 개의 대륙에서 약 4개월 동안 이어졌다.

준비 작업에서 가장 중요한 단계는 주식의 가격을 얼마로 제시할 것이냐를 결정하는 일이었다. 주식의 가격이 발행일에 정확히 얼마가 될 것인지 미리 알 수가 없기 때문이다. 단지 추정만 할 수 있을 뿐이다. 암논 쇼함과 증권회사들은 주가가 10달러와 12달러 사이로 정해질 것이라고 생각했다. 주가에 발행 주식수를 곱하면 회사의 가치는 1억에서 1억 2,000달러가 되었다. 그 순간부터 계속 이 숫자들은 4D의 공식 가치를 나타냈고, 시간이 많이 지난 후에는 우리도 우리의 진짜 가치가 얼마인지를 알게 되었다. 생각해 보니, 불과 1년 반 전만 해도 이스라엘의 은행 매니저는 우리에게 25만 달러를 대출해 주는 것이 위험하다고 생각했었다.

우리는 이후에 증권회사에서 했던 가치평가의 정확성을 확인하게 되었다. EDS에서 4D의 주식 2퍼센트를 200만 달러에 산 것이다. 이 특별한 거래는 상장 때 회사의 가치가 얼마가 될 것이냐에 대한 추측을 다소 종식시켰고, 또한 미국에서 우리의 위상을 크게 끌어올려 주었다. EDS는 텍사스에서 출범한 크고 유명한 회사로서, 1984년에 제너럴 모터스GM에서 사들인 것이었다. 1990년대에 미국 대통령 선거에 두 번이나 출마한 페롯Perot은 강인하고 철두철미한 사업가로 평가받았다.

지나가는 하루하루가 우리를 디데이로 가까이 데려갔다. 우리는 마음의 눈으로 이미 우리의 상징인 DDDDF가 나스닥의 큰 게시판에서 빛나는 것을 볼 수 있었다네 개의 D 다음에 오는 F는 외국 회사임을 뜻한다. 이제 우리는 모든 움직임을 확인 또 재확인해야 했고, 그러는 동안에 입은 다물어야 했다그것은 공식적 요구였다. 때가 아주 가까워지자 우리는 미동도 할 수 없었다.

모든 확인 사항이 완료되었을 때 최종 작성되는 창립취지서에는 회사 및 회사의 모든 약속이 최대한 상세히 설명되어 있어야 했다. 회사의 실적에 관한 모든 관점을 아우르고, 운영에 관련된 모든 위험을 다루어야 했다. 여기에는 중동 전쟁이나 노동조합 파업뿐만 아니라 IBM이 갑자기 우리의 소프트웨어와 호환되지 않는 컴퓨터 모델을 만들 가능성 같은 일어날지도 모를 일들까지 포함되었다. 다시 말하면, 우리는 각각을 가능성이 있고 없고, 보이고 안 보이고, 잠재적 장애인지 또는 숨겨진 장애인지를 언급함으로써 나중에 그 누구도 우리가 뭔가를 숨긴다는 말을 못하게 하려는 것이었다.

수십 명의 사람들이 창립취지서가 궁극적으로 근거해 있는 원천 자료를 뚫어지게 살펴보았다. 그들은 확인하고, 수정하고, 다시 썼다. 그것은 규모가 크고 시간 소모가 많은 일이었다. 증권회사들에게는 자체 변호사와 회계사뿐만 아니라 거대 회계법인인 아서 앤더슨Arthur Andersen도 있었다. 우리 편에는 요니 글레이저Yoni Glazer와 소멕—차이킨Somekh—Chaikin 회계법인에서 차출된 보조 팀이 있었다. 우리의 미국 변호사 데이비드 폭스, 그리고 암논 쇼함이 우리의 이스라엘인 변호사 미키 슈피겔만과 그의 직원들에게 합세했다. 모두 합쳐 30명이 넘는 사람들이 참여했으므로, 우리의 키르야트 아티딤 사무실에 들어오기에는 너무나 많았다. 장소는 소멕—차이킨에서 제공했고, 창업취지서도 그들의 사무실에서 작성되었다. 우리는 그들에게 우리의 모든 서신과 장부를 열어 보게 했고, 모든 관련 문서를 공개했다. 그들은 메모를 하고, 초안을 작성하고, 각자 기사를 쓰고, 논평과 수정을 추가했다.

그런데 창립취지서의 첫 번째 초고를 읽는 동안에 뭔가 이상한 것이 나타났다. 항상 우리의 이름 뒤에 나와 갈리아의 대학 학위가 포함되도록 신경을 썼었는데 그것이 이사회의 목록에서 빠져 있었던 것이다. 슈피겔만이 설명을 요구하자 암논 쇼함은 은밀히 대답했다.

"베니에게는 대학 학위가 없잖아요. 그런데 베니는 회사의 얼굴이란 말이에요."

그의 말마따나, 우리는 모두가 '일치되어야' 했다. 갈리아와 나는 데이비드 폭스가 아무 말도 하지 않으리라는 것을 알았고, 이에 당분간 그의 뒤를 따르기로 결정했다.

똑똑한 베니는 '자리 걱정'으로 괴로워하고 있음이 분명했다. 우리의 학위를 지운 것에 대해 책임감을 느꼈을 뿐만 아니라 CEO라는 공인된 직함에 더하여 스스로 '이사장'이 되는 것을 적절하게 보았다. 회사 내에서는 우리의 구체적인 역할이 공식화되어 있지 않았으므로, 베니는 그 틈에서 이점을 누려 왔던 것이다. 하지만 이 문제에 관하여 우리는 그에게 양보하지 않았다. 짧고 긴장된 논의를 한 후, 베니는 공동 이사장 및 CEO라는 좀 약한 직함을 받아들였다. 나는 내 역할에 맞게 이스라엘 회사의 사장 및 이사장이 되었고, 갈리아는 미국 회사의 사장이 되었다. 창업취지서에는 우리 셋이 그렇게 올라갔다. 문제는 타협을 통해 해결되었다.

인생은 사업 외에서도 계속되었으며 그것만의 요구가 있었다. 1992년의 여름이 다가오자, 나는 셋째 아들 라몬에게 그의 성인식을 하기 전에 미국으로 가족 여행을 가겠다고 약속했다. 그래서 파트너들에게, 마티아와 내가 라몬을 데리고 10일간 토론토와 올란도, 뉴욕을 여행하는 동안 주식 공모를 계속하라고 지시했다. 그 특별한 시기에 휴가를 가겠다고 발표하자 여러 사람의 눈썹이 치켜 올라갔다.

이메일이 아직 없었던 때라 팩스와 전화 메시지가 우리가 들어가는 모든 호텔에서 나를 기다리고 있었다. 나는 8월 초에 성인식 여행에서 돌아왔고, 행복하고 기분이 좋아서 창업취지서의 최종 초안을 어서 빨리 마무리 짓고 싶었다. 하지만 책상 위에는 데이비드 폭스가 보내온 다소 충격적인 메모가 놓여 있었다.

'주식 공모에는 두 종류의 주식이 있을 수 없습니다. 모든 것은 정지되었어요. 이것은 긴급 사항입니다.'

이것이 언제 왔을까. 지난 주였다. 왜 아무도 내게 알려 주지 않았을까. 이렇게 급한 일이 내가 없을 때 일어났는데 어째서 단 한 번도 팩스가 오지 않았단 말인가. 나는 화가 나서 머리털이 곤두섰다. 어떻게 아무도 이것이 얼마나 중요한지 알지 못했을까. 나는 즉시 데이비드에게 전화하여 방금 생각해 낸 해답을 그에게 약속했다. 그리고 세부 내용에 들어가기도 전에 이 장애물이 쉽게 제거되지 않을 것임을 알았다.

우리는 1988년 또는 1989년의 어떤 단계에서 직원들이 우리의 성공에 참여하게 함은 물론 그들과의 결속력을 강화하기 위해 그들에게 특별한 종류의 주식을 주기로 결정했다. 하지만 자금을 어떻게 모으는지도 몰랐고, 옵션이 뭔지도 몰랐으며, 그것을 어떻게 사용하는지도 몰랐다. 우리는 그들에게 의결권은 주지 않으면서 회사의 성공으로 인한 혜택을 얻게 하고 싶었다. 주식은 베니와 에이나브 컴퓨터 시스템스갈리아와 나가 똑같이 나눠 가졌다. 그리하여 우리는 회사 이익의 약 20퍼센트를 배당금으로 지급하는 우선주를 직원들에게 발행했다. 그런데 이제 막 증권 거래소에 상장하려던 차에 데이비드 폭스한테서 연락이 온 것이다. 비상장 회사의 경우에는 조금씩 다른 10가지 종류의 주식을 가질 수도 있지만, 상장 회사는 오직 한 종류의 주식만 가져야 한다는 것이었다.

그 문제는 우리 쪽에 많은 노력을 요구했다. 우리는 세무 당국을 찾아가서 우리 직원들이 갖고 있는 우선주를 빨리 보통주로 바꿀 수 있는 방법을 찾아야 했다. 그리고 그 분야의 전문가 아리예 오바디아Arieh Ovadia 교수에게 도움을 청하자, 그는 우선주의 가치는 보통주의 87퍼센트라며 자신의 견해를 밝혔다. 곧 그의 의견은 당국에 수용되었고, 그것을 근거로 우리는 '열등한' 주식을 정규 주식으로 바꾸었다. 나는 안도하며 데이비드 폭스에게 장애물이 제거되었으니 공모를 진행할 수 있다고 알려 주었다.

우리가 옵션도 모르고 또 수년간 자금 모집에도 실패했다는 것은, 다른 파트너들이 없는 채로 주식의 대다수가 창업자들의 손에 남아 있었다는 의미였다. 기업 공개 때, 직원들은 회사 주식의 약 1.5퍼센트만을 갖고 있었다. 이는 직원들이 보통 10~20퍼센트 이상을 소유하는 오늘날의 기준에서는 말도 안 되게 적은 수였다. 우리 직원들이 좋다고 한 이유는 그들 역시 '황야 세대'였기 때문이다. 오직 두 이사들, 아비 코헨과 아리엘 고든만이 불만이었다. 나는 그들에게 말했다.

"좋아요, 당신들이 옳아요. 하지만 우선은 우리가 상장을 진행할 수 있도록 변경에 동의해 주세요. 그 다음에 꼭 보상해 드릴게요. 약속해요."

주식 공모가 이루어진 후 나는 그들을 만족시킬 수 있는 협의안을 내놓았다.

둘은 모두 회사의 성공에 적잖은 기여를 했다. 그들과 같은 사람들이 있었기에, 우리는 미국을 비롯한 새로운 시장을 정복하는 데 있어 우리의 경쟁자들보다 더 유능할 수 있었다. 베니 바인베르거가 회사를 세운 후 첫 번째로 고용된 사람이 아리엘 고든이었다. 아리엘은 전형적인 정신산만형 천재로서 순진하고, 난독증 환자였지만 예외적으로 높은 아이큐를 갖고 있었다. 한번은 그가 정신없게도 자신의 딸을 유치원이 아닌 사무실에 데려온 일이 있었는데, 조그만 소녀가 "아빠, 유치원에는 언제 가요?"라고 묻는데도 알아채지 못했다. 괴짜이긴 했지만, 제품 개발에서 발휘된 아리엘의 리더십은 목표에 정확하게 들어맞았다. 아비 코헨과 함께한 첫 몇 년 간, 그는 기술 개발을 책임졌다. 이어서 아리엘은 연구개발 이사가 되어 최근에 개발된 제품들을 책임졌다. 한편, 컨트롤 M을 창안한 아비는 기술지원팀의 책임자였다가 기술지원 이사가 되었다.

컨트롤 M 개발의 기반이 된 GS 데일리 프로그램을 작성하는 데 참여했던, 젊은 투사 아비 코헨은 4D의 5번째 직원이었다. 아비는 실제보다는 과장되었지만 총명했다. 그는 유머 감각이 탁월했고, 절대로 돈을 빌리지 않는 이상한 원칙을 갖고 있었으며, 공인된 총각이었다. 꽤 여러 번 동료들이 그에게 데이트를 주선했지만 아무런 소용이 없었다. 독일 출신 유대인다운 그의 꼼꼼함, 헌신적인 정확성, 규율, 프로그램의 모든 국면에서 고집스럽게 유지된 잘 정돈된 프로세스는 회사의 성공에, 특히 해외에서의 성공에 지대한 기여를 했다. 또한 그의 고품질 디자인, 세심한 기획, 그의 감독 하에 제작된 훌륭한 매뉴얼은 하나로 결합되어 우리에게 결정적인 마케팅 경쟁력을 주었다.

그러나 창업취지서 초안이 막 완료되었을 때, 또 다른 장애물이 발견되었다. 우리의 서류를 검사하던 팀이 베니가 1983년에 쓴 편지를 발견했던 것이다. 우리는 당시에 대학에서 기초 개발 작업을 몇 가지 진행했었는데, 그는 개발 센터의 임대료를 지불하는 대신에 컨트롤 M의 미래 이익 3퍼센트를 제안했었다. 어떤 단계에서는 8,000셰켈의 수표를 그들에게 보내기도 했다. 나는 우리가 주식 공모를 생각하기 훨씬 전인 1988년이나 1989년에, 이미 이 계약이 잠재적인 장애가 될 수도 있음을 깨달았다. 이제 편지가 발견되었으니, 업그레이드된 컨트롤 M이 우리의 가장 중요한 제품이 되어 있는 이때 우리에게는 진짜 문제가 생긴 것이다. 계약만 있었던 것이 아니라 돈도 지불되었으므로 우리는 계약을 이행하기 시작했던 것이다. 기업 공개와 관련하면, 그것은 4D가 사실상 침묵의 파트너를 갖고 있음을 의미했다. 그 파트너는 나중에는 아주 시끄러워질 것이 분명했다.

그 대학 컴퓨터 센터의 책임자 요세프 고트슈타인Yosef Gottstein은 우리와의 계약에 서명한 사람이었다. 그는 우리가 떠난 지 한참 뒤에도 계속 돈을 요구했다. 그리고 몇 개월마다 전화로 베니를 찾았지만, 나는 그가 오직 나를 통해서만 연결되도록 했다. 그래서 그가 "무슨 일이죠? 계약해 놓고 왜 돈을 지불하지 않는 건가요?"라고 질문하면, 나는 "우리는 그럴 이유가 없습니다"라고 변함없이 대답했다. 그가 주저하는 것으로 보아 그 역시 확신이 없었던 것이다. 그가 "이야기 좀 해 봅시다"라고 말하면 나는 "내가 왜요?"라고 대답했다.

"설령 당신과 합의에 이르더라도 우리는 더 높은 사람에게 가 봐야 해요. 하지만 그는 아마 동의하지 않을 거예요. 당신에게는 결정권이 없잖아요. 계약에 서명한 것은 당신이지만 당신 위에는 재정 담당자가 있고 그 위에는 대학 총장이 있어요. 내가 당신에게 화가 나 있는 것도 아니고 당신과 이야기를 나누면 즐겁겠지만, 우리는 누군가 계약할 권한이 있는 사람이 있는 가운데에서만 사업 이야기를 할 수 있어요."

이런 식의 전화 통화는 3개월마다 반복되었다. 그가 "내게 왜 그런 식으로 말씀하시는 겁니까?"라고 하면, 나는 "아니요, 난 예의를 갖추어 당신에게 권한이 없다는 이야기를 하고 있을 뿐입니다"라고 대답했다. 그런데 이제 그 불쾌한 곡조가 또다시 시작되려 하고 있었다.

대학과의 계약이 창업취지서의 감사가 진행되는 동안에 수면 위로 떠오르자, 나는 데이비드 폭스에게 전화하여 이를 알렸다. 그의 짧은 대답에는 걱정스런 느낌이 다분했다. 나는 그의 입안에서 맴돌고 있는 질문이 무엇인지 정확하게 알 수 있었다. 어떻게 침묵의 파트너가 갑자기 나타났는가. 왜 더 일찍 알려 주지 않았는가. 심각했다. 우리는 책임감 없는 모습으로 비춰지거나, 최악의 경우에는 거짓말쟁이 내지는 바보로 보일 것이었다. 나는 데이비드에게 침묵의 파트너 따위는 없으며 이 문제를 창업취지서가 완료되기 전까지 처리하겠다고 약속했다. 그리고 내 자신에게는 '뻐기기는. 넌 거짓된 약속을 하면서 아직 아무것도 해결하지 못했어'라고 말했다.

우리가 이 특별한 장애물을 발견한 지 겨우 며칠밖에 안 되었을 때, 대학에서 문제에 대해 회의를 하자며 전화가 왔다. 나는 이것이 순전히 우연의 일치이기를, 그들이 우리의 상장에 대해 모르고 있기를 간절히 바랐다. 당연히 물어볼 수는 없었다. 고트슈타인은, 내가 요청했던 대로 대학의 재무 담당자와 함께 회의에 왔다. 나는 이날을 2년 동안 준비했기에 증인이 필요하다는 것을 알았다. 그래서 우리의 마케팅 매니저인 이타이 벤 도르에게 참석하도록 지시했고, 그의 역할에 대해 알려 주었다.

"이타이, 당신은 마치 가구家具처럼 회의에 참석해 주세요. 아무것도 말하지 않는 거예요. 그곳에서 일어난 일에 대해 증언해야 할 때가 되면 그때 말씀하시면 되요."

우리는 그들의 사무실에서 만났다. 고트슈타인에 따르면, 우리는 그들에게 컨트롤 M으로 인한 모든 판매 수익의 3퍼센트 및 그 이자를 지불해야 했다. 그는 그것이 얼마냐고 물었고, 나는 포커페이스를 유지했다.

"베니가 실수로 서명했음을 인정합니다. 하지만 그 계약은 제품의 첫 번째 버전에만 해당하는 것입니다. 그 제품은 4년 전에 판매가 중단되었고요. 컨트롤 M 말씀하시는 것 맞죠? 그건 단종되었어요."

나는 이어서, 내 관점으로는 대학이 소프트웨어 제품으로 수익을 얻어서는 안 된다고 말했다. 만일 대학에서 우리에게 7~8개월 동안 두 개의 개발 센터를 빌려 주었다면, 우리는 그 임대 가치를 바라보아야 한다. 나는 계속 진행했고, 고트슈타인은 반대했다가 찬성했다. 그러는 동안에 나는 데이비드 폭스에게 해결책을 갖다 주지 못한다면 깊고 깊은 곤란에 빠질 것이라는 사실을 여실히 깨달았다.

나는 또한 대학이 돈을 필요로 한다는 것을 알았기에 뭔가 상황에 도움이 될 만한 유인책을 제시해야겠다고 판단했다. 약 2시간 후, 나는 "잠시 쉬었다 하죠. 하지만 그 전에" 하면서 미끼를 던졌다.

"내가 돈을 지불하기 전에는 분명히 여기를 못 떠나겠죠. 그렇다면 개발 센터 빌린 값이 얼마나 되나요? 3만 달러? 5만? 그 금액을 지불할 테니 오늘은 이만하죠."

그러자 정말로 그들의 귀가 쫑긋 세워졌다. 그들은 서로 상의한 후, "좋아요. 임대료를 받기로 하죠. 하지만 5만 달러는 아니에요. 우리는 20만 달러를 원해요"라고 말했다. 숫자가 언급되는 순간, 나는 내가 정곡을 찔렀다는 것을 알았다. 이야기는 계속될 수 있었다.

우리는 45분 동안 더 협상했고, 결국 나는 그들에게 10만 달러를 제안했다. 그들은 또 한 번 상의를 하더니 12만 달러를 요구했다.

"잠시만 쉬었다 하죠."

나는 재빨리 말하고는 이타이를 데리고 방에서 나왔다. 그들이 이타이의 얼굴에서 웃음을 보아서는 안 되었기 때문이다. 우리가 다시 돌아왔을 때, 나는 12만 달러를 1년에 4만 달러씩 할부로 지불하겠다고 했다. 그러자 그들은 찬성했다. 찬성이다! 사무실로 돌아오는 길 내내 이타이는 웃음을 참지 못했다. 나는 5시에 뉴욕에 있는 데이비드 폭스에게 전화할 때까지 웃음을 아껴 두었다. 나는 그에게 내가 어떻게 시한폭탄을 제거했는지를 말할 것이었다.

만일, 나의 임대료 제안이 받아들여지지 않았다면 그 결과는 우리에게 매우 고통스러웠을 것이다. 다양한 버전과 고급 버전의 컨트롤 M 및 그 파생 제품들은 여러 해 동안 우리 수익의 70퍼센트를 차지했던 것이다. 1999년을 예로 들면, 계약에 명시되어 있던 3퍼센트는 최소 200만 달러에 해당했다. 하지만 대신에 나는 그들을 12만 달러로 만족시켰고, 우리를 매우 복잡한 상황에서 끄집어냈다. 상장 후에는 신문에서 그 소식을 읽은 요세프 고트슈타인이 내게 전화했다.

"합리적인 거래를 하셨네요."

나는 대답했다.

"예, 당신도요."

그런데 그것은 사실이다. 왜냐하면 해마다 새로운 버전의 컨트롤 M이 출시되었고 이전의 모델들은 철수되었기 때문이다. 그러한 나의 상황 해석을 그들도 받아들였다. 그것은 거짓말이 아니었던 것이다.

1992년 9월 우리는 모든 장애물들을 뛰어넘었고 상장 준비에 착수했다. 완벽한 영어로 작성된 창업취지서가 완전 편집되었고 인쇄 및 발표를 준비하고 있었다. 10일 후면 회사는 뉴욕 증권 거래소에 상장될 것이고 우리는 우리의 성취를 축하하고 있을 것이었다.

9월 23일에는 우리 사무실에 편지가 왔다. 그것은 모티 글레이저를 대리하는 변호사가 쓴 것이었는데, 나는 모티와 수도 없이 결별했고 1년도 더 전에는 완전히 최종 결별을 했던 것이다. 이제 모티의 변호사는, 내가 직접 소유하고 있는 4D 주식의 50퍼센트는 물론 내가 에이나브 컴퓨터 시스템를 통해 간접적으로 소유하고 있는 주식의 50퍼센트도 자신의 고객에게 속한 것이라고 주장했다. 어떻게 우리가 그런 사실을 잊고 있었을까. 어떻게 그가 파트너임을 생각하지 못했을까. 나는 떨면서 뉴욕에 있는 데이비드 폭스에게 세 번째로 전화했다. 그리고 최악의 경우를 준비했다. 이 모든 최후의 걸림돌에, 이번에는 그가 정말로 머리끝까지 화를 낼 것이고 상장을 취소할 것 같았다. 하지만 그는 차분하게 나를 진정시킨 후 빨리 그 편지를 영어로 번역하여 팩스로 보내 달라고 했다. 자신의 파트너들과 상의해 보겠다는 것이었다.

우리가 손톱을 물어뜯고 있는 동안에 그들은 편지를 읽고 그 문제를 깊이 살펴보았다. 데이비드는 다시 전화하여 그들의 결론을 말해 주었다. 이것은 심각한 장애는 아니어서 주식 공모가 연기되지는 않을 것이라고 했다.

"걱정하지 마세요."

그는 친근하게 말했다.

"상장 전날에는 언제나 갑자기 나타나서 억지로 뭔가를 얻어 내려는 사람이 있으니까요."

나는 그의 말이 옳기를 바랐고, 또한 우리가 이 위기를 무사히 극복할 수 있기를 바랐다. 하지만 진짜 내 마음으로는 좀처럼 확신할 수 없었다. 나는 모티 글레이저를 너무나도 잘 알았기에 이것이 새로운 이야기의 시작에 불과하다는, 우울한 기분에 빠져들었다.

18 나스닥 상장

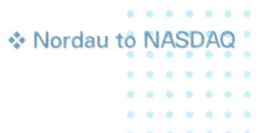

❖ Nordau to NASDAQ

　모티를 움직인 것은, EDS가 4D의 주식 2퍼센트를 획득했다는 1992년 9월의 뉴스였다. 왜냐하면 그것은 회사가 발행한 주식 가치가 1억 달러가 될 것임을 의미했기 때문이다. 그의 주장은, 우리가 분리할 당시에 내가 이것을 자기에게 말하지 않았다는 것이다.

　하지만 그 주장은 거짓이었다. 1991년에 우리는 회의와 토론을 하며 주식 공모의 아이디어를 제기했었고, 그때 베니와 갈리아는 4D의 미래가 불투명하므로 시기상조라는 말을 들었었던 것이다. 모티와의 파트너십이 해체되고 나서 약 1년 후, 회사의 재산은 현저하게 증가했고 그에 따라 가치도 올라갔다. 모티는 어리석게도 에이나브 시스템스를 '동결'하자는 나의 제안을 본인이 거절했음과 또한 대신에 우리와 영원히 결별했음을 인정하려 하지 않았다. 그는 스스로의 잘못된 판단에 의해 실패했음을 인정하지 않고 내 얼굴에 먹칠을 하려 했다. 그렇게 나의 전 파트너는 내 기분을 망쳐 놓았으나 나는 그의 불평을 너무 심각하게는 받아들이지 않았다. 어쨌든 구속력 있는 최종적인 조정 판결문이 있었기 때문이다. 주식 공모 전날에 그의 변호사의 편지가 도착하기 전까지는 그가 좀 소란을 일으킨 다음에 조용해질 것이라고 생각했다.

　그의 변호사는, 내가 "속임수, 사기, 거짓"에 의해 순진한 모티로 하여금 나에게 그의 에이나브 컴퓨터 시스템스—4D의 주식을 이전하게 했다고 써 놓았다. 그러므로 그 분리는 무효라는 것이다. 그러한 비방성 편지를 받는 일은 불쾌하고도 모욕적이었다. 데이비드 폭스가 내 두려움을 달래고 있는 동안에 나는 또한 그것 때문에 상장이 위험해질까 봐 걱정스러웠다. 미키 슈피겔만은 이 모욕적인 편지에 이렇게 응답했다.

"모티 글레이저는 4D의 상장 의도에 대해 완전히 알고 있었으며 그에 대해 공개적으로 말했습니다."

특히, 수많은 조정 청문회 중에도 그랬음을 나는 덧붙이고 싶다.

회사는 1992년 10월 뉴욕의 나스닥에 상장되었다. 한 무리의 아이들처럼, 우리는 매우 흥분하였다. 이제 우리는 미국의 증권 거래소에 상장된 이스라엘의 하이테크 회사로서 선구자적인 엘리트 그룹에 속하게 되었다. 처음에는 4D의 주가가 12달러였다. 그러더니 천천히 올라서 몇 달 뒤에는 주당 20달러가 되었다. 상장을 통해 우리는 350만 달러를 모았다. 얼마나 기뻤는지 모른다. 나는 우리의 키르야트 아티딤 사무실에서 막내 아들 요아브로부터 나무 자를 빌려 주가의 종가에 압정을 박았다. 매일 아침, 자에는 전날 저녁의 뉴욕 종가가 표시되었고, 미래는 장밋빛으로 보이기 시작했다. 그때, 우리 아들 라몬의 성인식이 주가가 13달러에 도달한 시점과 기가 막히게 일치했다. 행운의 13이었다.

모티와 그의 가족은 성인식에 초대되지 않았다. 두 가족 사이의 우정은 그와 나의 사업 관계가 악화됨에 따라 사라져 버렸다. 하지만 변호사들 사이의 서신 교환은 계속되었다. 모티의 변호사는 사실들은 무시한 채, 자신의 고객이 회사의 미래를 논의하기 위해 에이나브 컴퓨터 시스템스—4D의 총회를 요구한다고 알려 왔다. 그가 전달하려는 바는 이랬다. 사업은 정상적이고, 당사자들은 결별한 적이 없으며, 모티는 수십만 세켈 및 자회사에 있는 나의 주식을 받은 적이 없다, 그러므로 그는 여전히 파트너라는 것이다. 슈피겔만은 응답하길, 분리 계약 이후로 "당신의 고객은 회사나 회사의 사업과 관련하여 아무런 지위도 갖고 있지 않습니다"라고 했다. 상황은 그런 식으로 계속되었다. 거래소는 여러 달에 걸쳐 오락가락했고, 그러는 동안에 모티의 적개심과 나의 분노는 우리 대리인들의 법률 용어를 통해 표출되었다. 우리는 답신을 보낼 때마다 모티가 물러나 주기를 바랐지만 그는 그러지 않았다.

1993년 4월에 나스닥에서 주가가 20달러를 맴돌고 있을 때, 모티는 나와 메이어 아르논, 갈리아 스트라이커, 그리고 회사 등기소를 고소했다. 그는 법원에 회사의 상태를 분리 이전으로 되돌려 달라고 요청했다. 다시 말해, 분리를 무효화하고 그를 에이나브 컴퓨터 시스템스—4D의 정식 파트너로 간주해 달라는 것이었다.

그는, 첫 번째 피고인 로니 에이나브가 그들이 공동으로 소유하는 재산에서 그의 관리 하에 있었던 자산iD을 사기로 가져갔으며, 또한 속임수로 수천만 달러에 이르는 그것의 진짜 가치를 숨겼다고 했다. 나아가 그는 나에게 불성실, 속임수, 위장, 착취의 혐의를 더했다. 두 번째 피고는 자회사인 에이나브 컴퓨터 시스템스였다. 그는 메이어 아르논을 속임수로 고소했고, 갈리아 스트라이커는 사기로, 회사 등기소는 위법한 회사 등록으로 고소했다. 모티에 따르면, 마이어가 5년 전에 에이나브 컴퓨터 시스템스—4D에서 나간 것과 갈리아와 내가 주식을 사들인 것이 그에게서 그의 정당한 4D 주식을 빼앗아 간, 우리 세 사람이 모의한 '탈출'이었다는 것이다. 그는 주장하길, 당시 은행들뿐만 아니라 모든 이들이 알고 있었던 바처럼 우리는 회사가 성공하리라는 것을 알고서 그를 내쫓았다는 것이다. 모티에 따르면, 교활한 파트너 로니 에이나브가 자기를 속였다는 것이다. 파트너이자 회사의 이사라는 사람이 어떻게 자기 회사에 대한 무지를 이렇게까지 설명할 수 있을까.

나는 상처받았다. 그는 내 이름을 더럽혔고, 나를 거짓말쟁이로 만들었으며, 그러면서도 자기 자신은 순진한 희생양인 척했다. 하지만 그는 소장에서 한 가지 작은 사항을 빠뜨렸다. 쓸 때는 편리했을는지 몰라도 그의 비난에는 근거가 없었던 것이다! 그는 1년 반 전에 최종 조정 판결문에 서명을 했다. 판결문에서 조정자가 명시한 바는 이랬다.

"양 당사자는 '회사, 파트너십, 기타 위에 언급한 모든 다른 회사들과 관련한 모든 문제에서' 한 당사자가 다른 당사자에 대해 현재 또는 미래에 가질 수 있는 '모든 청구권과 어떤 종류의 요구'도 포기한다."

나는 그가 법정에서 의도적으로 이를 숨긴 것이 아니었기를 바랐지만, 그의 마음은 뻔한 것이었다. 물론 그가 진실했어도 그의 소장은 즉시 기각되었을 것이다. 나는 모든 사실을 속속들이 알고 있었지만 나의 모욕감이나 부정적인 평판은 줄일 수가 없었고, 때문에 대응할 수밖에 없었다. 하지만 어떻게? 나는 미키 슈피겔만과 상의하여 간단한 결론을 얻었다. 당신은 완전한 거짓이나 진실만을 말해야 한다. 나는 한 치의 거짓도 없다. 거짓말을 한 사람은 내가 아니다. 나는 이를 증명하기 위해 모티와의 전쟁에 돌입해야 했다.

이스라엘이 오슬로 협정에 서명하여 이웃과의 평화를 향한 큰 걸음을 내딛었던 1993년 9월 모티와 나 사이에는 법적 전쟁이 선포되었다.

법원은 매우 빠르게 메이어와 회사 등기소에 대한 모티의 소송을 기각했다. 그러자 그는 갈리아와 나에 대해서만 수정된 소장을 제출할 수밖에 없었다. 판사는 '필요 이상으로 김'이라고 써 놓았다. 그녀는 이상하게 여긴 것이 분명했고, 모티가 자신의 역할을 자기의 전문 분야에만 한정하여 회사 주식이 뭔지도 모르는 것처럼 보이기 위해 장황한 글을 썼다고 지적했다. 하지만 반대 심문을 받자 그는 "…… 역할들 사이에 겹치는 부분이 많았고, 어떤 기간에는 사무실을 공유하기도 했지요"라고 말했다. 이러할진대 무엇을 비밀로 할 수 있었겠는가.

이런 이야기는 확실히 내 건강에 좋지 못했다. 사업적으로는 4D가 성장을 계속했고, 우리의 혁신도 성공적이었으며, 매출도 급증했지만. 오슬로 협정의 결과 이스라엘은 엄청난 세계적 지지를 받게 되었고 그 앞에 모든 문이 열렸다. 하지만 나는 그 기쁨에 함께하는 대신에 변호사와 법정 사이를 오가며 마치 범죄자인 양 심문을 받고 있었다.

청문회는 3년간 계속되었다. 그러는 동안에 나는 인생에 적응하는 법을 배웠다. 오슬로 협정이 서명되었을 때 우리는 사무실에서 미래를 위해 건배했다. 집에서는 아내가 "이제는 팔레스타인에 길을 놓고 요르단과 이라크에 갈 수 있을지도 모르겠어요"라고 말했다. 외교적 전망은 예전보다 더 밝아졌다. 점점 더 많은 유럽 국가들 및 세계의 다른 곳에서 4D와 사업을 했고, 거기에는 이슬람 국가인 말레이시아도 포함되었다.

하지만 노벨 평화상의 기쁨 및 '새로운 중동'에 관한 모든 이야기가 사그라지자 문제들이 나타나기 시작했다. 고요함이 물러가자 텔 아비브의 거리에는 테러가 돌아왔고, 악의에 찬 시위자들은 라빈 총리를 살인자라고 불렀다. 결국 11월 4일 이츠하크 라빈Yitzhak Rabin이 암살되었다. 젊은 이들은 초를 켜고 슬퍼했고, 온 나라가 그의 비참한 죽음을 애도했다. 나는 나대로 모티와의 소송을 계속할 수밖에 없어서 슬펐다.

사업은 활황이었지만, 또한 우리는 경험을 통해 상장 회사라는 것이 무엇인지, 그리고 우리가 얼마나 무서운 롤러코스터에 타고 있는지를 알게 되었다. 요아브의 나무 자는 나스닥의 가파른 등락에 의해 닳고 있었다. 1993년 말에 오슬로 협정이 있은 뒤, 4D의 가치는 2억 5,000만 달러까지 치솟았다. 그러나 6개월 내에 4,000만 달러도 안 되게 추락했다. 그러다가 1분기 내에는 8,200만 달러로 올라갔다. 우리는 상장을 후회하지는 않았다. 자금을 모았을 뿐만 아니라 지금은 큰물에서 놀고 있기 때문이다. 하지만 곧 상장 회사라는 것이 온실 속에 사는 것과 같음을 깨달았다. 우리의 보유고는 일을 해결하게 해 주었지만, 우리의 모든 행동과 모든 실수가 세상 사람들에게 노출되었던 것이다.

같은 해에 베니는 미국에서 회사의 이익을 보고하는 데 실수를 저질렀다. 그 실수는 우리에게 매우 큰 손해를 입힐 수도 있었다. 또한 갑자기 우리가 통제할 수 없는 국제적·지정학적 게임에서 졸卒이 되기도 했다. 가끔씩 몰래 비상장 기업으로서 누렸던 자유를 그리워하는 사람은 나 혼자만이 아니었다.

모티 이야기는 시일을 끌었다. 그는, 법원이 그의 손을 들어 주어 결국 우리가 그에게 4D 주식의 일부를 주기를 계속해서 바랐다. 그는 '돌려준다'는 표현을 썼다. 법적 절차의 단계들이 우리의 승리로 끝날 때마다 나는 그가 그만해 주기를, 이것이 의미 없는 짓거리임을 깨달아 주기를 바랐다. 또한 소모전을 통해 이성으로는 실패한 뭔가를 깨닫기를 바랐다. 만일 그가 나를 고소하지 않고 대신에 상장 후에 나를 찾아와서 자신의 어리석음을 인정하면서 나에게 도움을 청했다면, 나는 한때 친구였던 정을 생각해서라도 뭔가를 해 주었을 것이다. 하지만 그는 내가 사기꾼이며 자기에게 거짓말을 했다고 끈질기게 주장했다. 나는 어떠한 경우에도 그런 것을 용납할 수 없었다. 때문에 우리의 법적 전쟁은 계속되었고, 이는 1장이 끝난 것에 불과했다.

19 월계관

자신이 전성기에 도달했음은 언제 아는 것일까? 과학자는 발견을 하는 순간 그것을 알며 예술가는 자기의 작품들 중 어떤 것이 명작이 될지를 알 수 있다. 그렇다면 소프트웨어는 어떨까. 소프트웨어에는 정상이라는 것이 없다. 계속해서 버전을 올리고 새로운 제품을 개발하려고 노력해야 한다. 많이 팔고 이익이 올라갈수록 시장 분석가들은 침이 마르게 칭찬한다. 힘을 받으면 엄청난 속도로 질주한다. 그래도 아직은 필생의 역작이라고 할 만한 성취는 하나도 없다.

컨트롤 M을 이스라엘에서 처음으로 팔았을 때는 승리의 순간이었다. 유럽에서 탁월한 마케팅 활동을 펼친 것이 중요한 성공 요인이었다. 미국에 독립적인 회사를 세운 것은 전성기의 모든 특징을 나타내지만 사실은 새로운 상승의 시작이었을 뿐이다. 1991년에 큰 고객과 계약을 체결했을 때는 거대한 산을 정복한 기분이었지만 우리는 위로 앞으로 계속 나아갔다. 우리는 더 많은 제안에 입찰했고 더 많은 경쟁에 참여했다. 그리하여 많은 경우에 승리했는데, 그것은 우리의 제품이 경쟁자들의 제품보다 뛰어났기 때문이다. 그리고 우리에게는 남들에게 없는 것이 있었다. 그것은 IOA라고 알려진, 매력적이고도 독창적인 개념이었다.

IOA는 단순하고도 영리한 아이디어였다. 일단 그것이 자리를 잡자, 우리는 모두 스스로에게 어째서 그런 뻔한 개념을 첫 번째로 생각해 내지 못했을까를 의아해했다. 그것은 일상의 업무를 수행하는 중에 구체화되었는데, 우리가 키르야트 아티딤의 편안한 사무실에서 세상의 관심도 없이 각자의 책상 불빛 아래에 있는 자신의 컴퓨터 앞에 앉아 있을 때였다.

우리는 이미 두 번째 제품인 컨트롤 D를 성공적으로 개발했고, 또한 컨트롤 아무개로 불릴 또 다른 소프트웨어가 개발의 마지막 단계에 있었다. 우리는 '컨트롤'이라는 단어를 전체 알파벳과 조합하며 농담을 하기도 했다. 우리는 이미 두 개의 월계관을 얻었지만 그것들에 편안히 머물 수는 없었다. 우리는 각자 우리에게 경쟁력을 줄 뭔가 독특한, 새로운 아이디어를 탐색했다. 그러던 1988년의 어느 날, 베니가 자신의 사무실로 나를 불렀다. 내가 방으로 들어가자 그는 컴퓨터 앞에 앉아 입이 귀에 걸리도록 웃고 있었다. 흥분된 기분으로 화면을 가리키더니, "우리는 전적으로 경제적인 이유에서 흔한 부품을 가져다가 제품을 만들었죠, 그렇죠? 제품들이 서로 연결되고 호환되는 것으로 밝혀졌어요. 컨트롤 M과 컨트롤 D가 하나로 결합됨으로써 컴퓨터 센터들을 자동으로 활성화시키는 완전한 아키텍처를 이루게 되었어요"라고 말했다. 나는 그를 흥분시키고 있는 것이 무엇일까 생각하다가 전년도에 열렸던 베니스 고객 모임이 생각났다. 아리엘 고든은 프레젠테이션이 취소되자, 그렇다면 그 대신에 우리의 연동 제품들을 보여 주자고 제안했고 우리는 그렇게 했던 것이다.

"우리가 여기에 가져온 것은 OA입니다. 작업 아키텍처Operations Architecture라는 것이죠!"

베니는 "유레카"를 외치지는 않았지만 내 가슴은 두근거리기 시작했다. 나는 그에게 말했다.

"이건 똑똑한 아이디어 아니면 완전한 헛소리네요. 어떠한 경우에도 두 제품은 하나의 아키텍처로서 충분하지 않아요. IDF에서뿐만이 아니라 자동화 세계에서도 그렇다고요. 좋은 것은 다 셋으로 되어 있어요. 다음의 컨트롤을 빨리 완성하고 최소한 4개 내지 5개의 제품을 같은 우산 아래 두는 것이 좋겠어요. 그리고 그 동안에는 비밀로 하시고요. 나는 가능한 한 빨리 아이디어를 확인해 볼게요. 당신은 뭐더라, OA? 그것에 대해 강연을 준비해 주세요. 근데 너무 짧네요. 세 글자가 되어야 하는데."

우리는 일련의 두문자어들을 살펴본 후 IOA로 결정했다. 통합 작업 아키텍처Integrated Operations Architecture라고 말이다.

그 개념을 시험해 볼 가장 적절한 사람은 누구였을까? 잰 오프슈르는 10월로 예정되었던 B&BE의 출범 때 우리가 베를린에서 만나기를 기대했던 사람이었다. 우리의 똑똑한 아이디어가 완전한 헛소리로 밝혀지면 안 되었기에 그때까지는 절대로 침묵을 지키기로 결정했다. 베를린에 도착한 첫째 날, 나는 잰을 호텔 수영장으로 초대했다. 그리고 그에게 IOA에 대한 이야기를 했고 그의 의견을 물었다. 그의 대답은 소름 끼치게 좋은 것이었다. 그는 매우 영리한 아이디어라고 말했다. 나는 베니가 강의를 하러 내려가기 전에, 급히 목욕 가운을 입은 채로 호텔 복도를 뛰어나가 베니를 붙잡고 그에게 이 고무적인 소식을 전해 주었다.

"그거 말해 주려고 뛰어온 거예요? 난 그게 훌륭하다는 걸 이미 알고 있었는데."

나도 참. 이런 그에게 기운을 북돋워 줘야 한다고 생각했다니.

그의 강연은 단연코 뛰어났다. 베니가 가졌던 자신감 덕분이었다. 그는 넘치는 영감으로 청중을 사로잡았으며, 컴퓨터 조작을 자동차 제조 라인에 비유했다. 라인을 완전히 자동화하고 싶다면 모든 기계가 연결되어 있어야 한다는 것이다. 그렇다면 그것이 어떻게 우리 분야에 적용되었는가. 만일 작업이 조작자의 컴퓨터에서는 만족스럽게 실행되지만 프린터에서 멈춘다면, 문서는 정시에 만들어지지 않을 것이며 마감일까지 도착하지 않을 것이다. 다시 말해 일은 반만 완료될 것이다. 만일 작업은 실행할 준비가 되어 있으나 데이터 파일 또는 한밤중에 피곤해하는 조작자의 지시를 기다려야 한다면, 그 자체가 자동화를 방해할 것이다. 우리는 그 모든 것을 일련의 연관된 제품들로 극복했다. 그리하여 모든 컴퓨터가 완벽하게 조화되고 자동화된 컴퓨터 센터를 만들었다.

은행의 컴퓨터 소프트웨어 또는 다른 모든 고객의 컴퓨터가 모든 데이터를 정시에 받았으며, 문서는 일제히 작성되어 정시에 목적지에 도착했다. 대부분의 장애는 미리 차단되었고, 이미 일어난 장애는 컴퓨터 자체에서 해결되었다. 따라서 컴퓨터 센터의 존재는 전반적으로 정당성을 얻었다. 그리고 그러한 센터를 세우려면 종합 자동화 제조 라인을 관리하기 위한 호환 소프트웨어 패키지 파일인 IOA가 필요하다. 그것은 우리에게는 있고 남들에게는 없는 것이었다. 경쟁자들의 프로그램들은 모두가 개별적으로 개발되었으며, 대개의 경우 서로 다른 팀들에 의해 만들어졌다. 반면에 우리는 이미 소프트웨어 패키지를 갖고 있었다. 우리의 IOA가 첫 주자였고, 다음의 주자들도 준비 중에 있었다.

베를린에서 펼친 베니의 강연은 열렬한 지지를 받았으며, 그에 따라 관심은 이론적인 것에서 실용적인 것으로 빠르게 옮겨졌다. IOA는 기술적으로도 혁신적이었지만 또한 엄청난 마케팅 경쟁력도 갖고 있었다. 왜냐하면 누구든 그 개념을 믿는 사람이라면 단일한 소프트웨어 제품만을 사지는 않을 것이기 때문이다. 그들은 그것을 중심으로 개발된 모든 것을 살 것이었다. 사실상 이러한 개념 덕분에 고객은 우리의 사정거리 안으로 들어왔다. 만일 고객이 컨트롤 M을 샀다면, 그는 1년 후에는 컨트롤 D를 사지 않을 수도 있다. 그런데 만일 잠시 뒤에 우리가 컨트롤 R을 소개한다면, 그는 그것 역시 살 만하다고 생각할 수 있다.

우리의 고객층이 계속 확대되었으므로, 우리는 신제품 개발을 1년에 하나의 속도로 가속화하는 것이 좋겠다고 생각했다. 판매부서에서는 IOA에 대해 열정적이었다. 분석가들은 그 아이디어를 좋아했고 높이 칭찬했다. 소프트웨어 분야에서 세계적인 권위를 지닌 시장 조사 기관 가트너 Gartner에서도 이미 1989년에 IOA를 칭찬하면서 그것을 혁명적인 발명이라고 했다. 약 1년 후, 우리는 IOA와 유사한 원칙을 기반으로 하는 '시스템 뷰system view'라는 IBM의 새로운 전략에 의해 고무되었다.

우리는 1991년에 이미 통합 시스템과 호환되는 5개의 컨트롤을 개발했다. 그런데 매년 출시하는 새로운 버전과 관련하여 몇 가지 문제들이 일어났다. IOA의 모든 상이한 부분들은 조화롭게 연동되어야 했지만, 모든 고객이 모든 컨트롤에 대한 업데이트를 동시에 산 것이 아니었기 때문이다. 때론 그들은 하나는 업데이트하면서 다른 것은 이전 버전을 쓰기도 했다. 우리는 그렇게 하면 호환이 안 될 수도 있다는 것이 걱정스러웠다. 다행히 우리의 강력한 개발팀이 기존의 버전들을 새로운 버전과 호환시키는 매우 복잡한 작업을 수행했기에 그런 일은 일어나지 않았다. 그리고 그 방법의 이점을 고객들이 이해하는 데는 오랜 시간이 걸리지 않았다. 매번 완전히 새로운 제품을 배워야 하는 대신, 그들은 제품을 구입한 후 업그레이드에 투자하여 이미 갖고 있는 도구와 지식으로 새로운 제품을 통합하는 데 응용했다. 이는 고객이 부담할 전체 비용을 크게 낮추었고, 원래는 복잡한 프로그램의 사용을 단순하게 만들어 주었다.

그 방법은 개발팀도 좋아했다. 새로운 소프트웨어를 출시할 때 더 경제적이었기 때문이다. 또한 고객들에게 설치 및 조작 설명이 단순해졌고, 어떤 개량이 하나의 제품에 이루어지면 그것이 다시 다른 여러 개에 기여할 때가 많았다. IOA는 무엇보다도, 시스템 통합에 의해 생산 및 집계

된 매개변수에 근거한 의사결정과 각종 프로그램 사이의 데이터 공유를 촉진시켰다. 이는 우리에게 결정적인 질적 경쟁력을 주었으며, 여러 해에 걸쳐 우리의 고객들은 우리가 제공하는 8개의 제품 중 평균적으로 3~4개를 구입했다. 흡족했다. 그리고 그 고객들 중 하나가 우리 왕관의 보석인 EDS였다.

우리에게는 그들과의 계약이 터닝포인트였다. EDS는 영국에서 싱가포르, 텍사스부터 일본까지 전 세계에 컴퓨터 센터를 가진 거대한 다국적 기업이다. 그들은 CA에서 프랜차이즈에 대한 막대한 금액을 요구하기 전까지는 CA의 소프트웨어를 사용했었다. 화가 난 EDS는 말을 바꿔 타기로 결심했고, 유혹적이지만 복잡한 제안을 가지고 우리에게 접근했다. 우리가 모든 CA의 프로그램에 대한 전환 프로그램을 개발해 준다면, 그들의 전 세계 40개 컴퓨터 센터에 설치되는 프로그램을 우리의 소프트웨어로 바꾸겠다는 것이었다. CA는 한 번 더 자신도 모르게 우리의 운명을 결정하고 있었다. 언제나처럼 우리는 우선 "예"라고 대답했고 문제는 나중으로 남겨 놓았다. 그리고 EDS와 계약을 한 후 미친 듯한 속도로 요구된 수정 작업을 진행시켰다.

그 회사의 운영 방식은 매우 중앙집권적이어서 텍사스에서 하나의 마스터 운영 테이프를 제작한 다음 그것을 전 세계 모든 센터들로 보냈다. 우리는 우리 소프트웨어의 사용에 관하여 텍사스의 교육자들을 훈련하는 임무를 맡았다. 계약의 규모와 질을 떠나서, 우리가 EDS에게 제품을 팔고 있다는 바로 그 사실은 미국의 상위 기업들에게 관심을 받기에 충분했다. 그들이 우리와 거래한다는 것은 확실히 우리가 최고 중의 최고라는 의미였다.

1987년과 1991년 사이에 4D의 매출은 22배로 뛰었고, 직원의 수는 14

배로 성장했다. 미국과 캐나다에서의 회사는 여전히 작았지만, 톤이 시카고, 댈러스, 뉴저지, 워싱턴, 애틀랜타, 토론토에 개설한 지점들이 쉽게 우리에게 흡수되었기에 판매망은 넓었다.

1988년에 우리는 그야말로 우리만의 기업을 시작하기로 결정했다. 첫 번째 개업 행사는 예루살렘의 라로메Laromme 호텔에서 열렸다. 우리는 모두 방콕Bangkok이라는 이름의 레스토랑으로 식사를 하러 갔는데, 거하게 취한 나는 만일 우리가 1,000명의 고객을 갖는다면 이 자리에 있는 모두를 진짜 방콕으로 초대하여 저녁 식사를 대접하겠다고 약속했다. 그때는 우리 고객이 100명도 안 되었기에 내가 진 위험은 그리 크지 않았다.

다음의 개업 행사는 1991년 1월에 댄 카이사리아Dan Caesarea 호텔에서 하기로 예정되었으나 첫 번째 걸프전이 발발함으로써 연기되었다. 결국 그 행사는 그해 10월에 열렸고, 그때서야 우리는 내가 전적으로 운영하는 구조조정된 이스라엘 회사 및 베니와 갈리아가 운영하는 미국 회사로 양분되었다. 우리는 처음으로 이스라엘의 제품 개발자들과 판매 직원들에게 동일한 명함을 주게 되었다.

우리의 경영팀은 프로의식과 직관을 제대로 갖추고 있었다. 우리의 확장 속도는 적절했다. 1991년에는 내부적으로 재정 위기가 심각했고 외부적으로는 전쟁이 일어났지만, 총매출 780만 달러에 260만 달러의 이익을 냈다. 1992년 말, 주식을 발행하고 나스닥의 상장 회사가 된 후에는 우리의 매출이 1,730만 달러로 치솟았고 전년도의 거의 3배, 우리의 이익이 710만 달러로 상승했다. 우리의 고객 목록에는 EDS뿐만 아니라 AT&T, 보잉Boeing, 도요타Toyata, 미츠비시Mitsubishi, 삼성Samsung, 그리고 미국 공군과 미국 육군도 포함되었다.

이러한 높은 유력자들의 목록은 우리의 미국 판매 직원들의 뛰어난 능력을 확인해 주었다. 그중에서 가장 성공한 사람은 별명이 '대단한 놈'이었던 밥 색코Bob Sacko였다. 그는 키 크고 언제나 미소 짓는, 자기주장이 강한 열혈 농구팬이었다. 밥은 고객이 보통 첫 번째로 물어보게 마련인 가격을 절대로 언급하지 않아서 이상한 사람으로 여겨졌다. 하지만 그의 성과가 모든 것을 말해 주었다.

그는 특별한 카리스마와 자신만의 설득력을 갖고 있었다. 그는 고객에게 "제품의 모양이 맘에 드시나요? 그럼 그것이 사업에 어떻게 도움이 되는지 보여 드리죠"라고 말했다. 그는 몇 달간의 시험 기간을 보낸 후 대부분의 경우 판매를 성공시켰다. 영리한 판매원이라면, 제품이 고객에게 얼마나 중요한 역할을 할 수 있는지와 고객이 제품으로부터 어떤 혜택을 얻을 수 있는지를 알아야 한다. 이 점에서 밥은 탁월했다. 그의 가장 놀라운 판매 실적은, 우리가 약 100만 달러의 계약을 협상하고 있는 줄 알고 있을 때 그가 최소 700만 달러의 거래를 성사시킨 일이었다.

우리의 판매 직원들 중에서 가장 독창적인 인물은 키 작은 골수 정통 유대인인 커트 니렌버그Kurt Nirenberg였는데, 그의 활동 영역은 미국 국방부였다. 상당히 어울리지 않는 상대였지만, 커트는 의심의 여지없이 자신의 분야에서 가장 재능 있는 사람 중 하나였다. 그가 관여하기 전에 국방부의 구매는 간헐적이었다. 그들은 우리의 제품과 경쟁자들의 제품을 모두 사용했다. 그러다가 어느 시점에 어떤 제품을 자신의 표준으로 할 것인지를 결정하려고 했다. 우리는 이 명망 있고 강력한 고객이 우리를 선택해 주기를 바라고 또 기도했다. 어려운 점은, 미국 국방부와 같은 거대한 기관의 경우 판매 주기가 2년까지도 늘어날 수 있기 때문에 관련 판매원에게 엄청난 지구력이 요구된다는 것이었다. 우리는 즉시 적임자라고 판단된 커트를 보냈고, 그는 인맥을 만들어 환영받는 방문자가 되었다.

나는 그것이 어떻게 된 일인지, 이 종교성이 강한 유대인과 미군 장성들 사이에 어떤 상호작용이 일어났는지가 궁금했다. 전통 복장을 한 그가 제복을 입은 그들 앞에 앉아 맥주를 마시고 있는 모습은 상상하기 어려웠다. 그래서 언젠가 그가 보고하러 들어왔을 때 나는 물어보기로 했다. 우선 우리는 잡담을 했고, OR, 지뢰밭, 시뮬레이션에 대해 토론했다. 그러다가 적절하다고 생각한 순간에 질문을 터뜨렸다.

"말해 봐요, 커트. 미국의 장군들과 함께 있을 때 그들에게 무슨 얘기를 했나요?"

"소프트웨어 얘기만 빼고 뭐든지요."

그는 대답했다.

"그들은 소프트웨어를 모르거든요. 그냥 시뮬레이션이나 지뢰밭 얘기를 했어요. 당신과 하듯이 말이에요. 그런 다음에 함께 식사했어요."

"잠깐만요. 함께 식사를 했다니요? 국방부에는 유대인 음식이 없을 텐데요."

커트의 턱수염 뒤로 장난스러운 웃음이 삐져나왔다.

"그들은 먹고 저는 이야기했죠."

그는 윙크를 하며 대답했다.

"그렇군요. 근데……? 그게 판매에 어떻게 도움이 되나요?"

나는 이해할 수가 없었다.

"아,"

커트는 말했다.

"그들은 제가 먹지 않는다는 사실을 매우 크게 이해해 줬어요."

하지만 커트가 국방부에서 단식한 지 1년 반이 지난 후에도 장군들은 계속 주저했고, 결국 우리의 커트는 낙담하며 물러났다. 그러고는 다른 누군가가 몇 달 후에 판매를 완료하고 보너스를 챙겼다. 그것은 400만 달러 이상의 큰 거래였다. 커트는 화가 났지만 후임자가 보너스를 나누기를 원치 않았기에 할 수 있는 일이 아무것도 없었다. 판매 직원은 자신의 고객과 수수료에 대해 방어적이기 때문이다. 적당한 때가 되자 커트는 자신의 실망을 극복했고 미국에 있는 우리에게 복귀했다. 그리고 이스라엘에서 부유해졌음은 물론 회사에 대한 자신의 영향력도 키웠다. 베니조차도 커트에게서 한두 가지를 배웠다. 나는 언젠가 그가 기술지원 직원을 나무라는 것을 엿들은 적이 있다.

"고객에게는 야구 이야기를 하세요. 고객이 이해하지 못하는 기술적인 이야기를 하면서 지루하게 만들지 마세요. 그런 다음에 그의 문제를 해결해 주어야 해요."

가트너에서 처음으로 우리를 칭찬한 후, 고객은 우리를 직접적으로 찾아오기 시작했다. 우리는 컨트롤 M으로 유명해졌고, IOA라는 중요한 혁신을 이루어 냈다. 이후 이러한 모델은 표준이 되었다. 경쟁자들은 이것이 기술적 인프라스트럭처를 성공적으로 실행하는 데 필수적이라는 것을 깨달았다.

우리는 텔레마케팅에 능하지는 않았지만, 그것이 없었다면 미국에서 해낼 수 없었을 것이다. 훌륭한 마케팅 전략은, 계약의 기회가 어디에 있는지, 어떤 기업이 적합한 예산 배분을 하고 있는지, 적합한 사람이 누구인지를 미리 아는 것이다. 관련 없는 것을 걸러 내고 제안의 시기를 결정해야 한다. 아니면 밥 색코처럼, 시기가 무르익었다고 확신이 들 때까지 아무런 제안을 하지 않는 것이다. 그만의 독특한 기술이긴 하지만.

1993년 초에 우리는 다시 모였는데, 이번에는 지크론 야콥Zichron

Yaacov에서였다. 회사 전체가 이스라엘에서 모일 수 있었던 것은 이번이 기업 공개 후 처음이었다. 상장 회사가 된 후 이어진 변화와 성취를 함께 하기 위해 모두가 초대되었다. 우리는 서로 어울리고 좀 즐긴 다음 일련의 강연을 했다. 마케팅팀의 이타이 벤 도르가 질문했다.

"우리는 스스로에게, 제품에, 매출에 만족하고 있는 걸까요? 우리의 희망은 뭘까요?"

우리는 다음 해의 성공이 더 커지기를 원했고 미국 시장의 몫이 늘어나기를 바랐다. 미국 회사는 당시에 315군데의 고객밖에 없었다. 성공은 했지만, 매출이 훨씬 더 크고 전 세계 총 1,015군데의 고객 중 459곳이 있던 유럽 쪽에 비하면 덜 중요한 부분으로 남아 있었다. 우리는 세계 시장이 우리가 지금까지 획득한 것보다 15배나 더 크다는 것은 물론 우리의 성장 잠재력이 고갈되려면 한참 더 멀었다는 것을 알았다.

베니는 소프트웨어 개발에 대해 속속들이 이론화했다. 갈리아는 강연하는 것을 별로 좋아하지 않아서 자기 대신에 남편을 연단 위에 세웠다. 아리엘 고든은 우리의 모든 직원이 자신의 어깨 위에 놓인 무거운 책임을 깨닫도록 기술지원의 중요성에 대해 열변을 토했다.

"만일 컨트롤 제품이 24시간 동안 작동을 멈춘다면,"

그는 마치 교회에서 설교하듯 강단 있게 말했다.

"크레딧 스위스 같은 은행은 간단히 증발해 버릴 수 있어요."

다시 말하면, 우리는 막대한 재정적 손해 또는 있어서는 안 되겠지만 생명을 위태롭게 할 일을 막기 위해 항시 완벽하게 작동해야 했다. 이것이 대략 모임 중에 있었던 내용이다. 우리는 피곤했지만 만족스럽게 모임을 끝냈고, 다시 진지하게 일터로 돌아왔다.

우리는 막 성장하기 시작했지만, 자신감을 갖고 우리 스스로에게도 조금 투자했다. 키르야트 아티딤에서 우리는 5번 빌딩의 미로같이 복잡한 800제곱미터를 7번 건물의 두 개 층으로 교체했다. 우리는 정식 연구실, 도서관, 48석의 식당, 24석의 교육실을 갖춘, 에어컨이 설치된 컴퓨터 센터를 구성했다. 모든 것이 최신식으로 개량되었다.

미국에서는 출범 시의 목표를 달성하기 위해 마케팅 및 판매 조직을 확장했으며, 이로써 매출은 40퍼센트가 증가했다. 그곳의 판매 담당자는 전에는 반일제로 일했지만 이제는 50퍼센트 초과 근무를 하게 되었다.

우리는 1993년 말에 경이로운 성장을 기록했으며, 이 해는 정말로 특별한 해가 되었다. 마치 투자가 스스로를 정당화한 것 같았다. 연간 총매출이 2,300만 달러가 되었고, 이는 1992년의 1,730만 달러에 비하면 상당한 증가였다. 그해 12월 29일에는 9월의 실적이 발표되었다. 50만 주의 우리 주식이 주인을 바꾸었다. 경제지 「글로브즈Globes」에서는, 증권회사인 오펜하임에서 추정하길 '회사의 상당한 성장세로 보아 주가는 앞으로 12개월 안에 22.75달러에서 35~40달러가 될 수 있다'고 기사를 냈다.

우리의 이익 곡선은 계속 상승할 수 있었을까? 우리는 더 없이 행복했다. 불과 2년 전만 해도 우리는 3명이 모두 개인적으로 보증을 서야 했을 정도로 어려웠다. 이익은 정말로 계속 상승하여 그해 말에는 660만 달러가 되었다. 3년도 안 돼 우리는 6배로 성장한 것이다. 우리의 자신감은 측정할 수 없을 정도로 높아졌다.

1994년 3월에 우리는 이스라엘에서 4D의 세 번째 연례 모임을 가졌다. 이는 1993년의 최종 성과를 발표하기 며칠 전이었고, 베니와의 관계에 폭풍의 그림자가 드리워지기 전이었다. 우리는 다시 우리의 성과와 앞으로의 과제들, 그리고 우리의 기대에 대해 말했다. 우리는 코앞에 무엇이 도사리고 있는지 전혀 모르고 있었다. 행사 자체에서는 내가 1993년에 무슨 일이 있었는지를 요약하여 발표했고, 갈리아는 미국에서의 목표에 대해 말했고, 베니는 다음 해의 계획을 검토하며 1990년대 말에는 독립적인 소프트웨어 회사가 세계에 단 세 개만 존재할 것이라고 단언했다. 그것이 CA, 마이크로소프트, 4D라고 한 그의 말은 어떤 이들에게는 드디어 그의 자신감이 정도를 넘어섰다고 생각하게 만들었다.

1993년에 회사가 좀 틀에 박혀 돌아가는 기미를 보이자 창업 정신을 되살릴 필요가 있음을 알게 되었다. 그 일을 어떻게 할지, 무엇을 변화시켜야 할지, 1994년 말에는 몇 명의 직원을 데리고 있을 것인지. 이는 모두 우리가 생각하고, 설명하고, 프레젠테이션한 문제였다.

이때는 PC가 널리 인기를 얻고 있었으므로 우리는 미지의 것에 도전하기로 결정했다. 우리는 그때까지는 메인프레임 컴퓨터MVS 운영체제를 가진 중앙 컴퓨터 : MF에서 작동하던 우리의 소프트웨어 프로그램을 개인용 컴퓨터와 중간 크기의 컴퓨터에서도 작동하도록 개조하고 싶었다. 뿐만 아니라 VMS OS/2, 윈도우즈Windows, 유닉스Unix 같은 다른 운영 체제에서도 작동하도록 만들고 싶었다. 우리의 아이디어는 고객이 자신의 운영 체제의 진행 과정을 계획할 수 있게 하는 것으로서, 모든 것은 일종의 조직 지휘소인 엔터프라이즈 컨트롤 스테이션Enterprise Control Station이라고 명명된 하나의 엔트리 게이트entry gate를 통해 접근 가능했다. 이는 상당한 개발 투자를 요했지만 우리는 여기에 우리의 미래가 달려 있다고 생각했다. 우리가 옳았다. 이후 우리는 이 확장에 힘입어 주도적인 위치에 오를 수가 있었고, 그렇지 못한 회사들은 뒤에 남겨졌다. 피델리티Fidelity, 미국 항공US Airways, AT&T 같은 고객들이 우리 제품을 시험해 보고자 했고, 우리는 매우 빠르게 60개의 설치를 완료했다. 계약상 우리는 요구가 있을 시 운영 체제를 추가해 주기로 했다.

우리는 너무나 흥분되어 제품이 아직은 충분히 안정적이지 못하다는 사실을 알아채지 못했다. 미국의 판매 직원들과 기술지원팀들은 새로운 판매를 늘리기보다 단순히 이 유명한 고객들을 잃지 않기 위해 일했다. 그 결과 우리는 돈을 잃었다.

아리엘 고든이 전해 주는 이야기

상황을 해결하기 위해 로니가 나를 보냈을 때, 내가 처음으로 한 일은 기술지원을 복구하는 일이었다. 그 다음에는 신제품의 설치를 중단시켰다. 셋째로는 아직 확보되지 않은 중요한 잠재 고객과 계약을 체결하는 일에 집중했다.

1993년의 마지막 분기에는 연간 이익이 190만 달러까지 떨어졌다. 우리의 막대한 판매 수익의 대부분은 급상승하는 비용을 대는 데 지출되었다. 우리는 매출이 이전의 속도로 계속 상승하리라는 가정 하에 이렇게까지 비용이 증가하도록 놔두었던 것이다. 결론은? 회사는 잘못 운영되고 있었다. 엉망이었다. 의심의 여지없이 배는 위험한 항로를 가고 있었다. 운이 좋아서 전복되지는 않았지만, 우리는 이미 실수에 대한 값을 톡톡히 치르고 있었다. 어떻게 이토록 빨리 추락할 수가 있었을까.

1989년과 1990년 사이에 베니는 텔 아비브에서 개발의 모든 상황을 감독하고 있었고, 미국의 톤과 유럽의 B&BE는 우리 제품을 유통 및 판매하고 있었다. 마케팅은 우리의 책임이 아니었다. 하지만 베니가 미국으로 옮긴 순간부터 개발에 대한 그의 영향력은 줄어들었다. 다른 사람들이 그의 자리를 대신했고, 그는 미국에서 마케팅에 집중했다.

그 절차 자체는 틀리지 않았다. 단지 미국에서 베니의 도가 지나쳤을 뿐이다. 이는 베니만 빼고 모두가 알고 있었음이 분명하다. 그는 언젠가 내게 "로니, 경쟁한다면 우리가 이길 거예요"라고 말했다. 그리고 우리는 그랬다. 하지만 우리의 판매량이 이미 충분한 수준을 넘어섰다는 착각에 빠져 있었기 때문에 어떤 경우에는 제안이 왔을 때 입찰조차 하지 않았다. 때로는 제안이 있다는 사실조차 알지 못했는데, 이는 제대로 된 비즈니스 정보가 부족했기 때문이다. 베니가 주어진 목표를 달성하지 못하고 있다는 것을 알았을 때, 나는 그에게 도와줄 사람을 고용해 보라고 제안했다. 그가 다른 전문가들을 자기 아래에 두고 일을 분담하기를 바랐던 것이다.

그러자 재앙이 발생했다. 베니는 대기업에서 일하던 사람들을 고용했는데 그들은 작은 회사가 성장하면서 겪는 제약에 대해 전혀 모르고 있었던 것이다. 잘못된 사람이 잘못된 자리에 있게 됨으로써 두 가지 실수가 일어났다. 첫째, 베니의 격려에 힘입어 그는 아직 준비되지도 않은 제품에 대해 마케팅 시스템을 만들었다ECS. 그런 다음 그는 직원 1인당 이익이 과거와 같이 계속될 것이라는 추측에 근거하여 인원을 확대했다. 그러자 놀랍고 놀랍게도 정반대의 일이 일어났다. 1994년에 우리는 매출 2,830만 달러에 운영 손실 2,320만 달러를 기록했다. 제 정신인 사람이 이를 본다면 뭔가가 심각하게 잘못되었음을 알 것이다.

「엔터프라이즈 소프트웨어 매거진Enterprise Software Magazine」은 1994년 7월호에서 미국의 100대 자영 소프트웨어 판매자ISV를 발표했다. 그 리스트에 있는 회사들은 오직 소프트웨어 제품만 판매하는 회사였고, 순위는 매출액을 기준으로 매겨졌다. 우리는 여러 해 동안 그 리스트에 포함되어 있어 자랑스러웠다. 1등과 2등은 마이크로소프트Microsoft 및 그들의 가장 가까운 라이벌, 컴퓨터 어소시잇츠Computer Associates였다. 오라클Oracle이 3등, 노벨Novell이 4등이었다. 이들의 매출은 수십억 달러였다.

다음은 텍사스 BMC와 같은 소프트웨어 거인들이었다. 폴 뉴턴이 경영했던 B&B는 32등으로서 매출이 1억 2,000만 달러에 가까웠다. 다음 8월의 리스트에서 우리는 당연히 그들보다 한참 아래에 있었고, 커다란 어려움에 직면하고 있었다.

 1993년 말과 1994년 초의 형편없는 성과는 3명의 이사 사이의 미묘한 균형을 깨뜨렸다. 갈리아와 나는 우리가 어디에서 잘못되었는지, 어떻게 해야 할지를 스스로에게 물었다. 베니는 그러지 않았다. 끔찍한 해였다. 앞서 좋은 시절에는 직원 1인당 매출이 최고 20만 달러를 기록했지만 1994년에는 그것의 반에 불과하였다. 이러한 결과는 깨어나라는 신호였다.

 뒤돌아 보면 우리의 확장은 너무나 빠르고 가팔랐다. 암논은 내가 베니에게 지나치게 많이 의존했다는 것과 그에게 미국 재량권을 준 것이 실수였다고 말했다. 그것이 맞는지 아닌지는 모르겠다. 그리고 마치 그것만으로는 충분치 않다는 듯, 베니는 몇 가지 절차상의 실수를 저질렀다. 그것은 표면상으로는 심각해 보이지 않았지만, 상장 회사에게는 아무리 작은 탈선이라도 재앙을 불러올 수 있음을 우리는 곧 알게 되었다.

 상장 회사는 매 분기마다 손익계산서를 제출해야 한다. 1993년 마지막 분기의 보고서는 1994년 초에 발표되었는데 베니는 완료되지 않은 매출을 포함시켰다. 이를테면 미국의 어떤 회사와의 진행 중인 매출을 베니가 수익으로 기입한 것이다. 그곳에서는 거래를 완료하지 않았는데 베니는 완료된 거래로 보고했다. 그것은 하나의 실수였다. 또 다른 회사는 만기가 되기 전에 청구서를 발송했는데, 이 거래 또한 분기 보고서에 포함되었다. 베니는 이 거래들을 성사된 것으로 확신했으므로 주저 없이 보고서에 포함시키게 했던 것이다.

회사의 예상 이익과 현재 수익 사이에는 언제나 잠재적으로 차이가 있다. 상장 회사는 매출과 이익을 보수적으로 예상하도록 되어 있으며, 대중에게는 시장 분석가들을 통해 간접적으로 알리게 되어 있다. 만일 회사가 예상이 실제와 다르다는 것을 알게 되었을 경우에는 '이익 경고profit warning'라는 것을 발표하여 투자자들에게 이익이 예상치보다 낮을 것임을 알려야 한다. 명백히 이익 경고는 주가를 떨어뜨리므로 회사의 이사들은 그것을 피하려고 한다. 우리의 경우에는 절차상 아직 기입하면 안 되었을 뿐이지 베니의 이익 예상은 합리적인 데다가 실제의 미래 매출에 근거하고 있었다. 실수가 발견되고 발표되자 우리는 보고서 수정 요청을 받았고 그렇게 했다. 하지만 눈덩이는 굴러가기 시작했고 우리도 그것을 따라가고 있었다.

1994년 3월 21일에는 4D 및 그 이사들인 베니, 로니, 갈리아, 그리고 회사의 재무 책임자인 마이클 카리쉬Michael Karish에게 집단 소송이 들어왔다. 원고들은 우리가 회사의 전망, 수익, 이익에 대해 거짓의 잘못된 보고서를 발표했으며, 그럼으로써 미국 증권법을 위반했다고 주장했다. 한 순간에 우리는 승리자에서 범죄자로 전락되었다.

최초의 충격에서 회복되어 새로운 현실에 대처하기 시작했을 때 우리는 그런 소송이 미국에서는 일상적이라는 것을 알게 되었다. 그것은 이스라엘에서보다 훨씬 더 빈번하게 일어났다. 어떤 변호사들은 그것을 전문으로 하여 꽤 많은 수입을 올린다. 그 절차를 시작하는 변호사는 자신이 목표로 찍은 회사의 주식을 상당량 매입한 다음 어떤 실수든지 일어나기만을 기다린다. 실수를 발견한 순간, 그는 다른 주주들에게 접근하여 공동으로 소송을 내자고 제안하고 자신이 그들을 대표한다. 법원은 그를 다른 원고들의 대표로서 공식적으로 인정해야 한다.

그것이 정확히 우리에게 일어났던 일이다. 샌디에이고 출신이었던 그 변호사는 우리의 주식을 사 놓고 기회가 오기만을 기다리다가 베니의 실수가 드러나자 바로 덮친 것이다. 우리의 월계관에서는 가시가 나고 있었다.

20

미국에서
있었던
문제들

❖ Nordau to NASDAQ

성공은 많은 아버지를 가졌으며 어머니, 대부모, 양부모도 부족하지 않다. 반면에 그 형제인 실패는 고아다. 1994년 4월에는 이사회 및 회사의 경영진이 위기의 책임이 어디에 있는지를 묻기 시작했으며 피해를 복구하기 시작했다. 베니는 그의 관점에서는 아무런 잘못이 없었다. 하지만 그는 CEO였고, 총책임자였고, 미국에서 우리의 이익을 보호해야 할 사람이었다. 그런데 주변에 다른 사람이 누가 있었을까. 갈리아? 베니는 그녀의 관여를 막았다. 새로 임명된 판매 책임자? 그는 베니에게 보고하는 사람일 뿐이다. 회계사? 그는 베니의 지시를 따랐다. 그러니까 이스라엘 회사의 사장이자 이사장인 내가 남는다. 1994년 4월의 나의 50번째 생일 이후, 베니는 나를 회사에서 쫓아냄으로써 자신에게 쏟아지는 관심을 피하려고 했다.

한데, 자기의 파트너이자 후원자이며 이 자리에 오기까지 함께한 바로 그 사람에게 어찌 이런 음흉한 짓을 한단 말인가. 베니는 내 친구이기도 한 회사의 변호사를 찾아가서 나를 허심탄회하게 설득해 달라고 했다고 한다. 내가 이미 50살이니 더 이상 그의 길을 막지 못하게 해 달라는 것이었다. 베니의 길을. 그는 이사회 멤버들에게도 압력을 넣었다. 이사회는 8명이었는데, 우리가 회사를 시작했을 때 베니와 나는 그가 4명을 임명하고 갈리아와 내가 4명을 임명하는 것으로 동의했다. 이 균형은 그 위기의 시기에 궁극의 시험을 치러야 했다.

봄이었다. 유월절이 지나갔다. 5월에는 오후 5시에 시작하여 새벽에 끝나는 긴 회의가 많았다. 당시의 상황 및 법에 의하면, 이사들에게는 회사 이익에 신경 쓸 책임이 있었지만 그들을 임명한 경영진이 두 편으로 나뉘어 싸웠기 때문에 그들은 결정을 내리기가 힘들었다. 회의에서 제기된 문제들은 고통스럽고 불쾌했다. 미국 회사의 손실에 대해 무엇을 해야 할까. 그곳의 집단 소송에는 또 어떻게 대처해야 할까. 이사회는 동요했다. 그들은 정체 및 마비로 끝날 극단적인 제안들은 표결에 붙이려 하지 않았고, 나와 베니와 갈리아에게 적절한 회복 계획을 제출해 주기를 원했다. 그것에는 우리 셋 모두 동의했다.

첫 번째 회의에 이어 두 번째 회의를 했으나, 거기서 나온 안은 이사회를 만족시키지 못했다. 셋은 한 번 더 모였고 이번에는 내가 주도했다.

"어쩌면 우리는 이런 규모의 회사를 운영하기에는 능력이 모자라는지도 몰라요."

내가 말했다.

"우리 셋이 사임하고 전문가들을 데려와서 대신 앉혀야 할지도 몰라요."

나는 우리 모두를 전문적인 경영팀으로 바꾸는 것이 좋은 타협안이라고 생각했다. 미국에서의 실패에 대한 책임과 수모를 똑같이 나누면, 가장 중요한 우리의 재산이자 책임인 회사는 다시 한 번 뜰 것이었다. 갈리아는 거의 동의했으나 베니는 결사적으로 반대했다. 어떤 상황에서도 그는 그러한 선택을 고려하지 않았다.

하지만 우리는 빈손으로 이사회에 돌아갈 수는 없었다. 누군가는 책임을 져야 했다. 미국에서 회계 보고나 등록 실수를 저지른 것은 내가 아니었지만 나는 책임을 지기로 했다. 나에게는 미국의 매출 보고에 대해 베니에게 좀 더 자세하게 물어보지 않은 잘못이 있었다. 그를 믿은 게 잘못이었고 집이 불탄 뒤에야 깨어난 게 잘못이었다. 매출 보고서를 확인하는 것은 내 일이 아니라 CEO인 그의 일이었지만 간접적으로는 내 책임이기도 했다. 물론 이는 직접적으로는 그와 미국 회계사의 책임이었다.

 5월인가 6월에 이사회가 다시 소집되었고 많은 결정이 내려졌다. 하나는, 그때까지 이스라엘 회사의 사장과 이사장이라는 두 가지 역할을 하고 있던 내가 이사장직은 유지하고 사장직에서는 물러나는 것이었다. 단, 내가 유지해야 한다고 고집한 두 가지 영역의 책임은 제외되었다. 그것은 우리 매출의 약 20퍼센트를 차지하는 유럽과의 관계를 관리하는 일과 일본과의 관계를 감독하는 일이었다. 베니의 역할 또한 그의 뜻과는 반대로 줄어들었다. 그리고 이사회 멤버인 라피 오즈Rafi Oz가 재정과 관련해 그를 감독하기로 했다. 이사회의 세 번째 결정은 아비 코헨을 최고 운영 책임자로 임명하는 것이었다. 겉으로는 모두가 회사를 위해, 또 앞으로 나아가기 위해 자존심을 죽였다.

 우리에 대한 집단 소송은 강도를 높여 갔고, 때문에 이스라엘의 기준으로는 천문학적인 비용이 치러졌다. 법적 비용은 최소한 시간당 400달러였고, 우리는 한 달에 약 300시간에 대한 청구서를 받았다. 한 달 평균 10만 달러를 넘게 지불한 매우 비싼 쇼였다. 법정에서 우리를 대변한 것은 우리가 미국에서 처음 출범할 때부터 함께했던 스캐든 압스였다. 집단 소송이 일어나기 전까지는 그 회사의 재무적-법적 문제의 전문가인 데이비드 폭스와 암논 쇼함이 우리와 함께 일했었다. 우리가 집단 소송에 대해 상의하려고 그들을 찾아가자 그들은 우리를 이 분야의 전문가 조나단 러너Jonathan Lerner에게 넘겼다. 이스라엘에서는 4D의 이사회가 베니에게 회사를 대표하라고 요청했다. 그는 명백히 제1의 범인이었지만, 그럼에도 불구하고 미국에서 무슨 일이 있었는지를 아는 사람이었던 것이다.

우리의 주주들은, 소송을 낸 샌디에이고 출신 변호사를 통해 우리가 그들에게 3,000만에서 4,000만 달러의 손해를 입혔다고 고소했다. 그들은 베니의 잘못된 그들에 따르면 사기의 보고 때문에 부정확한 정보에 근거하여 우리의 주식을 샀다고 주장했다. 미국에서 발표된 보고서에서 저질러진 큰 실수가 전체 문제의 뿌리였다.

그 주장은 과장되었지만 그것이 발표된 순간 주가는 정말로 떨어졌고, 완전히 통제를 벗어난 추락으로 시장에 피해를 입혔다. 미국의 언론에서는 집단 소송을 다음과 같이 위험한 것으로 요약했다.

'회사가 소송에서 지거나 법정 밖에서 타협한다면, 회사에는 재무적으로 부정적인 효과가 일어날 수 있다.'

기업 공개 때 주가는 12달러였다. 최고였을 때는 25달러였다. 이제 그것은 주당 3.75달러로 추락했다. 원고들은 자신들이 받아야 할 보상을 잘못된 정보가 발표되기 전 매입 시점의 주가와 정보가 발표된 이후 이상적인 주가 사이의 차이를 기준으로 계산했다. 그들의 계산에 따르면 우리는 그들에게 총 3,000만 달러의 손해를 입혔다. 그들의 변호사는 즉각적인 보상을 요구했다. 우리는 그때 은행에 약 1,500만 달러를 갖고 있었다.

우리는 태풍의 눈 안에 있었고, 베니는 여전히 자신의 방식을 고치지 않았다. 그는 말로는 물론 서면으로도 자신만의 의견을 계속 내세웠다. 우리는 계속 돈을 잃고 있었지만 그는 회사가 '계획대로 해냈다'고 단언하기까지 했다. 사업 계획에는 실제로 재무적 손실에 대한 준비금이 포함된다 때로는 그럴 가능성을 감안해야 하니까. 하지만 상식은 어디로 갔을까. 그런 식으로 우리의 상황을 발표하는 것은 분명히 잘못된 것인데, 도대체 그를 어떻게 해야 하나. 나는 절망하기 시작했다.

그와 동시에 내가 직접 책임지는 지역인 유럽에서 재미있는 상황이 발생했다. 원래 B&BE와의 판매 계약은 1994년 10월에 종료되는 것으로 예정되어 있었다. 1987년의 최초 계약 및 1991년의 연장 계약에서는 판매자들에게 수백만 달러의 가치가 있는 조항이 포함되었다. 원칙적으로 그 조항은, 우리가 계약을 갱신하지 않을 경우 B&BE는 그들이 사실상 일을 하지 않더라도 우리 프로그램에 대한 유지비 명목으로 그들의 몫을 계속 받는다는 것이었다.

첫 번째 연장 계약이 만료되기 전인 1994년의 협상에서 그들은 그 조항이 자기들에게만 너무 이익이라는 점을 인정했다. 그리고 우리에게는 유럽에 독자적인 판매망을 구축할 계획이 있었기 때문에 그것이 문제가 되었다. 그 조항은 우리가 만 1년 동안 어느 정도까지는 그들을 위해 일하는 것이었다. 그들은 우리가 서비스하는 고객들로부터 수백만 달러를 계속 벌게 되어 있었다.

1991년에 우리가 계약할 때는 그들의 신용장이 너무나도 절실했다. 그리고 톤과의 위기 이후에는 그들에게 미치는 재정적인 손실 때문에 그 가혹한 조항에 동의했던 것이다. 하지만 5,000만 달러 이상을 지불하게 되더라도, 우리는 이제 모든 것을 백지로 되돌리고 B&BE로부터 분리되어 언제라도 적절한 시점에 독자적인 판매망을 구축하기를 원했다. 베니는 즉시 그래야 한다고 생각했다. 유럽은 내가 주도하는 지역이었기 때문에 2~3개월에 걸쳐 긴장된 협상을 벌였다. 목적은 오직 유럽인들과의 관계를 가능한 한 평화롭게 끝내는 것이었다.

한편, 우리는 독자적인 판매망을 구축하는 단계를 밟았다. 비록 즉시 그것을 세우지 못하고 B&BE와 새로운 판매 계약을 체결했지만, 이미 독자적인 판매망의 하부구조를 구축해 놓은 때에 협상을 벌인 것은 다행이었다. 우리는 우리 제품과 비슷한 소프트웨어 프로그램을 판매한 경력이 있는 프랑스인 마이클 코더Michel Koder를 4D 유럽의 책임자로 임명했다. 또한 새로운 지점의 직원들을 채용하기 시작했고 유럽의 다른 나라들에도 약 10명을 채용했다.

우리는 아직 B&BE로부터 판매권을 돌려받지 못했으므로 일을 시작할 수가 없었다. 하지만 4D의 유럽 하부구조는 갖춰졌다. 나는 매우 열심히 노력하여 유럽인들과의 분리 계약을 평화롭게 마무리 지었다. 그들에게 1년 더 서비스를 제공함으로써 우리의 책임을 끝내는 것이었다. 계약에 서명하기 위하여 한 브루겔링, 이안 화이트, 갈리아, 그리고 나는 뒤셀도르프에서 만났다. 우리는 끝을 좋게 봐서 기쁘기는 했지만 동시에 슬프기도 했다. 왜냐하면 어쨌든 B&BE와 함께 일한 덕분에 많은 결실을 맺었기 때문이다.

분리하는 일은 복잡한 작업이었지만 잘 진행되었고, 나는 이제는 분위기가 좋아질 것이라고 생각했다. 하지만 그렇지 않았다. 베니는 지금 당장 유럽에서 독립적인 회사가 되어야 한다고 단언했다. 미국에서의 위기와 집단 소송은 최고조에 이르러 있었다. 우리는 여전히 피를 흘리고 있었던 것이다. 아직 미국의 주주들과 합의를 보지 못했고, 그들의 청구액을 3,000만 달러에서 우리가 감당할 수 있는 금액으로 낮추려고 노력하고 있었다. 어찌 유럽에서의 독립이 급한 문제가 되겠는가. 하부구조가 만들어졌으므로 유럽은 바다로 가라앉지 않을 것이었다.

나는 베니의 상식에 호소하려고 했다. 하지만 그는 자신의 입장을 고수했고, 계속 자신의 요구를 밀어붙였다. 그 단계에 이르자, 나는 그를 멈출 수 없음은 물론 일이 그런 식으로 되어 가서는 안 된다는 것을 깨달았다. 하나의 회사에 두 명의 사장이 있을 수는 없다. 하지만 해결책이 발견될 때까지는, 우리를 유럽에서 더 복잡한 함정에 빠뜨릴 수 있는 또 다른 경솔한 행동은 막아야 했다.

B&BE로부터의 분리가 실행된 1994년 7월 마지막 주의 어느 날, 나는 한에게 전화를 했다. 집에서는 파티를 하고 있는 중이었다. 나는 그에게 말했다.

"어제 우리 분리한 것 맞죠? 그래서 말인데, 우리의 관계를 재정립하기 위한 제안을 해 주셨으면 합니다. 그냥 단순하고 명확한 제안을 해 주시면 되고요. 우선은 로열티에 대해 합의하고 나머지는 이후에 협상하죠."

그는 놀라움에서 회복된 후, 같은 날 저녁에 매우 훌륭한 1페이지짜리 제안서를 보내 주었다.

물론, 내가 CEO인 베니에게 상의하지 않은 것은 절차에 따라 한 일은 아니었다. 하지만 나는 그렇게 하는 것이 우리를 구원해 주리라고 생각했다. 나를 움직인 원칙은 고등학교 때 내 뒤에 앉았었던 요람 예어Yoram Yair 장군이 설명한 바와 같다. 장교는 때론 그것이 규율을 어기는 일일지라도 허락을 기다리지 않고 자기 책임 하에 작전을 수행해야 할 때가 있다. 그는 우선 자신의 임무를 성공시켜야 하며 오직 그 후에만 자신의 결정에 대해 해명할 수 있다. 내가 한 일이 바로 그것이었다. 나는 한의 제안을 이사회에 제출했고, 승낙이 떨어지자 협상을 진행시켰다. 이사회에서는 다른 방법이 딱히 없었으므로 그것을 찬성했던 것이다.

또한 우리의 다음 회의는 미국에서 하는 것으로 결정되었다. 나는 가능한 한 최상의 합의안을 이사회에 제출하기 위해 열심히 노력했다. 나는 유럽 협상에서 함께할 팀을 구성했다. 그것은 갈리아, 회사의 CFO 마이클, 그리고 라피 오즈였다. 베니는 라피에게서 이 사실을 듣고는 계속 반대했고, 피곤한 줄도 모르고 무효화시키려고 했다. 그는 이사회 멤버들에게 두꺼운 문서를 배포했는데, 그 제목은 '4D는 왜 B&BE와 계속 연합하면 안 되는가'였다. 문서로 이사회를 겁주는 데 실패하자 베니는 나에 대한 공격을 강화했다. 협상 내내 그는 쓸데없는 조항을 추가했다. 나는 단지 협상을 계속하기 위해 그것의 대부분을 용인했지만, 우리가 아직 합의를 확정하지 않은 실제적인 문제들 중에서 어느 하나로도 협상은 무너질 수 있었다. 결국, 우리가 미리 동의한 것은 오직 로열티뿐이었다.

텔 아비브와 암스테르담 사이에 팩스가 오가며 초안을 작성하는 단계에 이르고 B&BE와의 새로운 계약이 형태를 갖추기 시작했을 때, 베니와 나는 더 이상 말도 나누지 않는 사이가 되었다. 나는 모든 진행 상황을 직접 이사회에 보고했다.

어쨌든 우리는 미국에 예정되어 있는 회의보다 겨우 한 주 앞서 초안에 동의했다. 시간의 압박이 있었지만, 나는 전체 팀이 암스테르담으로 가서 B&BE와 계약을 체결하고 목요일 오후에는 이스라엘로 돌아와 다음 주에 미국으로 떠나기로 결정했다. 우리는 10월 5일 수요일에 암스테르담에 도착했고, 판매자 대표들과 함께 조항들에 대해 논의하기 시작했다. 그러나 우리는 바로 교착 상태에 빠졌다. 왜냐하면 베니는 나를 방해했고, 미국에서는 폴 뉴턴이 자신의 대리인인 한 브루겔링을 효과적으로 방해했기 때문이다.

커다란 실망 속에 첫째 날이 끝났고, 이미 오랜 친구들이었던 두 팀은 저녁을 먹은 후에 와인을 마시며 슬픔을 달랬다. 우리는 다음 날 오전 9시에 B&BE의 사무실에서 다시 만났다. 협상은 오후 3시까지 계속되었고, 우리는 분기별 선금에 대한 것을 제외한 대부분의 문제들을 마무리지었다. 우리가 동의한 바, 나는 미국으로 가서 폴 뉴턴과 문제를 결론지은 후 예정된 이사회에 참석하기로 했다.

다음 날 아침에 나는 미키 슈피겔만의 사무실에 앉아 있었다. 나는 그에게 암스테르담에서 작성한 계약서와 여러 가지 관련 메모들을 건네주었고, 그는 그것을 다듬어서 계약서 초안을 만들기 시작했다. 나는 완전히 지쳤지만 마티아와 함께 하이파로 가서 친구들과의 긴 주말 데이트를 했고, 슈피겔만과는 계속 전화와 팩스를 주고받았다. 다음 날 나는 22시간이나 걸려서 캘리포니아에 도착했다. 폴 뉴턴과 나는 정기적 지급 방식에 동의했다. 그것은 우리의 미국 직접 판매가 계속 상승하는 동안에는 시장에 아무런 문제도 없다는 뜻이었고, B&BE가 우리에게 300만 달러의 분기별 선금 지급 약속을 지키리라는 뜻이었다.

나는 이 추가 사항이 최종 초안에 포함되도록 슈피겔만에게 보냈다. 내 생각에 이것은 우리에게 무척 필요한 안정을 줄 훌륭한 계약이었고, 우리의 불안정한 상황을 감안하면 유럽에 독자적인 판매망을 세우는 것보다 10배는 더 나았다. 이제 내가 할 일은 그것을 이사회에 제출하여 표결에 붙이는 일이었다. 물론, 베니와 내가 표를 반씩 가졌기 때문에 이사회에서 나는 과반수를 보장받지 못했다. 그리고 내가 그를 제쳐 놓았다는 이유로 그의 속은 부글부글 끓고 있었다. 나는 그가 숨어서 매복을 준비하고 있다는 것을 알았다.

21 정상의 자리

❖ Nordau to NASDAQ

　미국에서 차기 이사회를 개최함으로서 사기를 진작시키려는 계획은 실현되지 못했다. 생각만큼 간단한 계획이 아니었다. 갈리아가 세법과 관련된 몇 가지 문제를 발견했기 때문이었다. 그래서 멕시코의 티후아나에서 이사회를 열기로 타협을 보았다.

　임원 전원이 캘리포니아의 호텔에서 첫 만찬에 참석하기 위해 모였다. 베니만 참석하지 않았다. 불참한 임원은 베니뿐이었기에 금세 표가 났다. 나쁜 징조였다. 갈리아가 티후아나로 떠날 여행 계획과 마땅한 회의실이 있는 호텔을 예약했다는 사실을 보고했다. 보고가 끝난 후 모든 사람이 각자 객실로 돌아갔다.

　다음 날 아침 나는 어빈 인근에 있던 회사로 베니를 만나러 갔다. IPO 후에 베니는 회사를 어빈으로 옮겼다. 그전까지 우리는 갈리아가 개인 신용카드로 임대했던 코스타 메사Costa Messa의 두 칸짜리 수수한 사무실에서 함께 일했다. 뉴 디멘션 소프트웨어라는 이름이 새겨진 새 사옥의 입구에 걸린 우아한 청동현판을 보니 가슴이 뿌듯했다. 데레크 하샬롬 7번지의 허름한 사무실 입구에다 내가 직접 걸었던 작은 알루미늄 간판과는 질적으로 달랐다.

　1995년 우리는 어쩔 수 없이 4D에서 뉴 디멘션 소프트웨어 주식회사 New Demension Software, Inc.로 회사명을 바꾸었다. 그러자 같은 이름을 쓰던 프랑스 회사가 자신들이 유럽에서 최초로 그 상호를 등록했다고 주장하며 우리 회사에 소송을 걸어 왔다. 우리는 미국에서 반대소송을 제기했다. 미국에서는 우리가 프랑스 회사보다 앞서 이 상호를 등록했기 때문이다. 하지만 소송이 시간과 돈 낭비로 끝날 가능성이 농후했던 터라 나는 회계사이자 변호사인 우리 회사 CFO 마이클 카리쉬에게 타협안을 제안하라고 요청했다. 상대편에서 100만 달러를 지급한다면 소송을 취하하고 회사명을 바꾸겠다는 내용이었다. 협상을 진행한 끝에 우리는 30만 달러와 무리 없이 이름을 바꾸기에 충분한 시간, 그리고 이후 18개월 동안 광고와 정보 자료에서 예전 회사명을 사용해도 좋다는 허가를 받는다는 조건에 합의했다.

우리는 캘리포니아 어빈에 있는 미국식 건물 10층에 새 사무실을 얻었다. 잔디밭과 화단으로 둘러싸인 인상적인 건물이었다. 전 직원이 파노라마 같은 전경이 내려다보이는 넓은 사무실에서 일할 수 있었다. 바닥은 대리석이었고 안내데스크 책상은 마호가니였다. 회사에 들어서자마자 공손하고 품위 있는 목소리로 "대표님"이라고 부르며 맞이하는 단정한 옷차림의 안내데스크 직원은 그야말로 금상첨화였다. 쩌렁쩌렁한 목소리의 안내데스크 직원과 삐걱거리던 마루가 있던 텔 아비브의 협소한 공간에서 참으로 먼 길을 온 것이다. 내가 회사로 걸어 들어가자 한 사람도 빠짐없이 일어나 나를 맞이했다. 사무실의 문들은 모두 활짝 열려 있었다. 베니의 문만 예외였다. 또 다른 불길한 징조였다. 단정한 옷차림의 미국 직원들이 미소를 짓고 "안녕하세요" "즐거운 하루 보내세요"라고 인사를 건넸음에도 로스앤젤레스 하늘을 떠도는 스모그만큼이나 긴장감이 역력했다.

나는 심호흡을 하고 베니의 문을 노크한 다음 그에게 밖으로 나가서 점심을 먹자고 제안했다. 이사회가 열리기 전에 이야기를 나누어야 하니 불편하지만 만날 수밖에 없다고 덧붙였다. 베니에게 레스토랑을 정하라고 말했으나 그는 그냥 가장 먼저 눈에 띠는 레스토랑으로 들어갔다. 그러더니 주문할 때까지 기다리지도 않은 채 대뜸 자신은 B&BE와의 새 계약에 전적으로 반대한다고 단언했다. 그와 말싸움을 해 봐야 소용이 없었다. 지금껏 여러 차례 함께했던 점심 식사가 떠올랐다. 그리고 이제 그때와는 다른 기분으로 그 추억을 혼자 간직했다.

나는 그에게 이사회에서 어떤 일이 일어날 것이라고 예상하는지 그리고 그 전에 우리가 합의할 일은 없을지 물었다. 그의 대답은 이러했다.

"새 이사회라. 우리가 임명한 사람들이죠. 그러니 이사회를 해산시키고 다른 사람들을 뽑읍시다."

쇠뿔도 단김에 뺀다. 그것이 베니의 방식이었다. 동의한다는 뜻으로 건성으로 고개를 끄덕였지만 사실 그의 아이디어에 전혀 마음이 끌리지 않았다. 우리는 점심을 먹고 전혀 합의를 보지 못한 채 헤어졌다. 상징적인 의미의 합의조차 없었다. 그는 내 의사를 타진했고 나도 그의 의사를 타진했으나 우리는 여전히 서로의 속내를 확실히 알 수 없었다. 베니는 이사 전원이 참석할 예정이었던 만찬에 모습을 나타내지 않았다. 이사회 임원 두 명이 불참한 사실도 이목을 끌었다. 베니의 사촌 데이비드 그린 David Green과 베니의 친구이자 변호사인 암논 쇼함이었다. 베니가 임명한 또 다른 임원 라피 오즈는 만찬에 참석했다.

회의가 열리기 몇 달 전 B&BE와 새로운 계약을 협상하는 팀의 일원이었던 라피는 그것이 회사에 가장 유리한 계약이라는 사실을 확실히 알고 있었다. 그는 위기 상황을 고려했을 때 유럽에 또 다른 사업체를 설립하는 것은 실수라고 생각했다. 나는 그가 양심에 따라 회사의 이익을 먼저 생각하고 이사회에서 내게 투표해 주기를 바라는 마음이었다. 그래서 그가 만찬에 참석했다는 사실에 기분이 좋아졌다.

다음 날 아침 우리는 차량 세 대에 나누어 타고 티후아나로 출발했다. 첫 번째 차량에는 '나의' 이사회 임원 갈리아와 텔 아비브 대학교의 재정 및 보험 전문가인 예후다 카하네Yehuda Kahane 교수가 탔다. 두 번째 자동차에는 베니와 베니의 지지자인 암논 쇼함과 데이비드 그린이 동승했다. 호텔을 마지막으로 나선 라피 오즈는 내가 먼저 타고 있던 세 번째 자동차에 올랐다. 드디어 출발했다. 처음에는 라피가 처음 가 보는 멕시코에 대해 잠시 잡담을 나누었다. 나는 그가 회사를 위해 자신의 의무를 다할 것인지, 베니와의 신의를 지킬 것인지를 두고 갈등하는 중임을 알고 있었다. 사실 그것은 우리가 미국으로 떠나기 전부터 공공연한 비밀이었다. 베니는 그때까지 라피를 들들 볶았다.

라피는 한숨을 쉬며 이렇게 말했다.

"있잖아요, 로니. 어젯밤 만찬을 마치고 이스라엘로 전화를 걸어서 변호사와 상의했습니다. 변호사가 말하기를 베니가 나를 임명했기 때문에 만일 그의 지시에 따라 투표하지 않는다면 내가 이사회에서 사임해야 한다는군요. 미안합니다. 하지만 나는 이 복잡한 일에 휘말리고 싶지 않습니다."

그는 재킷 주머니에서 봉투를 꺼내서 내게 건넸다.

"이것으로 지금 당장 사임하겠다는 뜻을 전하고자 합니다."

바로 그 순간 우리는 국경을 넘었다. 나는 자신을 다독였다.

'집중해, 성급하게 판단하지 마.'

사막의 풍경이 정신을 집중하는 데 도움이 되었다.

'풍경을 감상하며 맑은 정신으로 생각해.'

나는 라피에게 다음과 같이 말했다.

"내 말 잘 들으세요. 그런 사임이 어떤 의미인지 정확히 모르겠습니다. 절차상의 실수를 저지르고 싶지도 않고요. 잠시 봉투를 주머니에 넣어 두세요. 이만큼 멀리 왔는데 좀 더 기다리시죠."

갈리아를 비롯한 내 지지자들에게 라피의 주머니에서 째깍거리고 있는 폭탄에 대해 얼른 말하고 싶었다. 회의가 시작되기 전에 그들에게 알려야 한다. 하지만 휴대폰으로는 전할 수 없다. 누군가 엿듣는 일은 없어야 하니 말이다.

오후 늦게 티후아나에 도착했다. 나는 내 방에 도착하자마자 샤워도 하지 않고 내 지지자들에게 연락해서 라피 오즈의 상황을 알렸다. 그들 또한 예상치 못한 방향으로 전개되는 상황에 어떻게 대처해야 할지 모르겠으나 일단 시간을 벌어 줘서 고맙다고 말했다. 나는 갈리아에게 내 방으로 오라고 일렀다. 그녀 방에는 에어컨이 아예 작동하지 않았지만 내 방 에어컨은 간간히 작동하고 있었다. 그것이 약간이나마 위안이 되었다. 우리는 이스라엘로 전화를 걸어서 미키 슈피겔만에게 조언을 구하기로 마음먹었다. 라피 오즈가 사임을 고집한다면 우리는 어떻게 대처해야 할 것인가? 내 제안을 투표에 붙여야 하는가 아니면 하지 말아야 하는가? 미키는 해야 한다고 말했다. 그는 전화상으로 내 제안이 수용되든 거부되든 상관없이 법적으로 문제가 없도록 정확한 표현까지 지시했다.

다음 날 이사 전원이 참석했다. 나훔 로즈만Nahum Rozman은 전화로 참석했다. 투표권이 없었지만 마이클 카리쉬도 참석했다. 나는 새로운 계약서의 최종 문안을 들고 도착했으나 과연 이를 통과시킬 기회가 있을지 전혀 예측할 수 없었다.

회의가 시작된다. 나는 회장으로서 의제에 오른 안건을 투표에 부친다. 그리고 그날의 민감한 문제, 즉 B&BE와의 새 계약과 4D 유럽을 출범하는 안건의 차례가 온다. 나는 유럽에 독자적으로 진출할 경우의 위험과 거의 완성된 계약이 제공하는 안전성을 비교하며 적극적인 태도를 취한다. 나는 이사회에게 이 문제를 논의하고 내가 제시한 초안을 검토하라고 권한다. 베니가 이의를 제기한 문제에 답변하고 베니가 '오메가 플랜The Omega Plan'이라고 이름 붙인 반대제안의 장점을 칭찬한다.

세 시간에 걸친 논의 끝에 투표할 시간이 되었다. B&BE와의 새로운 배급 계약에 찬성하는 사람은 누구인가? 갈리아 스트라이커, 카하네 교수, 나훔 로즈만 그리고 물론 로니 에이나브이다. 놀랍게도 암논 쇼함도 그 제안에 찬성한다. '훌륭해'. 이제 라피 오즈의 차례이다. 그의 손이 사임서가 들어 있는 재킷 주머니 위에서 서성인다. 나는 물주전자에 시선을 멈춘다. 전반적으로 침울한 분위기이다. 그런데 라피의 목소리가 들린다.

"저도 찬성합니다."

'좋았어, 좋았어, 좋았어!'

반대하는 사람은 누구인가? 베니와 데이비드 두 명 뿐이다. 찬성 다수로 가결된다. 회의록에는 새로운 계약서 초안이 회사에 유리하다고 기록된다. 이사회는 내게 두세 가지 조항을 개선하라고 요청한다. 아울러 유럽 대표들과 협상을 마무리하고 우리가 유럽에 이미 세워 둔 독자적인 인프라스트럭처를 해체할 권한을 맡긴다.

나는 만족감을 잠시 접어 두고 다음 안건으로 넘어간다. 라피 오즈가 손을 들고 사임서를 꺼내서 탁자에 놓는다. 이사회는 그의 사임을 수락한다. 나는 회의를 폐회하고 모든 사람을 바로 초대한다. 암논이 베니에게 미안해하며 무언가 말을 건넨다. 베니는 그에게 등을 돌리고 데이비드와 함께 황급히 자리를 떠난다. 나는 함께 한잔하자고 암논을 초대하고 싶지만 오해를 받을까 봐 두렵다. 그는 자기 방으로 올라간다. 라피 오즈 또한 자리를 뜬다. 갈리아가 예정된 출발 시간을 알리기 위해 잠시 그들에게 들른다. 바에 남아 있던 우리는 몸과 마음을 식히기 위해 마르가리타를 들이킨다. 비록 서로 숨겨 왔지만 지난 며칠 동안 휘몰아쳤던 감정의 폭풍이 끝났다. 이제 더 이상 말할 필요가 없다. 모두 안도감을 느낀다. 그동안 모든 일이 지체되고 연기되었지만 이제 마무리되었다. 만사가 다시 순조로워진다.

돌아오는 길에 베니와 데이비드, 그리고 나는 같은 자동차에 탄다. 나는 조수석에, 두 사람은 뒷좌석에 앉아 있다. 거울로 말없이 창문에 다가앉은 베니의 모습이 보인다. 결국 그가 분별력을 되찾았다는 의미인가? 갑자기 그가 말문을 연다.

"제 생각에는 정말 형편없는 회의였습니다. 우리가 미국을 정복했던 똑같은 방식으로 유럽을 정복했어야 했는데."

나는 반응을 보이려고 뒤로 돌았으나 타이밍을 놓친다. 베니가 적의에 찬 눈으로 나를 바라보며 말한다.

"아셔야 합니다. 그 결정을 통과시킴으로써 당신이 우리 회사를 파멸시켰다는 사실을 말입니다."

그때가 1994년 10월 중반이었다. 당시 나는 그의 심중을 헤아리지 못했다. 얼마나 가슴 아픈 일인가. 사람들은 이따금 성공을 목전에 두고 잘못된 길로 접어든다는 사실을 깨닫지 못한다.

티후아나에서 돌아오는 길에 펼쳐진 단조로운 풍경을 나는 찬찬히 살피면서 베니와 나 사이의 골이 얼마나 깊어졌는지 애써 가늠해 보았다. 그리고 뛰어난 지성을 갖추었음에도 베니가 실패를 스스로 인정하지 못한다고 판단했다. 실패를 인정한다고 말하던 순간에도 진심을 담지 않았다. 그는 상대방의 실수는 재빨리 찾아내지만 그들이 자신의 수하일 때면 쉽게 용서하곤 했다. 그러나 나는 그와 동등한 사람이었고 그의 실수를 목격한 사람이었다. 그것은 결코 용서할 수 없는 일이었다.

캘리포니아로 돌아오는 길에 멕시코 국경을 넘은 다음 나는 이스라엘에서 경험했던 이와 비슷한 상황을 떠올렸다. 6일 전쟁이 끝난 후 공중에서 흘끗 보았던 장면과 닮아 있었다. 노란색이 녹색으로 변하는 지점이 이집트와 이스라엘의 국경이었다. 국경을 따로 표시할 필요가 없었다. 메마른 황무지가 갑작스럽게 푸른 들판으로 바뀌는 경계선이 뚜렷이 나타났다. 베니와 함께 건넜던 이 국경에서도 풍경의 색채가 먼저 바뀐 다음 냄새가 바뀌었다. 베니는 둘 다 느끼지 못했다.

나는 이스라엘로 돌아오는 길에 파리에 들렀다. 꾸물거릴 시간이 없었다. 유럽 회사를 더 이상 확장하지 말라고 못을 박은 뒤 마이클 코더에게 그를 포함해 직원들을 해고시키라고 말했다. 이스라엘은 1994년의 겨울로 접어들고 있었다. 당시 한 정예부대에서 대위로 복무하던 아들 리란이 공항으로 마중을 나왔다. 그는 이전 2주 동안 일어났던 극적인 여러 사건에 대한 이야기를 귀를 쫑긋거리며 들었다. 그러고는 그 차세대 주자는 이렇게 말했다.

"게임을 주도한다는 점에서 아버지께서는 우리 육군 정예부대와 똑같군요. 정장을 입으셨다는 사실만 빼면 말이에요."

표면상으로 나는 베니와 함께 계속해서 상황을 조정했다. 하지만 실제로는 내 목표는 이미 성취되었다. 베니는 이사회의 결정을 수락하지 않으며 계속 방해공작을 펼쳤다. 나는 B&BE와 진행하는 협상 과정의 모든 세부 사항을 그에게 전달하겠다고 약속했다. 그가 방해할 수 없도록 계약을 체결할 정확한 시기만 뺄 생각이었다. 티후아나 회의가 끝나고 열흘이 지난 후 우리는 유럽인들과 계약을 체결하고 관례에 따라 곧바로 보도 자료를 발표했다. CEO 베니는 발표하는 자리에서 계약에 찬사를 보냈다고 한다. 그렇기 하라는 강요를 받은 터라 그의 분노는 더욱 거세졌다.

이런 식으로 계속 지낼 수는 없다는 사실은 누가 보아도 확실했다. 사업 파트너십은 결혼과도 같아서 계약에 따라 일을 처리하는 것이 최선이다. 성공할 때는 계약을 맺기가 쉽지만 상황이 악화되고 손해를 입을 때는 긴장감과 갈등이 고조된다. 지금 우리 처지처럼 말이다. 베니는 우리가 실패했다고 생각지 않았다. 아울러 자신이 문제의 일부라고 생각지도 않았다. 그렇기 때문에 이성적으로 문제를 바로잡으려는 모든 제안을 무조건 거부했다. 그는 우리 3명이 사임하자는 내 제안을 거부했고 이어서 대다수 이사들이 회사에 유리한 방법이라고 결정했음에도 유럽 문제에 대해 내가 제시한 해결책 역시 수락하지 않았다. 이 무렵 나는 우리 파트너십의 현주소를 냉정하게 판단했다. 지난 몇 년 동안 여러 가지 업적을 성취한 인재이지만 그는 이제 뉴 디멘션이 손실을 만회하고 앞으로 발전하는 길에 걸림돌로 변했다.

1994년 10월 25일 이스라엘로 돌아온 후 일주일가량 지났을 때 다시 이사회 회의를 소집하기로 결정했다. 이 회의에서 베니의 해임을 제안할 예정이었다. 의제에 오른 한 가지 안건이었으니 이는 사실 비밀일 수 없었다. 이사회에는 CEO를 해임할 권한이 있었다. 사실 나를 지지하는 임원이 4명이었으니 필요한 득표는 이미 확보한 셈이었다. 베니는 내가 이 4명의 확실한 지지자들과 교섭할 예정임을 알고 있었다. 그가 확보한 득표는 3표뿐이다. 그는 불안한 나머지 회의를 연기시키기 위해 몇 가지 조치를 취했다. 심지어 미국에 가서 조정해 보자고 제안하기도 했다. 나는 거절했다. 회의가 열리기 전날 베니와 그의 친구이자 그가 지명한 임원인 암논 쇼함이 사직서를 보냈다. 나는 어째서 그런 결정을 내렸는지 도무지 이해할 수 없었다. 지금까지도 확실한 내막을 알지 못한다. 어쨌든 한 사람이 더 사임했음에도 회의는 연기되지 않았다. 이사회가 소집되었다. 지난 6개월 동안 우리 사이에 긴장감을 해소하기 위해 회의에 계속 참석했던 미키 슈피겔만이 합류했다.

최대한 비밀을 유지하고 싶었던 나는 건물 지붕 층의 매점 맞은편에 있는 교육 센터에서 회의를 열었다. 같은 이유로 회의 시간도 오후 5시로 정했다. 그 시간이면 많은 직원들이 이미 퇴근했을 터였다. 그날 베니는 정신없이 서류를 복사하면서 거의 하루 종일 사무실에서 보냈다. 나는 임원들이 도착한 후에 그를 부르러 내려갔으나 그의 모습은 어디에도 보이지 않았다. 임원들이 30분 동안 기다렸지만 베니가 나타날 조짐은 보이지 않았다. 베니의 사촌인 데이비드도 나타나지 않았다. 바로 그때 베니에게 전화가 왔다. 그는 이사회에서 사임하겠다고 통보했다. 데이비드 또한 전화로 즉시 효력이 발생하는 사임의 뜻을 밝혔다. 회의는 임원 4명만 참석한 가운데 5시 30분에 시작되었다.

4명의 임원은 그런 상황에서는 어떻게 해야 하는지 파악하려고 회사 정관을 읽었다. 규칙이라면 익숙한 미키 슈피겔만이 임원 5명이 참석해야 합법적인 정족수를 유지할 수 있다고 설명했다. 베니는 두 사람이 사임함으로써 합법적인 정족수를 유지하지 못하고 그래서 회의가 무산되기를 바란 것이 분명했다. 아니면 회의를 열더라도 법적으로 규정된 정족수를 확보하지 못했다는 이유로 우리가 내린 결정이 무효가 되기를 바란 것이다. 이사회가 제대로 운영되지 않으면 회사는 총회를 개최해 새 이사회를 지명해야 한다. 베니는 총회에서 자신이 갈리아와 나를 물리치거나 적어도 비긴 상태로 끝날 것이라고 생각했다. 내가 미키 슈피겔만에게 조언을 구하자 그는 다섯 번째 임원을 찾으라고 제안했다. 정관은 즉각적인 사임뿐만 아니라 즉각적인 지명도 허용하는 것처럼 보였다.

나는 마티아에게 전화를 걸어볼까 생각하다가 먼저 아래층으로 내려가 아직 퇴근하지 않은 사람이 있는지 확인했다. 입구 옆에 있는 방에서 바스락거리는 소리가 들렸다. 마이클 카리쉬가 여전히 일하고 있었다. 그는 미소 띤 얼굴로 "아직 퇴근하지 않으셨네요. 저 좀 태워 주시겠습니까?"라고 말했다. 내 차는 정비소에 있었다. 하지만 나는 이렇게 대답했다.

"물론이죠. 그런데 작은 문제가 있어서 먼저 당신의 도움이 필요합니다."

그리고 상황을 설명했다.

"이사회 임원으로 당신을 초대할 겁니다. 일을 맡기지는 않을 겁니다. 투표에 붙일 일이 있어요. 마음 가는 대로 투표하셔도 좋고 아니면 기권하셔도 좋습니다. 합법적인 정족수를 구성하고 회사가 움직이려면 당신이 그 자리에 있어야 합니다. 그리고 나면 최대한 빨리 정식절차를 밟아서 당신을 교체하겠습니다."

마이클은 잠시 머뭇거리더니 승낙했다. 우리는 즉시 그를 이사회의 다섯 번째 임원으로 지명했다. 합법적인 정족수가 구성되었고 회의가 정식으로 개회되었다.

1995년 예산, 유럽 문제, 경영진과 CEO의 성과 분석 등 다루어야 할 의제의 안건이 많았다. 그리고 베니를 CEO에서 해임시키는 제안을 표결에 붙였다. 해임안의 주요 논거는 미국에서 그가 보고한 내용 때문에 야기된 손실과 엄청난 비용을 투자해야 했던 집단 소송에 대한 책임이었다. 5명 가운데 4명이 찬성했다. 마이클은 기권했다. 투표 결과는 회의록에 기록되었다. 의제의 다음 안건은 신임 CEO를 물색할 위원회를 구성하자는 제안이었다. 위원회가 구성되기 전까지 내가 임시 CEO를 맡기로 합의했다. 회의는 폐회되었다. 물론 쉽게 해임에 찬성한 임원은 한 명도 없었다. 그러나 어쨌든 사업은 사업이다. 우리는 그동안 쌓은 경험에 따라 우리가 수행한 작업이 회사 발전을 위해 반드시 필요하다는 사실을 이해하고 있었다.

모두 해산해 집으로 돌아갔다. 갈리아는 마이클을 태워 주었고 미키 슈피겔만은 남아서 회의 결정 사항을 검토했다. 나는 회의록을 들고 교육센터를 닫으면서 이렇게 생각했다.

'베니에게 통보해야지.'

옥상에서 내려다본 새로운 텔 아비브는 무척 휘황찬란했다. 삼삼오오 모여 있는 드높은 고층건물들이 한때 수줍게 낮게 드리우던 실루엣 위로 솟아 있었다. 내가 어린 시절 보았던 친근한 스카이라인은 더 이상 보이지 않았다.

베니에게 전화할 것.

사무실로 돌아오는 길에 나는 회사가 번창하면서 이전했던 키르야트 아티딤 7번지 건물의 쾌적한 사무실들을 바라보았다. 마이클 카리쉬의 사무실이 보였다. 그는 평소에 세계에서 둘째가라면 서러워할 만큼 꼼꼼한 사람이었다. 모든 물건을 캐비닛과 서랍에 깔끔하게 정리해 잠가 두었다. 오늘 그는 서류함 하나를 열어 둔 채 퇴근했다. 나는 다재다능한 아리엘 고든의 사무실을 들여다보았다. 서류, 책자, 보고서, 아이 장난감이 정신없이 널려 있었다. 그 난장판에서 무언가 찾아낼 수 있는 사람은 아리엘뿐이었다. 그리고 여기는 진정한 천재 아비 코헨이 은둔자처럼 앉아 아무도 엿보지 못하도록 단단히 블라인드를 쳐 둔 곳이다. 그리고 복도 맨 끝에 내 사무실이 있다. 열린 문의 맞은편에 책상이 있고 마티아와 아이들이 활짝 웃는 사진이 놓여 있다. 오른편 벽에는 나스닥에 상장한 후에 우리가 받은 수표의 복사본이 걸려 있다. 반대편 벽에는 일본어로 쓴 뉴디멘션의 로고가 있다.

미키 슈피겔만이 서류 작업을 끝내고 나를 만나러 왔다.

"뭐라고요? 아직 베니에게 연락하지 않았다고요? 벌써 아홉 시나 됐는데."

시간이 벌써 그렇게 지났나? 생각에 빠져 있느라 시간 가는 줄도 몰랐다. 나는 번호를 눌렀다. 베니가 라아나나에 있는 자신의 집에서 수화기를 들었다. 나는 쓸데없이 변죽을 울리지 않고 이렇게 말했다.

"당신을 해고하기로 결정했습니다."

그리고 이사회의 결정 결과를 읽어 주었다. 그는 충격을 받았다. 그의 계획에 포함되지 않은 결과였다.

6주 후에 이사회는 마이클 카리쉬 대신 엘리 탈모르Eli Talmor 교수를 임원으로 임명했다. 1999년까지 이 5명의 임원이 자리를 지켰다. 따라서 1994년 11월부터 1999년 3월까지 베니 때문에 보충한 임시 임원을 제외하고 이사회는 이 5명으로 구성되었다. 그러나 그 사이에도 많은 일이 일어났다.

베니는 이사회의 결정을 받아들이려 하지 않았다. 언론에서 부정적인 보도를 일삼고 그로 말미암아 회사가 타격을 입었음에도 베니는 막무가내였다. 해임이 결정되고 닷새가 지난 11월 5일 슈피겔만의 사무실에서 총회를 소집하고 상황을 역전시키려고 애를 썼다. 이사회를 임명하는 조직은 총회이므로 이사회는 CEO를 해임할 권한이 없다고 주장했다. 오직 총회만 해임할 수 있다는 것이 그의 논거였다. 총회에 참석한 임원은 베니와 갈리아, 나 이렇게 3명이었다. 몇몇 소액 주주들이 굳이 참석했지만 어쨌든 그들에게는 문제를 결정할 권한이 없었다.

새 이사회를 임명하려면 총회에 참석한 사람 가운데 66퍼센트의 지지를 받아야 한다는 규칙을 정한 사람은 베니였다. 다시 말해 우리 세 사람이 그 조치에 동의해야 했다. 베니가 34퍼센트, 갈리아와 내가 합쳐서 34퍼센트를 구성했으며 총 32퍼센트가 소액 주주들의 손에 달려 있었다. 당시 베니는 자기 마음에 들지 않는 일을 이사회가 떠맡기지 못하도록 막을 심산으로 그 규칙을 정했다. 그런데 이 운명적인 순간에 소액 주주들을 설득해 자기편으로 만들지 못했고 결국 화를 자초한 꼴이 되었다.

베니가 해임된 후 신임 CEO를 물색하기 시작했다. 나는 위원 5명으로 구성된 선발위원회를 설립했다. 이 중에는 뉴욕 리먼 브라더스의 거물 하비 크루거Harvey Krueger, 이에 못지않게 중요한 이스라엘 출신 인물로 명성이 높은 경제학자 암논 네우바크가 포함되어 있었다. 나는 베니의 후임자가 될 계획이 없었다. CEO가 될 생각은 꿈에도 없었다. 솔직히 우리 회사에는 다른 종류의 경영진이 필요하다고 믿었다.

6개월 동안 물색한 끝에 적임자 댄 바니아를 찾았다. 댄은 전기 공학 전문가로 기업을 경영한 경험이 있었으며 나와 동갑내기였다. 함께 일하기 시작했을 때 두 사람 모두 청년 연합United Youth 운동에 가담했으며 심지어 같은 텔 아비브 북부 지사의 일원이었다는 사실을 발견했다. 이스라엘은 얼마나 좁은 나라인지! 선발위원회 전원은 댄이 리더십과 대인관계가 훌륭한 뛰어난 인재라는 데 뜻을 모았다. 그는 1995년 6월에 뉴 디멘션 CEO로 임명되었다. 우리는 이제 한시름 놓아도 된다고 생각했다. 그러나 그때 베니가 우리에게 소송을 제기했다.

22 오만

❖ Nordau to NASDAQ

　베니는 텔 아비브에서 회사를 고소했다. 미국에서는 그가 가담한 집단 소송이 계속되는 중이었다. 그렇지만 베니는 이 사실에 전혀 아랑곳하지 않고 우리에게 소송을 제기했다. 소송을 제기한 상대는 나와 갈리아, 그리고 그를 해임한 다른 이사회 임원 3명이었다. 그의 주장은 총회에서 거부된 내용과 동일했다. 자신을 해임한 5명의 정족수가 불법이라는 주장이었다. 뿐만 아니라 티후아나에서 내가 라피 오즈와 공모하고 라피가 사임하도록 설득함으로써 이사회의 균형을 무너트렸다고 주장했다.

　돌이켜 보면 비교적 냉정하게 이 사건을 바라볼 수 있지만 당시에는 그러기가 쉽지 않았다. 나는 베니가 승소하면 회사와 내가 개인적으로 심각한 타격을 입을까 봐 걱정스러웠다. 감정적으로 치르는 대가는 이미 심각했다.

　공식적으로 베니는 여전히 회사의 일원이었다. 따라서 소송 기간 중에도 그에게 급료를 지급해야 한다는 조언을 받았다. 3년 동안 내내 그는 매달 2만 1,000달러를 받았다. 해임된 후에도 그는 여전히 대주주였다.

　법원은 내가 라피 오즈와 공모하고 그가 사임하도록 설득했다는 베니의 주장을 즉시 기각했다. 그를 해임한 5명의 정족수의 불법성에 관한 주장에 대해서는 다음과 같이 발표했다.

　"최종 분석에서 원고가 사임했다는 사실그리고 친구 또한 사임하게 만든 사실을 고려할 때 에이나브와 스트라이커가 이사회를 통제할 기회를 제공

제22장 | 오만　　　　　　　　　　　　　　　　　　　　　　　　　　　　321

한 장본인은 다름 아닌 원고 자신이었다…… 만일 원고의 목적이 오직 이사회를 마비시켜 CEO 자리에서 자신을 밀어내지 못하게 막는 일이었다면 자신을 탓할 수밖에 없다."

판사는 계속해서 다음과 같이 판결했다.

"둘째, 총회가 새 이사회를 임명하지 않는 동안 5명으로 구성된 이사회가 합법적인 임시 이사회의 역할을 담당했다. 따라서 베니를 해고한다는 결정을 포함한 이사회의 결정은 법적으로 유효하다."

법정 소송이 진행되는 동안 두 가지 일이 일어났다. 한 가지는 중요한 일인 반면 한 가지는 우스꽝스러운 일이었다. 전자는 미국 집단 소송에서 결국 타협했다는 사실이었다. 소송이 처음 시작되고 약 1년이 지난 1995년 4월 26일의 일이었다. 타협안에 따라 우리가 지급해야 할 액수는 3,000만 달러에서 700만 달러로 줄었다. 350만 달러는 즉시 지급했고 나머지는 1년 동안 주식과 현금으로 지불할 예정이었다. 주요 수혜자는 소송하라고 부추긴 변호사였다. 그 결정은 우리 회사가 회복하는 길로 내딛은 첫 걸음이었다.

우스꽝스러운 일이란 이사회 구성, 즉 베니의 소송 문제와 관련된 것이다. 해임된 이후로 베니는 사무실에 발을 들여놓지 못했고 그래서 회사에서 진행되는 일에 관해 직접적인 정보를 알 수 없었다. 재판 중에 베니의 변호사는 이사회가 자기들 마음대로 일을 처리한다고 불평했다. 판사는 변호사에게 정확히 불만이 무엇이냐고 물었다.

"그들이 당신의 의뢰인을 괴롭힌다는 말입니까?"

그러자 변호사는 이렇게 답변했다.

"아닙니다. 그럴 가능성이 있다는 겁니다."

판사는 그를 안심시키기 위해 변호사 한 명을 여섯 번째 임원으로 임명했다. 그의 임무는 재판이 진행되는 동안 베니의 이익을 보호하는 일이었다.

1994년 베니의 소송과 함께 모티의 소송도 지루하게 계속되고 있었다. 1993년 소송 절차를 시작할 때 내 변호사는 베니에게 피고 측 항변을 뒷받침할 정보를 제공해 달라고 부탁했다. 당시 승승장구하는 회사의 경영 파트너였던 베니는 선서 진술에서 기꺼이 내 발언을 확인해 주었다. 모티가 모르는 무언가가 있다면 그것은 순전히 모티의 관심이 부족한 탓이라는 내용이었다.

그 무렵 변호인단은 베니를 우리의 주요 증인으로 증인석에 세울 계획이었다. 그러나 미국에서 집단 소송을 제기하고 나의 선동으로 해임된 이후 베니는 이성을 잃고 복수하기 위해 온갖 짓을 다했다. 그는 갈리아와 내게 해임 결정을 철회하기로 동의하지 않으면 모티의 소송을 지지하겠다고 통보했다. 갈리아는 협박을 그만두지 않으면 경찰에 신고하겠다고 경고했다.

나는 그의 말을 심각하게 여기지 않았다. 그것은 실수였다. 그는 자신의 요구가 관철되지 않을 것이라는 사실을 깨닫자마자 곧바로 마음을 바꾸고 모티를 위해 증언하겠다고 나섰다. 만일 자신의 증언으로 모티가 승소해서 다시금 소액 주주가 되면 총회에서 다수를 얻을 수 있을 것이라는 속셈이었다. 결정적인 한 방으로 승리할 수 있을 것이라는 계산에 눈이 먼 나머지 모티의 변호인단에게 그리 멀지 않은 과거에 나를 변호할 목적으로 내 변호인단을 만났다는 사실을 '깜빡 잊고' 알리지 않았다. 모티의 변호인단은 이 사실을 법정에서야 알게 되었다.

믿기 어렵지만 실제로 일어난 일이다. 불쾌하고 위험한 상황이 펼쳐졌다. 모티의 주장이 베니가 바라는 대로 끝났다면 베니는 필요한 다수를 확보해 나와 갈리아를 몰아내고 원하는 대로 할 수 있었을 것이다. 하지만 심문 과정에서 그의 거짓말이 탄로 나고 말았다.

모티 글레이저의 소송은 1997년까지 4년 동안 계속되었다. 텔 아비브 지방법원의 판사석에는 당시 젊은 지방법원 판사였던 힐라 거스텔Hilla Gerstel이 앉아 있었다. 그녀는 모든 일을 깊이 파헤치고 철저하게 확인했다. 어느 순간부터 모티 사건의 공판이 1994년 말부터 시작된 베니의 소송과 겹치게 되었다. 베니의 소송은 1998년까지 계속되었다. 두 사건을 합치면 5년 동안 법정싸움을 한 셈이다. 견디기 쉬운 일은 결코 아니었다. 두 가지 공판에 많은 시간과 돈, 그리고 감정적인 에너지를 쏟아야 했다.

모티 글레이저는 한때 친구였다가 등을 돌렸다. 베니 바인베르거는 내 파트너였다가 나를 버리고 혼자 사업하기를 원했다. 모티는 베니를 내게 소개하고서 나중에는 내쫓으려고 애썼다. 그러자 베니는 내게 지원과 후원을 부탁했고 두 가지를 모두 얻었다. 어떻게 내가 그들에게 공공의 적이 되었을까? 그동안 우리에게 무슨 일이 일어난 것일까? 지혜로운 사람들은 돈의 사악한 영향력이 주범이라고 말할 것이다. 어쩌면 거금이 연관되지 않았다면 모티는 속았다고 느끼지 않았을지도 모른다. 어쨌든 우리는 상호 합의에 따라 헤어졌고 그는 자신이 요구한 모든 것은 물론이고 그 이상을 받았다. 그런가 하면 권력은 부패하기 마련이라고 말하는 사람도 있을 것이다. 이 역시 사실이다. 어쨌든 한 가지만은 확실하다. 이 5년의 세월은 결코 장밋빛 인생은 아니었다.

모티 사건의 평결에서 베니 바인베르거의 증언은 배제되었다. 판사의 생각은 다음과 같았다.

"베니 바인베르거의 증거는 신뢰도가 부족하며 에이나브와 스트라이커를 괴롭히고 글레이저와 손을 잡고 이익을 챙기려는 강한 욕구가 엿보인다."

모티와 내가 헤어지기로 합의하고 정확히 6년이 지난 1997년 8월 이 평결이 발표되었다. 같은 해 이스라엘은 전쟁의 공포에 휩싸였다. 나라 분위기가 그 어느 때보다 침울했다. 우리 셋째 아들 라몬이 패트리어트 미사일 부대에서 복무하는 중이었기에 머지않아 전투에 투입되어 그 무기를 발사해야 할 것이라는 사실은 두려움 그 자체였다. 이 고통스러운 시기에 내가 기대할 수 있는 유일한 희소식은 내 결백을 증명할 평결이었다.

판사는 조사 결과를 발표하면서 마케팅과 광고를 목적으로 발표된 사실에 대해 몰랐다는 모티의 주장은 믿을 수 없다고 지적했다. 합동 수사에서 그가 '본인이 인정하는 사실보다 더 많이' 알고 있었음이 밝혀졌다. 나는 단지 4D 문제에 전념할 수 있도록 에이나브 시스템즈를 동결시키자고 제안했을 뿐이었고 결별 얘기를 먼저 꺼낸 쪽은 모티였다. 그는 4D를 포기하고 내게 양도했다. 회사의 가치와는 상관없이 '회사와 회사의 활동을 좋아하지 않았거나 심지어 적대적이었기 때문이었다'. 리라즈에서 발을 뺄 때와 마찬가지로 그의 관심사는 4D의 매각 가치가 아니라 에이나브 시스템즈뿐이었다. 자신에게 갈라설 수 있는 선택권이 있음을 깨달았을 때 '음흉하게' 행동한 사람은 모티였다. 4D가 한 푼의 가치도 없다고 믿은 까닭이었다. 거금을 얻는 대신 내게 아무것도 주지 않겠다는 속셈으로 회사의 가치를 확인하지 않는 데 동의한 것이었다. 4D가 대성공을 거둔 후에야 그것이 어처구니없는 실수였다는 사실을 깨달았다. '그렇기 때문에 자신을 탓할 수밖에 없었다'. 이것이 일흔여섯 페이지에 달하는 판결문의 골자였다.

판사는 또한 수사 결과에서 주식 희석 합의서와 내가 메이어 아르논의 주식을 처리한 방식에 대해서 비판했으나 그것은 부수적인 문제라고 밝혔다. 반면 상호 합의 하에 모티가 자의에 따라 서명한 모든 권리의 포기 각서를 포함해 1988년부터 1989년에 일어난 문제를 요약한 내용은 실질적이고 구속력이 있었다. 판사는 1984년 아르논이 사임하기 이전 상태로 돌려 달라는 모티의 요구는 터무니없다고 판결했다. 모티는 오히려 재정적인 보상을 요구했어야 했다. 그랬다면 그가 어느 정도 유리했을지도 모른다.

3년 동안 이처럼 악몽 같은 일이 나를 괴롭혔다. 법정 내부를 구경하고 증인 선서를 한 것은 그때가 내 생애 처음이었다. 디킨스의 『황폐한 집 Bleak House』처럼 사건이 수 세대 동안 질질 끌지는 않았으나 확실히 쉽게 끝나지는 않았다. 결국 승리는 내 것이었다. 하지만 30만 달러의 법정 소송비, 그리고 엄청난 두통과 긴장성 신경과민을 승리의 대가로 치러야 했다. 사기꾼과 거짓말쟁이라고 손가락질받는 일은 결코 유쾌하지 않다. 법정에서 심문받는 일도 몹시 불쾌한 일이다. 하지만 우리는 이겨 냈다. 법원은 모티가 갈리아와 나, 그리고 에이나브 시스템스에게 각각 2만 5,000달러를 지불하라고 판결했다. 나는 돈에는 전혀 관심이 없었다. 그저 모티와 그가 내게 강요한 불쾌한 상황을 잊고픈 마음뿐이었다. 그런데 그 무렵 그가 대법원에 항소할 것이라는 소문이 들렸다.

지방법원에서 모티가 패소한 다음 날 나는 엘리베이터에서 그의 아내와 우연히 마주쳤다. 두 가족은 여전히 라마트 일란의 같은 건물에서 살고 있었다. 그녀는 큼지막한 쓰레기봉투를 단단히 부여잡고 있었다. 깨진 병과 내동댕이친 접시에서 나온 유리 조각이 가득했기 때문에 봉투를 봉하지 못한 모양이었다. 모티가 판결문을 들었을 때 그의 집에서 어떤 일이 벌어졌을지 짐작하고도 남았다. 분명 그들은 몇 년 동안의 소송에 엄청난 돈을 쏟아 부었을 것이다. 그런데 다시 가망이 없는 항소에 훨씬 더 많은 돈을 허비하게 될 터였다. 평소에는 단정했던 그의 아내는 이제 될 대로 되라는 심정인 것처럼 보였다. 눈물도 말라 버렸다. 나는 그녀에게 이렇게 말했다.

"당신네 돈은 필요 없습니다. 이쯤에서 그만둔다면 법원에서 지불하라고 명령한 돈을 포기하겠습니다. 그만하면 됐어요. 모티에게 그만두라고 말씀하시죠."

의기양양해서 하는 말이 아니었다. 그런다고 내가 유쾌해지지는 않는다. 결국 그녀가 남편을 설득한 모양이었다. 모티는 마음을 바꾸고 항소하지 않았다.

이제 베니의 소송만 남았다. 그러나 세월은 흘렀고 사업은 더욱 번창했다. 미국 상황은 고비를 넘기고 회복되기 시작했다. 집단 소송에서 상대방은 타협안을 받아들였고 우리는 그들이 원래 요구했던 금액의 20퍼센트를 지불했다. 베니의 잘못된 보도 때문에 결렬된그래서 소송으로 이어졌던 거래는 대부분 결실을 맺었다. 댄 바니아, 갈리아, 미국 경영자 대럴 비튼호이스Darrel Bittenheuss, 그리고 나를 포함한 새로운 경영진 덕분에 우리 회사의 매출은 약 50개국에서 1억 달러에 육박했다. 우리는 2,500군데의 최고 고객을 확보했고 순수익이 약 21퍼센트에 이르렀으며 50퍼센트에 가까운 연 성장률을 기록했다. 이는 서로 협력하는 경영진과 모든 사람의 근면과 지성, 헌신, 그리고 활력을 토대로 바라던 결과를 얻었다는 뜻이었다. 위기를 겪는 동안 하락했던 주가가 최저가였던 주당 3.75달러에서 4.50달러로 상승하더니 다시 6달러, 7달러를 거쳐 25달러에 이르렀다. 1999년을 앞둔 1998년 말 주가는 52.5달러로 치솟았고 이따금 60달러 선에 가까워지기도 했다.

하지만 이런 성공으로도 베니를 물러나게 설득하지는 못했다. 베니는 모티가 패소하는 모습을 지켜보았음에도 자신이 패자가 되는 순간까지 소송을 멈추지 않았다. 나는 이 불필요한 사건이 마무리되었을 때 그것으로 끝이라고 생각했다. 하지만 모티와는 달리 베니는 최후의 수단을 택해 대법원에 항소했다.

베니 바인베르거라는 인간을 한마디로 설명하기는 어렵다. 그는 유능하고 야심만만한 사람으로 4D-뉴 디멘션을 설립하고 제품을 개발한 중심인물이었다. 나는 이 점을 잊지 않는다. 그러나 그를 미국 상장 기업의 CEO로 임명한 것은 실수였다. 그렇기는 해도 과대망상이 게임의 일부라는 사실을 무시할 수는 없다. 적어도 약간의 과대망상이 없었다면 우리가 이룬 일은 없었을 것이다. 유능한 기업가는 넘치는 자신감과 인습을 타파할 능력으로 산을 움직일 수 있는 혁명가이다. 베니 바인베르거를 옹호하기는 쉽지 않지만 심지어 남의 웃음거리가 되는 순간에도 자신의 능력에 대한 무한한 믿음을 버리지 않았던 베니 덕분에 회사가 성장할 수 있었던 것도 사실이다. '초심'은 모든 역경을 헤치고 전진한다. 그러나 발전의 영역에서 벗어나 회계, 관리, 혹은 외람되지만 법과 같은 영역으로 들어갈 때 혹은 '용서될 수 있는 것은 허용할 수 있다'는 원칙에 따라 행동할 때 이 초심은 좋은 결과와는 거리가 먼 재앙으로 변한다.

어쩌면 과대망상은 정확한 표현이 아닐지 모른다. '오만'이 더 적절한 표현일 것이다. 오만은 인간을 위대하게 만들지만 이따금 몰락의 원인이 되기도 하는 특성이다.

23 시작의 끝

20세기 중반 우리가 어렸을 때 과거는 이미 알고 있었고 미래는 예측할 수 있었으며 현재는 천천히 변화했다. 세 번째 천년이 시작된 지금 과거는 더 이상 우리가 생각했던 모습이 아니고 미래는 예측할 수 없으며 현재는 급속도로 변화한다. 한때는 전적으로 이성적인 과정이던 사업 결정 또한 급속한 변화에 적응해야 했다. 다행히도 나는 60년대에 게임 이론을 접했고 이를 바탕으로 프로젝트를 구상했으며 테크니온의 대학원생들에게 그 주제를 가르쳤다. 의사 결정의 역설적인 측면은 내게 이미 익숙했다. 뉴 디멘션을 매각할 무렵, 그러니까 이 책을 쓰기로 결정할 무렵 이론이 실제로 변했고 의사 결정의 이런 측면을 인식했다는 사실이 이 과정에 중대한 역할을 했다.

이 주제를 중심으로 이따금 '긍정적인 불확실성'이라고 묘사되는 철학이 발전했다. 이 철학은 불확실한 시기에 미래와 관련된 결정을 내리는 사람은 이성적 판단력뿐만 아니라 직관을 이용할 만큼 지혜롭다고 가정한다. 의견을 공식적으로 밝히고 결정을 내리는 과정에 기꺼이 의견을 바꿀 태세를 갖추어야 한다는 뜻이다. 기업 관리자는 이성적인 요소와 실용적인 요소를 토대로 관리와 관련된 일상적인 결정을 내린다. 그러나 나는 중대한 변화와 관련된 것으로 회사의 미래에 영향을 미칠 결정을 내릴 경우에는 불확실성의 문제에 긍정적인 접근 방식을 택해야 한다는 사실을 일찌감치 깨달았다. 현실을 바꾸려고 애쓰기보다는 현실의 흐름을 타는 법을 배웠다. 전통적인 이성적 방법과 직관적이고 창의적인 접근 방식을 결합하는 습관을 기르고 의사 결정 과정과 관련된 역설적인 원칙을 잊지 않았다.

『조상의 윤리Ethics of the Fathers』에서 밝혔듯이 '모든 것은 예견되고 선택의 자유가 부여된다. 세상은 선으로 판단되지만 인간의 긍정적인 접근 방식의 양이 이를 좌우한다'. 1998년 11월 BMC의 릭 가드너가 놀랍게도 인수를 제의했을 때 나는 이 원리를 지침으로 삼았다.

나는 지금껏 사업하면서 내렸던 모든 결정, 심지어 릭 가드너와 만난 후 고민하기 시작했던 결정을 분석할 과학적인 도구를 가지고 있다고 생각지 않는다. 다만 결정은 이성적인 사고와 직관이 결합한 결과라고 말할 수 있을 뿐이다. 이를테면 에이나브 시스템스를 설립한 일은 순전히 직관에 따른 결정이었으며 적절한 사업 계획이나 수익 예상도 없었던 꿈의 실현이었다. 모티 글레이저를 파트너로 택한 것은 필요에서 비롯된 이성적인 결정이었다. 4D를 설립한 일은 다분히 모험이었다. 공식 승인을 얻기도 전에 GS 데일리를 개발하는 데 투자하기로 결정한 일은 확실히 직관적이고 비이성적이었으며 어쩌면 도박이었을지도 모른다.

개인적인 분쟁과 혼합된 사업 결정은 당연히 감정적이고 비이성적이다. 모티 글레이저와 헤어지기로 한 결정에는 얼마나 많은 감정이 담겨 있었을까? 나의 분노가 결정의 특성에 영향을 미쳤을까? 그의 지나친 요구를 승낙한 일은 비이성적이고 재정적인 면에서 지혜롭지 못한 결정이었다. 그러나 나는 그에게서 해방되기 위해서라면 어떤 대가라도 기꺼이 치를 작정이었다. 여러분이 결코 확신할 수 없는 미래는 사업은 물론이고 개인적인 면에서 내가 옳았다는 사실을 입증했다.

4D의 해외 배급업체를 선택한 일은 불확실성을 내포한 복잡한 과업이

었다. 생소한 영역에서 우리의 미래에 영향을 미칠지 모르는 결정을 단시간에 내려야 했으니 말이다. 톰을 미국 배급업체로 선택한 결정은 처음부터 끝까지 우연적이고 직관적이었다. 그들과 관계를 단절하는 결정에서는 이성이 이미 작용하고 있었다. 우리는 경험으로 터득했다.

아마도 성격은 타고나는 것이며 어떤 성격이든 그것이 사업 결정에 한몫을 담당할 것이다. 급변하는 상황에서 신속하게 즉흥적인 결정을 내리는 이스라엘 사람들의 성향이 '긍정적인 불확실성'과 그저 우연히 맞아떨어지는 것일까? 이를 판단하기는 쉽지 않다. 우리가 지금 알고 있는 사실은 뉴 디멘션의 인수에 이미 관심을 표했던 릭 가드너와 만난 후에 우리 세 사람, 즉 댄과 갈리아, 그리고 나는 바로 우리 눈앞에서 상황이 변했음을 깨달았다는 점이다. 그때 우리는 단순히 보상을 논의하는 것이 아니라 훨씬 더 중대한 결정을 내려야 했다. 그래서 직관에 따라 성급하게 반응하는 경향을 애써 억눌렀다. 서두르지 않고 차근차근히 이성적으로 문제를 논의해야 했다. 직관만으로 성공할 수 있을지 의심스러웠다.

나는 불확실성의 시대에 의사 결정이라는 주제에 대해 곰곰이 생각하고 있다. 주로 이것이 내 앞날을 결정했기 때문이다. 전통적인 의사 결정 전략에 따르면 명확한 목표에 초점을 맞추고, 사실을 수집하고, 이를 인식하고, 객관적으로 결과를 예측하고, 현실적이며 이성적인 방식으로 행동해야 한다.

이 전략을 적용하려면 시간과 돈, 자원이 많이 필요하다. 하지만 내가 소프트웨어 사업을 시작했을 때 내게는 이 모든 것이 부족했다. 절충적인 방식이 이스라엘인으로서의 내 기질과 소프트웨어 산업이라는 사업 환경에 훨씬 더 적합했다. 초점을 유지하되 융통성을 발휘하라. 의식하는 동시에 의심하라. 객관적인 동시에 낙관적으로 생각하라. 현실적으로 생각하되 꿈을 포기하지 마라. 다시 말해 목표를 정한 다음에도 목표는 한 가지 선택일 뿐이라고 여기고 더 매력적인 표적이 나타날 것이라는 가능성을 열어 두어라. 우리 회사가 유럽에 진출했을 때 이런 가능성이 현실로 변했다. 우리는 이미 다른 배급업체들과 계약을 맺었음에도 방향을 바꾸고 B&BE와 손을 잡았다.

이 접근 방식에 따르면 아는 것이 힘이지만 때때로 모르는 것이 상상력의 불을 지핀다. 우리 삶을 어떻게 바꿔 놓을지 짐작도 못한 채 우리 회사를 나스닥에 상장하기로 결정한 것은 상상력과 무지의 소산이었다. 절충적인 방식은 객관적인 태도를 중요시하지만 낙천적인 태도와 꿈에 대한 믿음이 이보다 훨씬 중요하다. 현실적이어야 한다. 그러나 직관 또한 현실적이며 상황에 대응하는 동시에 상황을 주도하는 힘을 가지고 있다. 우리는 재원이 충분하지 않은 상황에서 미국에 회사를 설립하면서 이 사실을 깨달았다. 뉴 디멘션에게 미국 진출은 새로운 시대의 시작이었다. 우리 회사가 성장해 확실히 자리를 잡았던 1990년대 하반기에 우리는 이성적인 사고에 점점 더 의존했다.

20세기의 마지막 10년 동안 에이나브 가족에게는 축하해야 할 중요한 가족 행사가 많았다. 맏아들 리란이 1996년 8월 결혼했다. 막내아들 요아브는 같은 12월 바르 미츠바를 맞이했으며 이후 가족의 관례에 따라 우리와 함께 해외여행을 다녀왔다. 둘째 아들 자크는 경제학과와 회계학과를 우수한 성적으로 졸업했다. 셋째 아들 라몬은 공군에 입대해 대공 패트리어트 미사일 부대에서 복무했다. 리란은 하버드 대학교에서 경제학 박사 과정을 시작해 훌륭한 성과를 거두었다. 마티아와 나는 미국에 사는 리란과 며느리를 자주 만나러 갔다. 이따금 뉴 디멘션 직원들을 프라하, 아테네, 파리 등 유럽 각지로 휴가를 보냈다. 그러는 동안 단 한순간도 회사를 위한 투자와 확장, 그리고 발전을 멈추지 않았다. 1998년 11월 코이치 상으로부터 전화를 받기까지 우리 회사는 평소와 다름없이 운영되었다.

뉴 디멘션이 성장할 수 있었던 원동력은 주로 새로운 기술을 습득해 기존 기술을 보안하고 새로운 시장을 개척한 일과 매출 증가였다. 1997년 우리는 멕시코에 진출해 좋은 성과를 거두었다. 아울러 인도로 배급을 확대했으나 결과는 그리 좋지 않았다.

미국에서는 비자Visa, 블루 크로스Blue Cross, 하트퍼드Hartford 등 여러 유명 기업과 대규모 거래를 맺는 일이 다반사가 되었다. 고작 몇 백만 달러를 투자함으로써 미국에 본사를 둔 인라이튼 소프트웨어Enlighten Software로부터 탠덤Tandem 기술을 이전받았다. 이 기술을 통해 우리는 회사의 역량을 보완하고 추가로 고객을 확보할 수 있었다. 뿐만 아니라 EDS 독일로부터 자회사 이글 아이Eagle Eye를 위한 기술을 획득해 컨트롤 SA에 첨가하는 데 성공했다.

같은 해 우리는 이스라엘의 보안 소프트웨어 전문 회사 멤코와 특별 계약을 체결했다. 멤코는 우리 회사의 컨설턴트였던 엘리 마시아와 내 친구 이스라엘 마진이 설립한 회사로 계약을 체결한 후 뉴 디멘션과 나란히 성장을 거듭했다1999년 플래티넘은 5억 7,000만 달러에 멤코를 인수했고 몇 달 후 CA에 인수되었다.

조직 소프트웨어 분야에서 우리 같은 중소기업들은 지속적으로 성장하기 위한 방편으로 합병을 선택했다. 대규모 산업과 대기업은 중소기업을 합병함으로써 경쟁을 줄이는 방법을 선호한다. 소규모 조직은 '꺾지 못할 상대라면 같은 편이 되어라'라는 좌우명에 따라 움직인다. 소프트웨어 분야의 바이어, 은행 혹은 정부는 언제나 협상해야 할 공급업체의 수를 최대한 줄이기 위해 노력한다. 제조업체 100군데로부터 소프트웨어 제품 100개를 구입하기보다는 두세 군데에서 제품 100개를 구입하고 싶어 한다. 이 사실을 익히 알고 있는 대규모 소프트웨어 회사는 자사 제품의 보완 제품을 생산하는 소규모 제조업체를 항상 기웃거린다. 대기업이 확실히 유리하다. 유통과 재정 시스템이 이미 마련되어 있으며 제품을 추가하더라도 거의 눈에 띠지 않는다. 따라서 고객에게 접근하는 과정에 회사의 규모와 매우 다양한 제품 목록을 이용할 수 있다.

『이에스피ESP』지에서 매년 발표하는 100대 소프트웨어 기업 목록의 하단에는 그해에 매출 1,000만 혹은 2,000만 달러이 가장 저조한 회사가 실린다. 반면 상단은 대개 매출이 수십 억 달러에 달하는 마이크로소프트, CA, SAP, 그리고 플래티넘 등이 차지한다. 중간에는 연 매출이 400~700만 달러인 수십 개 회사가 있다. 우리 회사는 이스라엘, 미국, 오스트레일리아, 멕시코에서 사업을 하고 있었고 머지않아 브라질 시장에 진출할 예정이었다.

나는 회사를 매각할 생각이 전혀 없었으며 심지어 주식을 팔아 본 적도 없다. 미국 시장에서 위기를 넘기고 회복한 후에 우리 회사 주가는 나스닥에서 상승세를 회복했으며 회사 가치 또한 지속적으로 상승하고 있었다. 예를 들면 1990년대 초반 회사 가치는 약 3억 달러에 이르렀으며 주가는 25달러였다. 어느 특정한 날 내 소유의 주식이 200만 주라고 하자. 200만×25달러는 5,000만 달러에 달한다. 주식 20만 주를 500만 달러에 팔지 못할 이유가 있는가? 그 돈으로 풍족하게 생활하며 안정된 노후를 확보한 후에 계속 일할 수 있는 데 말이다.

하지만 나는 팔지 않았다. 베니, 갈리아, 나 세 사람 가운데 주식을 매각한 사람은 아무도 없었다. 그 중요한 시기에 주식을 매각한다면 이는 키부츠를 떠나는 일처럼 배신이라고 생각했다. 회사를 파는 것은 생각조차 할 수 없었고 주식 또한 마찬가지였다. 우리는 성장하는 조직 속에서 성장했고 훌륭한 성과를 거두고 있었으며 미래는 밝아 보였다.

개인적으로 만사가 순조로워 보였다. 베니가 해임된 이후에도 나는 직원이 500명인 회사의 이사회 회장직을 계속 맡았다. 전통적인 길을 따랐다면 그런 위치에 오를 수 있었을까? 나는 일을 좋아했고 사람들의 사랑을 받았으며 성공을 거두었다. 우리는 하루 평균 제품 한 가지를 판매했다. 분기마다 매출이 수백만 달러에 달했다. 우리 회사는 놀라운 속도로 성장했다. 고객들은 자동 가상 로봇정리와 프로필, 서비스 신뢰성, 그리고 조직과 관련된 다른 혜택을 제공하는 '스마트 팩(Smart Pack)'에 거금을 지불했다. 그들은 컴퓨터 테이프와 일부 연구 보고서를 위해 10만, 혹은 100만 심지어 수백만 달러를 기꺼이 지불했다.

성공을 거듭할 때마다 우리 회사를 매입하려는 기업이 증가했고 그들의 압력 또한 거세졌다. 우리 회사는 이제 텔 아비브 데레크 하샬롬 7번지의 작은 민영기업이 아니라 세계 경제의 일부가 되었다. 일류라는 명성을 얻는 순간 뉴 디멘션은 소프트웨어라는 국제적인 은하계의 한 행성으로 떠올랐다. 물론 빛나는 행성이지만 은하계의 힘으로부터 자유롭지 못하다. 따라서 성공적인 회사를 매각할지 말아야 할지를 항상 여러분이 결정할 수 있는 것은 아니다. 거금을 제안하는데 받지 않을 이유가 있겠는가? 이 질문에 답하려면 회사와 개인의 관점에서 여러 가지 요소를 고려해야 하며 이는 사이가 좋은 경영진이라도 해결하기 어려운 문제이다. 우리 회사의 경우에는 베니와 나의 끊임없는 대립 때문에 해답을 얻기가 특히나 어려웠다. 또한 내게는 직원들에 대한 충성, 기술, 조국 등 애국적이고 인간적인 관점에서 고려해야 할 문제도 있었다. 오래 전에 아버지가 하신 말이 있다.

"사람은 모름지기 가족뿐만 아니라 조국을 위해 의무를 다해야 한다."

한 가지 결정에 동의하지 못할 때면 우리 세 사람은 주변의 다양한 힘에 따라 움직였다. 마침내 결정의 순간이 오면 그것이 우리에게 적절한 결정이기를 바랐다. 1997년 10월 처음으로 결정의 순간을 맞이했다.

이스라엘에는 기업이 주식을 상장하고 이후 5년 동안 매각하지 않을 경우 자본 소득세를 면제해 주는 법이 있다. 우리는 그 법과 면제 혜택이 회사를 상장하기 전에 철폐될까 봐 걱정스러웠다. 다행히도 이 법은 우리 회사가 주식을 공개하고IPO 28개월이 지난 1995년 1월 1일에 효력을 상실했다. 주가가 하락하고 이후 회복하던 시기뿐만 아니라 주가가 치솟기 시작하던 1993년부터 주식을 매각할 수 있다는 가능성, 희미하지만 부자가 될 수 있다는 실질적인 꿈이 모습을 드러냈다. 그러나 미국에서 투자한 결실을 이제 막 거두고 성공을 만끽하던 참이었기 때문에 서둘러 매각할 필요가 없었다.

예컨대 1996년 우리는 B&B USA로부터 중대한 제안을 받았다. 한 브루겔링의 상사인 CEO 폴 뉴턴이 텔 아비브를 특별히 방문해 우리 회사를 매입하겠다고 직접 제안했으나 가격이 합당하지 않았다. 어쩌면 그것은 그저 그럴 듯한 변명에 지나지 않았을 것이다. 양측이 제시한 액수의 차이가 단 1달러였으니 말이다. 그때 한은 뉴턴에게 이렇게 말했다.

"나쁜 거래라면 어쨌든 나쁜 거래가 되고 좋은 거래라면 주당 11달러든 12달러든 상관없이 좋은 거래가 되죠."

지금 나는 뉴턴이 12달러를 제시했다고 하더라도 우리는 때가 무르익지 않았거나 회사 내부의 갈등이 최고조에 달했기 때문에 어쨌든 거부했을 것이라고 믿는다.

IPO 이후 매입하겠다는 제안이 줄을 이었다. 우리는 여러 가지 이유를 내세워 제안을 거부했다. 돌이켜 보면 우리 측에서도 중요한 이유를 숨겼다. 우리는 아직 우리의 갓난아기와 헤어질 준비가 되지 않았을 뿐이었다. 1993년 상황은 반대 방향으로 전개되었다. 우리 회사의 주가는 하늘 높은 줄 모르고 치솟는 반면 B&B의 주가는 하락하고 있을 때 그들은 우리 회사에 자사를 매각하겠다고 제안했다. 1998년 독일의 오랜 경쟁회사인 베타 시스템스와 합병 방안을 협상했으나 그들의 탐욕 때문에 성사되지 못했다. 우리에게 관심을 보였던 플래티넘과의 회담도 세부 조건 협상까지 진전되지 못했다.

우리가 활동하는 영역에는 이따금 그런 파문이 인다. 은하계 주변에 다양한 방향으로 움직임이 일어난다. 몇 차례 강한 파도를 경험한 후에 우리는 영원히 그 파문을 피할 수는 없다고 판단했다. 갈리아와 이사회 임원들도 마찬가지였다. 오직 베니만이 꿈쩍도 하지 않고 이 사실을 외면했다. 그래서 우리 회사의 역사는 우리가 경험했던 위기를 중심으로 두 시기, 즉 1994년 말 베니의 해임까지와 그 이후로 나뉜다.

베니가 복권을 요구하며 우리와 전쟁을 시작한 순간 1995년 초반부터 상황은 새로운 양상을 보였다. 분쟁이 일어나기 전에 그는 합당한 이유를 대며 매입 제안을 거부했으나 재판이 진행되는 중에는 가격이 합당한 경우라도 갈리아와 나에 대한 앙심 때문에 제안을 거부했다.

꼬박 1년이 흐른 다음 베니가 대법원에 상소했다는 소식이 들렸다. 이 1년 동안 뉴 디멘션은 성장하고 번창하며 인라이트먼트를 매입하고, 멤코와 협력하고, 베타와 실망스러운 협상을 하고, 더 큰 거래를 계속 성사시키고, 단골 고객을 확보하고, 그 밖에도 다른 긍정적인 성과를 거두었다. 나는 베니의 상소에 대응해서 대법원에 제출하는 선서 진술서에서 이런 상황을 설명했다.

"신청인이 이사회에서 사임할 때 회사는 미국에서 약 2,000달러에 이르는 막대한 적자를 기록하고 있었으며 미국 주식 시장의 주가는 약 5달러에 불과했습니다. 상고인 신청인이 경영진에서 물러난 이후 회사를 곤경에 빠트리고 그처럼 심각한 적자를 야기했던 마비 상태가 끝나면서 회사가 줄곧 번창했습니다. 회사의 수익이 꾸준히 상승해 1998년 말이면 1,500만 달러가 넘어설 것으로 예상되는 한편 주가는 1998년 10월 12일 현재 34달러 선을 넘었습니다. 그 결과 피고 덕분에 원고는 어마어마한 부자가 되었습니다. 그의 주식 가치는 약 200만 달러에서 약 1억 4,000만 달러로 일곱 배나 상승했습니다. 이 모든 것은 피고의 노력으로 거둔 결실입니다…… 상고인은…… 통치권과 그가 이사회에서 사임했던 전날 밤의 상황으로 돌려 달라고 요구하고 있습니다. 그가 이사회의 모든 결정과 회사 활동에 거부권을 행사하던 그 이사회에서 말입니다. 그는 거부권을 행사해 회사를 마비시켰으며 그 결과 회사는 힘겨운 위기를 맞이하고 막대한 손해를 입었습니다."

재판은 1998년까지 계속되었다. 베니는 서류에 파묻혀 한 해를 보냈으나 대법원 상고에서 패배했다. 이 일로 자존심에 상처를 입었다. 어떻게 그런 일이 일어날 수 있는가? 언제나 옳았던 그가 법원의 선택에 모든 희망을 걸고 몇 년이라는 시간과 재산을 투자했는데 어떻게 패배할 수 있는가? 그것은 그에게 가혹한 최후의 일격이었다. 더 이상 갈 곳도 없었다. 그는 이사회는 물론이고 이스라엘 대법원이 그의 해임을 확인했다는 사실을 인정할 수밖에 없었다. 그는 이제 다시 뉴 디멘션의 CEO가 될 수 없을 것이다. 인정하기 너무 힘든 사실이었다.

돌이켜 보면 1998년이 우리에게 그리 힘든 시기만은 아니었다. 회사를 매입하겠다는 새로운 제안들이 많았기 때문이다. 이번에는 베니 역시 바람직하다고 인식할 만큼 적절한 시기에 적절한 제안이 등장했다. 비록 자신감만은 변함없었으나 베니는 자신의 처지가 예전과는 다르다는 사실을 깨닫고 예전만큼 오만하게 굴지 않았다. 그 무렵 첨단 분야의 은하계가 최전성기를 맞이하는 기적이 일어났다. 우리 회사의 주가는 50달러까지 치솟았다. 공동으로 경영하던 시기보다 2배나 높은 가격이었다. 그리고 우연찮게도 이때 베니가 뉴 디멘션의 매각을 고려하기로 동의했다.

잠재 매입자는 놀랍게도 세계 8대 소프트웨어 회사인 BMC였다. 지금껏 우리가 그들과 같은 분야에서 활동하지 않았던 터라 그들과는 경쟁 관계가 없었다. 그렇기 때문에 우리의 잠재 매입자 목록에는 그들이 포함되지 않았다.

앞서 밝혔듯이 독일에서 릭 가드너와 만난 이후 우리는 일종의 탱고를 시작했으며 이 춤은 1998년부터 1999년 3월까지 계속되었다. 처음에는 서로에게 끌리는 조심스러운 탱고였으나 사랑이나 결혼으로까지 발전하지는 않았다. 우리 측에서는 갈리아와 댄 바니아 그리고 내가 탱고를 추었고 베니는 승인만 내린 채 뒷전에 물러나 있었다. 우리는 그가 우리와 함께 춤을 추기를 바랐다.

그러는 동안 사업은 평소대로 진행되었다. 매입 거래가 확실히 결정되지 않은 동안은 고삐를 늦출 수 없었다. 1999년 초반 우리는 고객들을 무시무시한 밀레니엄 버그에 대비시키기 위해 집중적으로 노력했다. 은행, 산업, 서비스 회사, 군대를 비롯해 전 세계 재정 기관이 우리 회사 소프트웨어로 운영되고 있었다. 그들의 업무가 중단되도록 두 손 놓고 있을 수는 없었다. 1998년 12월과 1999년 1월 골드만 삭스Goldman Sachs의 유명 분석가가 쓴 글을 읽고 무척 흐뭇했다. 그는 우리 회사를 칭찬하며 우리 회사의 연 성장률이 몇십 퍼센트 포인트 가량 증가할 것이라고 예측했다.

BMC는 계속해서 우리에게 자사의 총수입과 다양한 성과를 알렸다. 우리 회사 또한 성장세를 멈추지 않았다. 그런데 전혀 예상치 못했던 외부인이 끼어들어 춤을 방해했다. 플래티넘이 B&B 매입에 우선권이 있다고 주장하며 느닷없이 BMC에 소송을 제기한 것이다. 그러자 BMC는 새로운 진행 상황을 고려해 우선순위를 조정함으로써 B&B 매입을 연기하고 대신 우리 회사에 집중했다. 그 결과 탱고의 속도가 느려지기는커녕 오히려 한층 더 빨라졌다. 그들은 두 걸음 물러나, 우리 회사 제품이 B&B의 토대라는 점을 고려할 때 우리 회사를 먼저 검토하지 않고 B&B를 매입하기로 결정하는 것은 실수라고 판단했다. 마치 군사 작전처럼 매우 비밀스러운 탱고가 진행되었다. 모든 일을 합의하고 마무리하며 실행하기 전에 사소한 세부 사항이라도 누설되는 일이 없도록 우리와 그들이 주고받은 서신에 매우 은밀한 암호명을 사용했다. BMC의 텍산Texan은 '레인저Ranger'라는 암호명을 선택하고 전체 작전을 '프로젝트 와프Project Warp'라고 명명했다. 아마 B&B를 매입하려던 본래 의도로부터 벗어났기 때문이었을 것이다.

그래서 레인저는 우리와 계속 탱고를 추었다. 두 걸음 앞으로. 우리는 미국을 방문했다. 12명으로 구성된 대규모 대표단을 파견했다. 그들 측에서는 9명의 대표단이 우리를 방문했다. 우리의 입장은 다음과 같았다.

"우리 회사와 여러분 회사에서 중복되는 제품의 수가 거의 없으니 여러분의 회사를 향상시킬 수 있다. 뉴 디멘션이 여러분 회사에 안성맞춤일 것이다.

그들의 반응은 이러했다.

"옳은 말이다. 더 단단히 끌어안자."

그렇게 해서 더더욱 바싹 끌어안고 탱고를 계속했다. 적절한 균형을 찾고 유리한 점을 인식하며 서로의 매력을 확인한 터라 손발이 더 착착 맞았다. BMC는 마치 참빗을 쓸어내리듯 우리 회사를 철저히 조사했다. 그래서 탱고가 그토록 오랫동안 계속된 것이다. 일단 결과는 만족스러웠고 그래서 마침내 1999년 2월 재정 협상이 시작되었다.

이스라엘 날씨는 시원하고 쾌적했다. 뉴욕에서는 미키 슈피겔만과 함께 떠난 댄 바니아는 맨해튼의 얼음장 같은 바람에 뼛속까지 얼어붙었다. 데이비드 폭스의 집무실에서 협상이 열렸다. 미국인 변호사 왓슨Watson과 브링클리Brinkley, 그리고 이스라엘 측 변호사 야아코브 네에만Ya'acov Ne'eman이 우리 측 대변인으로 그곳에 도착했다.

뉴욕은 아침이었고 텔 아비브는 저녁이었다. 나는 키르야트 아티딤에서 전화기 옆에 앉아 있었다. 도시를 밝히고 있는 점멸하는 불빛들이 커다란 창문에 어른거렸다. 직원들 가운데 거의 절반이 각자의 컴퓨터 앞에 앉아 있었다. 나머지 직원은 모두 퇴근했다. 이미 식어 버린 커피 잔을 앞에 두고 새로운 소식을 기다렸다. 전화벨이 울렸다.

'이렇게 빨리? 거래가 결렬된 것이 틀림없어.'

댄 바니아의 전화였다. 그는 다음과 같이 말문을 열었다.

"저기, 네에만 변호사는 이 거래를 공급지 과세로 처리해야 한다고 생각합니다. 그러니까 우리가 매입가의 17퍼센트를 직접 소득세 담당 기관에 양도한 다음에 우리에게 상환을 받을 자격이 있는지 그들과 의논해야 한다는 뜻이죠."

나는 "상당히 나쁜 소식이군요. 전화 끊지 말고 기다리세요"라고 말하고 라아나나의 집에 있는 베니에게 화상 전화를 연결했다. 베니는 조금도 망설이지 않고 이렇게 말했다.

"안 될 말입니다. 만일 그 조항이 포함된다면 합병은 없던 일로 하십시오."

댄은 오해의 소지가 없도록 다음과 같이 덧붙였다.

"그 조항 때문에 거래가 무산되어도 상관없습니까?"

베니와 나는 동시에 "그렇다"고 대답했다. 이는 그 자체로 작은 기적이었다.

댄이 전화를 끊고 협상 테이블로 돌아갔다. 두 시간이 지난 후에 다시 전화를 건 댄은 거래를 체결하기 전에 이 곤란한 문제를 말끔히 해결하기로 양측이 동의했다고 알렸다. 브라보. 협상이 계속될 것이다. 댄은 머뭇거리며 다음과 같이 덧붙였다.

"좋은 소식과 나쁜 소식이 있습니다."

당시 우리 회사 주가는 상승세를 보이며 48.50달러에서 58.00달러 사이를 오르락내리락하고 있었다.

"BMC는 주당 52달러를 제시했습니다."

"그게 좋은 소식인가요? 나쁜 소식인가요?"

내가 이렇게 묻자 그는 다음과 같이 대답했다.

"좋은 소식이죠. 나쁜 소식은 그들이 현금으로 지불하기를 원한다는 겁니다."

이쯤에서 합병 문제가 처음 거론된 이후 내가 이사회에서 누차 돈이 전부가 아니라고 주장했다는 사실을 짚고 넘어가야 할 듯하다. 우리는 국가와 인간의 문제도 고려해야 한다. 우리 직원들과 우리가 개발한 기술이 새로 둥지를 틀 좋은 집을 찾아야 했다. 내게 중요한 문제는 이스라엘에서 계속 개발 작업을 진행하는 것이었다. 그러려면 매입가의 절반을 매입회사의 주식으로 지불받아야 한다. 나는 댄에게 다음과 같이 지시했다.

"우리 측에서는 전체 매입가의 절반은 현금, 절반은 그들의 주식으로 지불받기를 원한다고 전해 주세요."

그가 다시 돌아와서 전한 대답은 다음과 같았다.

"주식을 줄 형편이 못된답니다. 그들의 주가가 지금 떨어지고 있기 때문에 우리에게 주식으로 지불하면 손해를 보게 되니까요. 이스라엘에서 개발 작업을 계속하는 문제라면 기꺼이 동의할 의향이 있답니다."

대서양을 가운데 두고 몇 차례 상담을 한 끝에 나는 댄에게 이렇게 말했다.

"그렇다면 현금 결제를 받아들이겠습니다. 하지만 주당 52달러는 안 됩니다. 54달러에 합의하십시오."

2달러 차이는 내게 200만 달러에 조금 못 미치는 무시할 수 없는 액수에 해당했다. 나는 그에게 "제2전선에서 계속 싸우세요"라고 지시하고 전화를 끊었다. 30분 정도 지난 후에 댄이 다시 전화를 걸었다.

"로니, 그들이 52.50달러를 제의했습니다. 수락하시나요?"

나는 수락했다. 그렇다. 나는 개인적인 이익을 접어 두었다. 그것은 재정 협상의 영역이었다.

뉴욕에서의 협상은 밤중까지 계속되었다. 데이비드 폭스가 줄곧 그 자리를 지켰고 참으로 대단한 성과를 거두었다. 미키 슈피겔만은 모든 세부 사항을 면밀하게 살폈다. 마침내 거래가 성사되었다. 가격은 물론이고 내게 그에 못지않게 중요한 문제, 즉 이스라엘에 개발팀을 그대로 유지하며 앞으로 몇 년 동안 확장한다는 공식적인 약속이 포함된 거래였다. 아울러 BMC는 옵션을 할당하고 거래를 체결하는 과정에 발생하는 모든 경비를 충당했다. 깔끔한 마무리였다. 게다가 BMC는 회사명과 파란색 엠블럼을 그대로 사용하는 데도 동의했다. 서로 합의한 새로운 로고는 뉴 디멘션 소프트웨어, A BMC 컴퍼니 New Dimension Software, A BMC Company였다.

나는 갈리아와 베니의 뒤를 이어 이 로고에 찬성했다. 우리 세 사람이 보유한 주식은 68퍼센트였다. 매입자가 다른 주주들과 추가 옵션 매수자들의 동의를 구하기까지 다시 한 달이 필요했다. 기업을 매입하려면 90퍼센트 한계선을 넘어야 한다.

그때까지 우리는 이사회 임원들에게 약속했던 옵션 문제를 미루고 있었다. 1996년부터 이미 세 임원 탈모르 교수와 카하네 교수, 그리고 엔지니어 나훔 로즈만이 불평하기 시작했다. 경영진을 교체되고 다양한 위기에 대처하던 시기였다. 세 사람은 적절한 보상도 없는 상태에서 열심히 노력했다고 주장했다. 사실 엄청난 협박과 압박을 받으면서도 그들은 노력을 아끼지 않았다. 정해진 기준보다 많은 보상을 받아야 마땅했다. 그러나 1995년 6월 신임 CEO 댄 바니아에게 25만 주라는 어마어마한 스톡옵션을 제공하고 그가 지휘하는 회사의 성과에 따라 다시 25만 주를 추가로 제공하기로 약속한 까닭에 우리 회사 옵션 은행에는 잔고가 없었다. 나는 가능한 시기가 되면 1년당 옵션 1만 주를 지급하겠다고 제안했으나 세 임원은 그 양의 두 배를 요구했다. 우리는 중재를 부탁하기로 결정했으며 나는 그 과정에 타협안이 마련될 것이라고 기대했다.

중재자는 각 임원에게 1년당 5만 주를 제공하라고 말했다. 나는 이 결정이 불만스러웠지만 다른 문제가 더 막중했던 터라 중재안에 동의하고 1997년 제출했다. BMC와의 거래가 결실을 보았을 때 세 임원의 변호사는 BMC에 그 문제를 제기했다. BMC는 타협안에 동의했다. 뉴 디멘션의 매각을 승인하고 각각 15만 주의 옵션을 포기하는 대가로 750만 달러를 받는다는 내용이었다. 내가 이 일을 언급하는 이유는 착한 사람들 또한 상당한 수익을 기대한다는 사실을 알리고 싶어서이다. 사람들이 말하듯 이 세상을 돌아가게 만드는 것은 돈이다.

필요한 모든 동의를 얻었고 절차가 완료되었다. 공교롭게도 BMC는 B&B를 인수하는 동시에 우리 회사를 매입했다. 이 모든 일의 발단은 우리와 B&BE와 맺은 배급 계약서에 포함된 보상 조항이었다. 얼마나 아이러니한 일인가! 어쨌든 계약에는 발생하지 않는 수천 가지 문제가 포함되며 그러다 느닷없이 한 가지 가설 조항이 중요해진다. 나는 당시에는 중요했던 여러 가지 이유로 동료들의 반대를 무릅쓰고 이 조항을 위해 싸웠다. 3년 후 이 조항은 다른 영역으로 향하는 새로운 출발점이 되었다.

그러나 회사의 매각, 나스닥 상장 중에서 내게 가장 중요한 것이 무엇이냐고 누군가 묻는다면 두말할 필요도 없이 나스닥 상장이라고 말할 것이다. 거금의 돈을 받을지언정 회사를 매각하는 일은 결국 순전히 상업적인 사건이다. 주식 시장에 상장하는 일은 극적인 돌파구이자 가파른 상승이며 이때를 기점으로 소프트웨어 은하계의 한 천체에 불과하던 우리 회사는 빛나는 별이 되었다.

계절이 겨울에서 봄으로 바뀌던 1999년 3월 11일 BMC와 계약을 체결하고 합병 소식을 발표했다. 이는 실로 중대한 사건이었으며 이스라엘 첨단 산업 역사상 현금 거래로는 최대 규모였다. BMC는 벤야민 네타냐후 Benjamin Netanyahu 총리와의 회담에 참석할 대표단을 이스라엘에 파견하라는 요청을 받았다. 언론에서는 우리 회사를 칭송하며 인터뷰를 하고 사진을 찍어 댔다. 그때껏 경제 뉴스에서 대리만족하는 데 그쳤던 우리에게는 대단한 소란이었다.

앞서 말했듯이 성공에는 주역들이 많다. 중요한 들러리였던 릭 가드너는 재미있는 축하의 메시지를 보냈다.

"프랑크푸르트 근처 마을에서 우리가 만났던 게 불과 얼마 전이네요.

분명히 자랑스러우실 겁니다. 당연히 그래야지요. 댄의 도움을 받아서 우리가 언젠가 벽난로에 계속 불을 지피고 부채질을 해서 성공할 날이 오기를 바랍니다."

댄은 무척 기뻐했다.

"로니에게 이 거래는 마치 하나님이 모든 별을 줄지어 세우고 그의 지휘에 맞춰 행진하도록 만든 것이나 다름없습니다."

내가 그동안 전혀 주식을 팔지 않다가 갑작스럽게 적절한 가격에 주식을 넘기고 갈리아, 베니, 그리고 세 임원과의 관계를 회복한 일을 빗대서 한 말이었다. 어쨌든 만사가 가장 바람직한 방향으로 해결되었다. 마침내 나는 마음의 평화를 얻었다. 우리 대가족의 미래는 다음 네 세대 동안 보장되었으며 새로운 시작을 위한 발판도 마련되었다.

이야기는 이렇게 끝을 맺는다. 우리는 이스라엘의 꿈을 안고 길을 떠났다. 몇 년 후에 1억 2,000만 달러에 상당하는 회사로 '나스닥 증권 거래소'에 상장했다. 7년 후 이 회사를 6억 7,500만 달러에 매각했다.

나는 2000년 초 뉴 디멘션 직원들에게 보내는 송사에서 다음과 같이 전했다.

"그 오랜 세월과 추억을 돌이켜 보니 만감이 교차합니다. 나는 내가 거둔 수많은 업적과 용케 피할 수 있었던 실패, 수많은 친구와 몇몇의 적, 그리고 특히 2000년 1월 이후 대부분 만족하는 2,500곳의 고객과 함께 계속 내 길을 걷습니다. 솔직히 말해 나는 내가 기대했던 것보다 더 멀리 왔습니다. 뉴 디멘션은 지금껏 내가 거둔 최대의 성과였습니다. 매우 헌신적으로 야심만만한 사람들의 매우 특별한 집단인 여러분의 덕택입니다. 나는 이 가족의 일원이었다는 사실이 자랑스럽습니다. 오늘의 나는 처음 여정을 시작했던 날의 나보다 더욱 노련하고 성숙하며 부유한 사람이 되었습니다. 그러나 나는 마음으로 여러분 가까이에 머물겠습니다. 또한 육체적으로도 여러분 가까이에 머물 작정입니다. 앞으로 내게는 여러분의 도움이 반드시 필요할 것입니다. 필요하면 언제든지 기쁜 마음으로 여러분에게 손을 내밀겠습니다. 건너편 건물에 나의 새로운 사무실이 곧 문을 열 것입니다. 나는 약 한 달 후에 축제 같은 출범식에 여러분 모두를 흔쾌히 초대하겠습니다. 또 만납시다. 로니."

뉴 디멘션 소프트웨어 연혁

〈설립에서부터 매각까지〉

1972년	에이나브 시스템스 설립
1978년	모티 글레이저가 하도급업자로 합류, 육군의 내부 전산화 프로그램 담당
1981년	모티와 정식으로 파트너십 체결
1982년	에이나브 시스템스의 자회사로 더 포스 디멘션 소프트웨어 유한회사(4D) 설립
1984년	10만 개에 이르는 코드라인을 2년여 만에 완성
	갈리아 스트라이커와 파트너십 체결
	ATL과 파트너십을 맺음
1986년	톤 소프트웨어와 북아메리카 지역 대리인으로 계약 체결
1987년	유럽 배급업체 B&BE와 계약 체결
	모회사 에이나브 시스템스의 심각한 재정적 어려움으로 인해 자회사 리라즈 매각
1988년	B&BE에서 유럽 판매분에 대한 첫 번째 대금을 받음
	호환 소프트웨어 패키지 파일 IOA 개발, 시장 조사 기관 가트너에서 IOA를 '혁명적인 발명'이라고 극찬함
1991년	톤 소프트웨어와의 계약 종결과 독립 시장 개척을 위해 미국 4D 설립
	4D의 현금 보유액이 마이너스가 됨
	모티와의 파트너십 종결 계약서에 서명
	통합 시스템과 호환되는 5개의 컨트롤을 개발
	미국 4D가 안정되기 시작함
	B&BE와 유럽에서의 판매 계약을 3년간 연장
	4D의 매출은 22배로 뛰었고, 직원의 수는 14배로 성장함
1992년	모티와의 파트너십 최종 조정안이 나옴
	회사를 상장시키기 위해 창립취지서 초안을 작성하는 데 문제점이 발견됐으나 무난히 해결
	모티, 4D 주식의 소유권 주장

1993년	4D, 나스닥 증권 거래소에 상장
	4D의 매출이 1,730만 달러, 이익은 710만 달러로 상승
	모티가 로니, 갈리아, 메이어, 회사 등기소를 고소함
	로니, 모티에게 법적 전쟁 선포
	4D의 연간 총매출 2,300만 달러 기록, 가치는 2억 5,000만 달러까지 치솟음
	4D의 매출액을 속였다는 이유로 소액 주주들로부터 집단 소송이 들어옴
1994년	긴급 이사회 소집, 로니 사장직에서 물러남
	주주들, 집단 소송의 강도를 높여 감
	B&BE와의 판매 계약 종료 예정, 그들과의 새로운 계약을 위한 협상 시작
	베니의 CEO 해임과 관련해 이사회 소집, 베니 CEO 해임안 통과
	베니, 자신의 해임안 통과는 무효라며 총회 소집 및 회사 고소
	B&BE와의 계약 관련해 이사회 소집, B&BE가 4D에게 300만 달러를 입금해 주기로 하고 계약 종결
	미국 집단 소송에서 양측이 700만 달러에 합의함
1995년	4D에서 뉴 디멘션 소프트웨어 주식회사로 사명 변경
	이사회에서 신임 CEO로 댄 바니아를 선임
1996년	B&B USA, 뉴 디멘션 소프트웨어에 매각 제의했으나 불발
1997년	법원, 모티가 패소했다는 판결 내림, 대법원 상고 포기
	지방법원, 베니의 해임을 확인하는 판결 내림, 대법원에 상고했으나 패배
1998년	베타 시스템스와 합병 방안 협상, 성사되지 못함
	세계 8대 소프트웨어 회사인 BMC가 뉴 디멘션 소프트웨어에 매각을 제의함
	뉴 디멘션 소프트웨어, 매출이 약 50개국에서 1억 달러에 육박
1999년	뉴 디멘션 소프트웨어, 6억 7,500만 달러를 받고 BMC에 매각

나스닥으로 가라

초판 1쇄 인쇄 2013년 8월 14일
초판 1쇄 발행 2013년 8월 19일

지은이 로니 A. 에이나브
엮은이 미리암 야힐—와스
옮긴이 이원재

펴낸이 김연홍
펴낸곳 아라크네

출판등록 1999년 10월 12일 제2-2945호
주소 121-865 서울시 마포구 연남동 224-57
전화 02-334-3887 **팩스** 02-334-2068

ISBN 978-89-98241-23-0 13320
※ 잘못된 책은 바꾸어 드립니다.
※ 값은 뒤표지에 있습니다.